TRAICTEZ
PHILOSOPHIQVES.

PAR LE S D. V. Pr. Pr.*
au Parl. de Pr.

A PARIS,
CHEZ ABEL L'ANGELIER, AV
PREMIER PIL. DE LA GRAND'
SALLE DV PALAIS.

M. DC VI.
AVEC PRIVILEGE DV ROY.

TRAICTEZ PHILO-
SOPHIQVES.

De la Philosophie.
Traicté de la constance.
Exhortation à la vie ciuile.
Le Manuel d'Epictete.
Les responces d'Epictete.

E

LA
PHILOSOPHIE
MORALE DES
STOIQVES.

IL n'y a rien au monde qui ne tend de à quelque fin. Les choses mesmes insensibles s'auancent, ce semble, & s'accommodent à l'vsage auquel elles sont propres, & y estant appliquees, monstrent quelque aggrément, & semblent ressentir la perfection de leur estre. Les choses qui ont action, s'y meuuent d'elles-mesmes, tellement que nous voyons, & tous les animaux en general, & chacun d'eux en son espece, suiure auec ardeur & contention, ce pourquoy ils sont nez, & se resiouyr euidemment en la iouyssance de ce qu'ils cherchent, quand ils l'ont trouué. Que fera donc l'homme, à qui la nature outre l'inclination qu'ont les cho-

ſes mortes a donné les ſens, outre les ſens
qu'ont les autres animaux, a donné le diſcours & la raiſon, pour cognoiſtre & choiſir
de ce qui ſe preſente ce qui eſt plus excellẽt,
& plus propre à ſon vſage? Ne pouuons-nous
nous pas conclure qu'il a ſa fin, qui luy eſt
propoſee comme vn dernier but, à laquelle
tendent ſes actions, & que comme l'heur de
toutes choſes eſt leur perfection, & la perfection la iouïſſance de la fin, auſſi la felicité de
l'homme conſiſtera en l'acquiſition & iouïſſance de ce qui luy eſt propoſé, & à quoy tendent ſes actions? Or la fin de l'homme, & de
toutes ſes penſees & de tous ſes mouuemens,
c'eſt le bien. Et de faict, il n'y en a pas vn entre vous, pour ſi differents que vous ſoyez
d'humeur & de vacatiõ, qui ne deſire le bien,
& ne fuye le mal, & qui interrogé pourquoy
il fait cecy ou cela, ne reſponde que c'eſt
pource qu'il penſe bien faire. Et ores qu'en
nos actions il ſen trouue beaucoup plus de
mauuaiſes que de bonnes, ſi eſt-ce que la generale intention qui nous conduit eſt touſiours de paruenir au bien. Mais comme
celuy qui tire au but, ſi ſa viſee eſt empeſchee, ou par la maladie de l'œil, ou par le
vice de l'air, ou ſil prend vne choſe pour
l'autre, quelque deſir qu'il ait de le toucher, il ne peut qu'il ne ſen eſloigne : auſ-

si nous pour ne pas bien cognoistre où est
ce en quoy consiste nostre bien, & prendre souuent ce qui est autour de luy pour
luy-mesme, nous eslongnons fort nos a-
ctions particulieres de nostre generale intention. Le bien en verité n'est pas expo-
sé icy en veüe à tout le monde : la nature
n'en a semé çà bas que de foibles estincelles,
qui toutesfois appliquees purement à nos
esprits, s'enflamment en vne pure lumiere,
& le font cognoistre tel qu'il est. Il le faut
donques chercher & nous le trouuerons, &
& le trouuant nous le recognoistrons. Car
comme le vray se presentant à nostre entendement, y est receu auec vn grand contentement, aussi le bien se presentant à nostre
volonté y sera recueilly auec grand plaisir,
comme son naturel object. Ie pense que
pour definir proprement le bien, on peut
dire que ce n'est autre chose sinon l'estre &
l'agir selon la nature. Elle est si sage maistresse, qu'elle a disposé toutes choses au meilleur
estat qu'elles puissent estre, & leur a donné
le premier mouuement au bien, & à la fin
qu'elles doiuent chercher, de sorte que qui
la suiura, sans doute l'obtiendra.

Or naturellemét l'homme doit estre composé de façon, que ce qui est de plus excellent en luy y commande, & que la raison

vſé de tout ce qui ſe preſente, ſelon qu'il
eſt plus ſeant & plus à propos. Le bien
donques de l'homme conſiſtera en l'vſage
de la droicte raiſon, qui eſt à dire en la vertu, laquelle n'eſt autre choſe que la ferme
diſpoſition de noſtre volonté, à ſuiure ce
qui eſt honneſte & conuenable. Nous ne
trouuerons perſonne qui n'aduoüe cela
pour bien, mais beaucoup en trouuerons-
nous, qui diront qu'en cela ſeul ne peut
pas conſiſter le bien de l'homme, & qu'il
luy faut vn corps ſain & diſpos, des commoditez ſans leſquelles la vie ne peut pas
ſubſiſter, au moins ne peut-elle pas eſtre heureuſe. Mais ſi ce que nous auós poſé au commencement eſt vray, & que la fin de chaque choſe ſoit ſon bien, & ſon bien ſa fin,
& que ces deux ohoſes ſe conuertiſſent tellement l'vne en l'autre, que l'vne ne puiſſe
eſtre que l'autre ne ſoit, on ne peut dire
que ny la ſanté, ny le corps ſoient le bien de
l'homme, veu qu'elles ne ſont point ſa fin:
car il ne les poſſede que pour ſ'en ſeruir à
autre choſe, & la plus-part du temps, il eſt
malheureux auec tout cela : ſinon que lon
vouluſt aduoüer pour heureux, ceux à qui
les richeſſes & la ſanté ſeruent, comme elles ſont à beaucoup, à nourrir leurs vices, &
fomenter leurs paſſions. Elles ſeruent, dira

on, pour y paruenir, ce ſont des moyens diſpoſez, ſans leſquels on ne peut arriuer à ce
bien principal, & par conſequent comme
neceſſaires à ſon acquiſition, doiuent auſſi
eſtre reputees biens. Pour reſpondre à cela,
ie diray que c'eſt tres-mal & tres-impropre-
ment parler, que d'appeller bien ce qui ſert
pour acquerir le bien, & ce qui eſt le ſujet &
la matiere du bien. Car la vertu, que nous
auons monſtré eſtre le vray bien, eſt de telle
nature qu'elle ſe ſert indifferemmét de choſes contraires, & fait du bien auec la pauureté, comme auec les richeſſes, auec la maladie, comme auec la ſanté. Nous loüons celuy qui ſupporte l'indigence auec patience,
la maladie auec conſtance, comme nous faiſons l'autre qui donne liberalement ſes
biens, qui trauaille honneſtement en ſanté.
Tellement que ſi vous voulez appeller bien
les richeſſes, pource qu'elles ſeruent à la
vertu, appellez auſſi la pauureté bien: car
elle y ſert, voire dauantage. Or d'appeller
de meſme nom des choſes ſi contraires, il
n'y auroit apparéce quelconque. Donques
toutes ces choſes demeureront comme in-
differentes, qui ſont renduës bonnes ou
mauuaiſes, ſelon que l'eſprit de l'homme en
fçait bié vſer, & ſans leſquelles il ne laiſſe pas
de pouuoir paruenir à ſa fin, qui eſt d'eſtre

compofé felon la droicte raifon, & bien vfer
de tout ce qui fe prefente, & par confequent
de iouyr de fon bien. Si nous voulons bien
cognoiftre en quoy confifte noftre bien, re-
gardõs en nous ce qui le cherche. Car il faut
qu'il foit le bien de cefte partie-là. Rien ne
cherche le bien d'autruy, finon qu'il foit cõ-
joint au fien. Or n'y a-il nul doute qu'en
nous le principe & mouuement de nos
actions ne foit l'entendement & la volonté, le bien donques que nous cherchons
doit eftre leur perfection, leur repos & leur
contentement. Que fi nous y mettons les
richeffes & la fanté, & que nous les eftimions nos biens, & par confequent maux
leurs cõtraires: que faifons nous autre chofe que de declarer que nous ne pouuons
auoir d'heur en ce mõde, & que noftre efprit
eft icy en vne gehenne perpetuelle? Car il
aura toufiours deuant les yeux la mort & la
douleur, que vous eftimez maux, defquels
l'vn luy eft fouuent prefent, l'autre le menace toufiours. Si ce font maux, la crainte en
eft iufte, f'il eft toufiours en crainte, comme
fera-il heureux? Confeffons donques ou que
l'homme n'a point de bien propofé en ce
monde, auquel il puiffe paruenir, ou que ce
bien là depend entierement de la vertu. Il
faut que la fin que l'on propofe aux chofes

ſoit proportionnee à leur force, autrement ſi
elle leur eſtoit impoſſible, au lieu d'eſtre
leur bien, elle ſeroit leur tourment. Ce ſeroit le trauail des Danaïdes, qui rempliſſent
des vaiſſeaux percez. Si de toutes les ſciences il n'y en a pas vne qui ſe propoſe vne
fin, à laquelle elle ne puiſſe paruenir par ſes
preceptes, penſerons-nous que la nature,
qui eſt la mere des arts & des ſciences, euſt
propoſé à l'hóme, qui eſt ſon chef-d'œuure,
vne fin qui ſoit hors de ſa puiſſance? La volonté, diſons-nous, eſt ce qui cherche noſtre
bien: le vouloir bien reglé, ne veut que ce
qu'il peut: il ne ſ'empeſchera donc point de
ce qui n'eſt point en noſtre puiſſance, comme d'auoir de la ſanté, des richeſſes, des
honneurs. Si en cela conſiſtoit noſtre
biẽ, il n'y faudroit plus employer le diſcours
ny la volonté, il le faudroit chercher par
vœux & par ſouhaits: car c'eſt choſe qui deſ-
pend de mille accidens qui ne ſe peuuent
preuoir, qui ne ſont point en noſtre puiſſance, & dont la fortune eſt la maïſtreſſe. Quelle apparence y a-il, ie vous prie, que la nature ait creé l'homme le plus parfait de tous
ſes ouurages, pour faire en ſorte que ſon
bien, qui doit eſtre ſa perfection, deſpende
non ſeulemẽt d'autruy, mais de tant de choſes, qu'il ne les peut iamais eſperer toutes

fauorables, & qu'il foit là perpetuellement
beant comme vn Tantale apres les eaux? La
nature vous offre pour bien, d'auoir l'efprit
difpofé à vfer des chofes qui vous font prefé-
tees, & vous paffer de celles que vous ne pouuez auoir. Aimez-vo⁹ mieux courir à la Fortune, & attendre de fa main trompeufe voftre bien, que de le vous donner vous-mefmes? C'eft vne loy diuine & inuiolable, pu-
bliee dés le commencemét du monde. Que
fi nous voulōs auoir du bien, il faut que nous
nous le donniōs no⁹-mefmes. La nature en
a mis le magazin en noftre efprit, portōs y la
main de noftre volonté, & nous en pren-
drons telle part que nous voudrons. Si elle
eft droicte & bien reglee, elle tournera tout
à bien, comme Midas tournoit en or tout ce
qu'il touchoit. Nous ne trouuerons accidét
fi fafcheux en noftre corps ny en nos richeffes, dont nous ne tirions du repos & du contentement d'efprit. Que fi nous pouuons
contenter celuy-là, nous auons trouué noftre fin. Car quand bien nous voudrions
tant relafcher de la feuerité de cefte fecte,
que de confeffer que le corps ou les biens,
qui ne font que les inftrumens de la vie, fif-
fent partie de l'homme, & peuffent par
leur qualité alterer celle de l'ame, fi ne
deurions-nous iamais aduoüer que la perte

qui se fait, ou és biés ou és corps, empeschast
l'heur & la felicité de l'homme, quand l'esprit iouït de son bien & de son contentement. Des choses qui sont composees de
plusieurs parties, la plus noble dône le nom,
& la loy aux autres , & de la qualité de celle-
là denomme l'on le reste. Qui doutera doncques quand l'esprit sera heureux, que tout
l'homme ne le soit? Ainsi dit-on que la re-
publicque est heureuse apres vne grande victoire, bien quell'y ait perdu quelques-vns
de ses citoyens : pour ce que son heur se mesure en la personne de l'estat ou du Prince,
au bien & seruice duquel tout le reste se doit
accommoder. De sorte que les particuliers
mesmes se glorifient de leurs playes, les aiment & les vantent quand ils les ont receuës
pour conseruer l'estat, ou le souuerain. Voudrons nous donc donner au corps vn autre
sentiment, ou autre desir que celuy par lequel il rapporte au contentement de l'esprit
tout ce qui luy arriue ? Voudrons nous tellement attacher nostre ame au corps, que son
bien soit esclaue dans ses membres, & depende d'eux? que selon qu'il sera bien ou mal
disposé, qu'il faille que l'esprit s'en sente, &
qu'il se die heureux ou malheureux? Si la nature eust voulu que l'heur & la perfection de
l'homme despendist de son corps & de ses

biens, elle euſt dóné à tous de meſmes corps,
à tous de meſmes biens , car cela faiſant partie de leur nature euſt deu eſtre ſemblable en
tous, & paſſer de l'eſpece en l'indiuidu: mais
au contraire les ayant tous rendu de fort dif-
ferentē cōdition , & pour le corps & pour les
biens, elle leur a à tous donné vne ſemblable
puiſſance de bien vſer de leurs corps & de
leurs biens quels qu'ils ſoiét:de ſorte que l'a-
ction de l'eſprit ſe peut rendre auſſi glorieuſe
& auſſi honorable en vne façon qu'en l'autre. Voire quaſi ſon excellence reluit d'auantage & merite plus de los,quãd deſtitué d'inſtrumens il paruient neantmoins de ſoy-
meſmes à ſa fin. Ainſi à mon aduis eſtimeriez
vous d'auantage vn patron de nauire, qui au
trauers des flots & des tempeſtes meneroit à
port vn vieil vaiſſeau tout creuaſſé,deſgarny
de voiles & de cordages , que celuy qui y auroit cōduit vn nauire tout neuf,bien eſquip-
pé de toutes choſes , ayãt le vent en pouppe,
& la maree fauorable. Nous cōclurons donques par là ce propos, que puiſque l'heur de
l'homme depēd de ſon bien,que ſon bien eſt
de viure ſelon ſa nature,que viure ſeló ſa nature c'eſt de n'eſtre point troublé de paſſiōs,
& ſe comporter enuers toutes choſes qui ſe
preſentent ſelon la droite raiſon; il nous faut
pour eſtre heureux purger noſtre eſprit des

paſſions, & apprendre commé nous nous deuons affectionner enuers ce qui ſe preſente.
Or ce qui peut le plus pour nous mettre en
ce chemin, & nous apprédre à auoir les mouuemens de l'eſprit droits, & la volôté reiglee
par la raiſon, c'eſt la Prudence, qui eſt à mon
aduis & le cōmencement, & la fin de toutes
les vertus. Car nous faiſant exactemét, & au
vray cognoiſtre la cōditiō & qualité des choſes qui s'offrent à nous, elle nous apprend ce
qui eſt ſelō la nature ou non, ce que nous deuons ſuiure ou fuir. Elle nous oſte les fauſſes
opinions qui nous troublent, nous rend nos
naturelles affections, & à ſa ſuite viennent
toutes les autres vertus, deſquelles elle eſt la
mere, la nourrice, & la garde tout enſemble.
O que la vie de l'hōme ſeroit heureuſe, ſi elle
eſtoit touſiours conduite par ceſte guide-là!
Mais helas! d'autant que ceſte vertu eſt belle,
d'autant eſt elle rare. Elle eſt en nos eſprits
comme les veines d'or en la terre, qui ſe treu-
uent en peu d'endroits. C'eſt à mon aduis ce
grand, ce magnifique, & impenetrable bouclier que Vulcain forgea pour Achille, &
dans lequel il graua le ciel, la terre, l'oceā, les
nuës, les aſtres, les foudres, les villes, les armees, les cōcions, & les cōbats, brief tout ce
qui ſe peut voir au monde: ayant par là voulu
faire entédre, que la cognoiſſāce des choſes

rend l'esprit de l'homme plus inuulnerable
que le bouclier ne fait son corps. Mais comme Achille alla à l'escole de Chiron pour se
rendre capable de porter ce bouclier, aussi
vous faut-il venir à celle de la Philosophie
pour sçauoir vser de la Prudence. Si nous l'es-
coutons, elle nous enseigne que la Prudence
a deux vsages, l'vn, de nous auancer au bien,
& l'autre de reculer le mal de nous. Mais
pour ce que nous n'apportons pas à la Philosophie nostre esprit net, ains des-ja mal disposé & occupé de fascheuses & populaires
humeurs, & que nous y venons comme au
medecin, il faut que nous faciós cóme ceux
qui pensent les playes, lesquels auant qu'y
mettre aucun appareil, en tirent les corps e-
stranges, & que nous commécions par oster
de nos esprits les passions qui s'y esleuent, &
esblouïssent de leur fumee l'œil de la raison.
Autrement les preceptes des meurs & saines
affections ne profiteroient non plus à nostre ame, que l'abondance des viandes à vn
corps impur, que vous offensez d'autát plus,
que plus vous le nourrissez. Nous appellons
passions vn mouuement violent de l'ame, en
sa partie sensitiue, qu'elle faict ou pour suiure
ce qui luy semble bon, ou fuir ce qui luy semble mauuais. Car bien qu'il n'y ait qu'vne
ame en nous, cause de nostre vie, & de toutes

nos actions, laquelle est toute en tout, & toute en chasque partie ; si a-elle des puissances
merueilleusemét differentes, voire contraires les vnes aux autres, selon la diuersité des
vaisseaux & instrumens où elle est retenuë,
& des obiets qui luy sont proposez. En vn
endroit elle fait croistre, en l'autre elle re-
mue, en l'autre elle sét, en l'autre elle desire,
en l'autre elle imagine, en l'autre elle se sou-
uient, en l'autre elle discourt : ne plus ne
moins que le soleil qui tout vn en son essen-
ce, departant ses rayons en diuers endroits,
eschaufe en vn lieu, & esclaire en l'autre, fōd
la cire, seiche la terre, dissipe les nuës, tarit les
estancs. Quand les parties où elle est enclose
ne la retiennent & occupent qu'à proportion de leur capacité, & selon qu'il est necessaire pour leur droit vsage, ses effects sont
doux, benins & bien reiglez: mais quand au
contraire les parties prennent plus de mouuement & de chaleur qu'il ne leur en faut,
elles s'alterent & deuiennent dommageables, comme les rayons du soleil, qui vagans
à leur naturelle liberté eschaufent doucement & tiedement, s'ils sont recueillis & reü-
nis au creux d'vn miroir ardent, brusent &
consument ce qu'ils auoient accoustumé de
nourrir & viuifier. Or la nature a donné au
sens cette force & cette puissance tirée de

l'ame, de s'appliquer aux chofes, en tirer les
formes, & les embraffer ou reietter, felon
qu'elles leur femblent agreables ou fafcheufes, & qu'elles confentent ou s'accordent à leur nature. Et ce pour deux raifons.
L'vne, afin qu'ils fuffent côme les fentinel-
les du corps, & qu'ils veillaffent pour fa conferuation : l'autre & la principale, afin qu'ils
fuffent comme les meffagers & couriers de
l'entendement, & partie fouueraine de l'a-
me, & pour feruir de miniftres & d'inftrumens au difcours & à la raifon. Mais leur dô-
nant cette puiffance, elle leur a auffi prefcrit
fa loy & fon commandement, qui eft de fe
contenter de recognoiftre & donner aduis
de ce qui fe paffe, fans vouloir entreprendre
de remuer les plus hautes & plus fortes puiffances, & mettre tout en à l'armé & confufion. Car en vne armee fouuent les fentinel-
les pour ne fçauoir pas le deffein du chef qui
leur commande, peuuent eftre trompees, &
prendre pour fecours les ennemis defguifez
qui viennent à eux, ou pour ennemis ceux
qui viênent à leur fecours : auffi les fens pour
ne pas côprendre tout ce qui eft de la raifon,
font fouuent trôpez par l'apparence, & iugét
pour amy, ce qui nous eft ennemy. Quand
fur ce iugemét, & fans attendre le commandement de la raifon, ils viennent à remuer la

puiſſance concupiſcible & l'iraſcible, ils font
vne ſedition & vn tumulte en noſtre ame,
pēdant lequel la raiſon n'y eſt non plus ouïe,
ny l'entendement obey, que la loy ou le magiſtrat en vn eſtat troublé de diſſenſion ciuile. Or en ce trouble les paſſions qui mutinēt
noſtre ame & troublent le repos de noſtre
eſprit, s'eleuent premierement en la partie
concupiſcible, qui eſt à dire, à l'endroit où
l'ame exerce cette faculté d'appeter ou reietter les choſes qui ſe preſentēt à elle, comme propres ou contraires à ſon aiſe, ou à ſa
conſeruation. Elles s'eſmeuuēt donques ſur
l'apparēce ou d'vn bien ou d'vn mal. Si c'eſt
d'vn bien preſent, & dont elle entre en iouïſſance, nous appellons ce mouuemēt là plaiſir ou volupté, ſi c'eſt qu'il ſoit à venir, & que
nous en ſoyons eſlongnez, nous l'appellons
deſir; ſi c'eſt d'vn mal preſent, & dont nous
reſentions deſia l'incommodité & le deplai-
ſir, en ce que nous en ſommes eſmeus vers
autruy, nous le nommons haine ou horreur,
en ce que nous en ſommes eſmeus vers nous-
meſmes, nous le nōmons faſcherie. Si ceſte
faſcherie eſt à l'occaſion de ce qui nous touche, nous l'appellons douleur, ſi à l'occaſion
du mal d'autruy, pitié, ſi à l'occaſion d'vn ap-
parent bien où nous pretendions part, ialouſie, ſinon, enuie. Si c'eſt d'vn mal à venir, nous

l'appellons crainte. Voilà la premiere bande
des seditieux qui troublent le repos de nostre
ame, desquels encore que les effects soient
tres-dangereux, si ne sont-ils pas à beaucoup
pres si violens que de ceux qui les suiuent.
Car ces premiers mouuemens là formez en
ceste partie, par l'obiect qui se presente, passent incontinent en la partie irascible, qui
est à dire en cet endroit ou l'ame cherche les
moyens quelle a d'obtenir ou euiter ce qui
luy semble bon ou mauuais. Et lors, tout ainsi comme vne rouë qui est desia esbranlee,
venant à receuoir vn nouueau mouuement,
va auec vne grande vistesse; aussi l'ame desia
esmeuë de la premiere apprehension adiou-
stant vn second effort au premier, se manie
auec beaucoup plus de violence qu'auparauant, & sousleue des passions bien plus puis-
santes & plus difficiles à dompter, d'autant
qu'elles sont doubles, & ja accouplees aux
premieres, se liant & soustenant les vnes les
autres par vn mutuel consentement. Car les
premieres passions qui se formét sur l'object
du bien apparant, entrant en consideration
des moyens de l'acquerir, excitent en nous
ou l'espoir ou le desespoir:& celles qui se forment sur l'object du mal, font naistre la peur
& le courroux. Lesquelles quatre passions
sont estrangement fortes & violentes, &
renuersent

renuerſent entierement la raiſon qu'ils trouuent deſia eſbranlee. Voila à mon aduis les
vents d'où naiſſent les tempeſtes de noſtre a-
me. La cauerne dont ils ſortent, n'eſt, côme
ie vous ay deſia dit, que la fauſſe opinion que
nous auons que les choſes qui ſe preſentêt à
nous ſont bonnes ou mauuaiſes. Car leur at-
tribuant ceſte qualité, qu'elles n'ont point,
nous les fuyons ou recherchons auec vehemence, & de là naiſſent nos paſſions. Doncq-
ques pour eſtouper ceſte cauerne, aſſeurer le
repos de noſtre ame, & empeſcher qu'elle ne
s'eſbranle autrement qu'elle ne doit, ſouue-
nons nous de ce que nous auons prouué au
commencement de ce diſcours, Que le bien
de l'homme & la perfectiô de ſa nature conſiſte en vne droicte diſpoſition de ſa volonté
à vſer des choſes qui ſe preſentêt ſelon la raiſon ; & ſon mal au contraire en vne vicieuſe
& deſreiglee diſpoſition, d'en abuſer. Car a-
uec la premiere il fera ſon profit, receura du
contentement de tout ce qui luy pourra arriuer, & s'eſtablira vn repos d'entendement
ferme & immobile comme vn rocher parmy
les flots. Et auec la ſeconde, tout ce qui luy
ſuruiendra, luy nuira, & tournera à ſon dommage & tourment. Or ceſte diſpoſition de
volonté, eſt en noſtre puiſſance, & par conſequent noſtre bien & noſtre mal. Quãd don-

b

ques il se presentera à nous quelque object,
afin que nous ne nous en troublions point
comme d'vn bien ou d'vn mal qui nous suit,
regardôs si c'est chose qui soit en nostre puissance, ou non. S'il est en nostre puissance, il
nous peut estre ou bié ou mal. Mais en ce cas
nous ne nous en deuons nullement passion-
ner : car tenant nostre volonté droicte nous
le rendons bien, & le conseruons tel. S'il est
hors de nostre puissance, il ne nous est ny bié
ny mal, & par consequent nous ne le deuons
ny chercher ny fuir. Nous auons en nostre
puissance, l'approuuer, l'entreprendre, le desirer, & le fuir, & en vn mot toutes nos actiôs.
Car nostre volonté a la force & l'authorité
de les reigler & conduire par la raison, au lieu
où elles doiuent paruenir pour nostre bien.
Comme de disposer tellemét nostre opinion
qu'elle ne preste consentemét qu'à ce qu'elle doit, & ce qui sera examiné, ou par le sens
ou par le discours, qu'elle adhere aux choses
euidemment vrayes, qu'elle se retienne &
suspéde és douteuses, qu'elle reiette les faus-
ses. De reigler tellement nostre desir qu'il ne
suiue que ce qui est selon la nature, & ne fuïe
que ce qui luy est contraire. Hors de nostre
puissance sont, nostre corps, nos richesses, la
reputation, & en vn mot tout ce qui ne depend point de nostre volonté. Et cela, de

quelque façon qu'il nous arriue, n'eſt iamais
contraire à noſtre nature, pource qu'aduenant ou par l'ordre vniuèrſel & continuel des
choſes, & entreſuitte ordinaire des cauſes,
nous ne le deuons point trouuer eſtrãge, ou
aduenant par vne prouidence particuliere
qui les fait ainſi arriuer, nous deuons ſçauoir
que la nature no⁹ y a aſſubiectis. Outre qu'elle nous a donné vne puiſſance en l'ame pour
nous accommoder à tout ce qui nous ſuruiẽt
de dehors, & en bien vſer: qui monſtre qu'elle ne nous a pas faict ſeulement propres à vne
choſe, mais à tout ce qui ſe peut preſenter.
Tellemẽt que nous n'en deuons rien, ny deſirer ny fuir, tant pource que c'eſt vne folle
& vaine affection de vouloir ce que l'on ne
peut, que pource que de quelque façon qu'il
nous puiſſe arriuer, il nous peut eſtre bien, &
ſuject de belles & loüables actions. Or ſi nous
nous pouuons commander cela de ne rien
deſirer, ny fuir de ce qui eſt hors de noſtre
puiſſance, mais auec vne affection temperee, le receuoir ſelon qu'il aduient ; nous
ſerons exempts de toutes perturbations,
nous ſerons libres, nous ſerós heureux, nous
ne ſerons iamais fruſtrez de ce que nous aurons deſiré, nous ne ſerons iamais empeſchez en ce que nous aurons entrepris, nous
ne haïrons perſonne, nous ne nous plain-

drons de perſonne, nous n'aurons peur de
perſonne, nous ne nous courroucerons contre perſonne : car perſonne ne nous pourra
faire mal. Si au cōtraire nous fuyons ou deſirons ce qui eſt hors de noſtre puiſſance, nous
decherrons ſouuent de nos eſperances, & de
nos ſouhaits, tumberons en ce que nous ab-
horrons, nous ſerons troublez, nous ſerons
tourmentez. Il n'y a perſonne ſi mal aduiſé
qui ne cōfeſſe, qu'il vaut mieux auoir ce que
l'on deſire que d'en eſtre priué, eſtre exempt
de paſſion que d'en eſtre troublé : qui niera
donques que ceſte reigle ne ſoit bōne, ſaine
& naturelle, par laquelle nous obtenōs tout
ce que nous deſirons, ne deſirant que ce que
nous pouuons? Et par laquelle nous ne nous
paſſionnons de rien, mettant le bien & le
mal en noſtre puiſſance, nous dōnant l'vn, &
reculant l'autre de nous quand nous voulons? Donques en toutes choſes qui ſe pre-
ſenteront à nous, afin de n'en eſtre point
troublez ny paſſionnez, conſiderons incontinent, ſi elles ſont en noſtre puiſſance ou
non ; ſi elles ſont en noſtre puiſſance, tenons
noſtre volōté droicte, pour les guider & conduire à leur vray & naturel vſage, & ce faiſant
nous en receurons le bien : ſi nous trouuons
qu'elles ne ſoient point en noſtre puiſſance,
ne nous en eſmouuons point, & ayons touſ-

iours en main ce mot, comme vn tres-falutai-
re aduertiſſemēt : Cela ne me touche point:
c’eſt à dire, ce n’eſt ny mon mal ny mō bien:
par conſequent ie ne dois ny le chercher ny
le fuir, mais ſelō qu’il m’arriuera m’y accommoder, & l’appliquer au meilleur vſage qui
puiſſe eſtre. Que ſi nous nous ſentons emou-
uoir d’auantage, & quelqu’vne des paſſions
cy deſſus nōmées s’eſleuer en nous, par l’object des choſes qui ſont hors de noſtre puiſſance : conſiderons incontinent la nature de
ce qui ſe preſente, & à quelle fin elle nous eſt
donnee : Puis examinōs la paſſion à laquelle
nous cōmençons à pancher, quels effects elle
nous peut apporter : De là commençons à
regarder en nous meſmes quelle vertu luy
eſt oppoſee, & quelle puiſsāce la nature a mis
en nous pour la reigler. Car cōme la paſſion
vient de dehors dedans nous, & y entre auec
l’image du ſubject qui s’offre, auſſi la nature
nous a remparé au dedans contre cet effort,
d’vne puiſſance pour y reſiſter, ſi nous nous
en voulōs ſeruir. Pour fortifier ceſte puiſſance ayons quelques beaux preceptes, & cour-
tes ſentences touchāt chaſque paſſion, dont
nous puiſſions couurir la raiſon, & arreſter
comme par vne tranchee, les premiers & ſou-
dains mouuemens de l’ame, qui la voudrōiēt
forcer. Et pour rēdre les preceptes plus forts

& plus difficiles à fausser, garnissōs les encor'
des beaux & loüables exemples de ceux qui
se sont genereusement comportez en semblables occasions. Car l'exemple de la vertu
des autres est vn gage à la nostre, & leur loüã-
ge nous est vne exhortatiō à leur resembler.
Dōques s'il s'y presente quelque sujet de volupté pour le corps, comme de viandes frian-
des & delicates, si tost que nous nous en sen-
tirons esmouuoir, representons nous que cela n'est point des choses qui sont en nostre
puissance, & par consequēt ny nostre biē ny
nostre mal, ains choses indifferētes. Ce sont
choses que la nature nous a dōnees pour nostre nourriture, dont l'vsage moderé entretient le corps, & le rend propre & habile instrument à l'esprit : au contraire l'exces & le
debort debilite le corps, luy apporte de grã-
des & fascheuses maladies, qui sont les supplices naturels de l'intéperance. Si vne fois
nous laschons la bride à l'appetit pour suiure
l'abondance ou la delicatesse, nous serons en
perpetuelle peine : les choses superfluës nous
deuiédront necessaires : nostre esprit deuiendra serf de nostre corps : nous trouuerons que
nous ne viurōs plus que pour mãger. Il nous
faut donc temperer ce plaisir-là par vn vsage
moderé, & apprendre que la sobrieté tient le
corps sain & l'esprit pur. Et partant formons

nous ceste reigle d'vſer des viandes pour la
neceſſité de noſtre nourriture, de ne nous
pas accouſtumer à celles qui ſont delicates,
de peur qu'en eſtant priuez, noſtre corps en
deuiéne indiſpoſé, & noſtre eſprit faſché, au
contraire vſer d'ordinaire des plus groſſieres
tant pource qu'elles nous rédent plus forts &
plus ſains, que pource qu'elles ſót plus aiſees
à trouuer. C'eſt vne faueur dont nous deuós
remercier la nature, qu'elle a rendu les choſes neceſſaires pour noſtre vie, faciles à trouuer, & fait que celles qui ſont difficiles à auoir
ne nous ſont point neceſſaires. I'admire certes la voix d'Epicure, mais ie voudrois qu'elle
fuſt ſortie d'vne autre bouche, afin qu'vn ſi
genereux mot ne fuſt point ſouillé par les
delices de ſes autres opiniós: Mó cœur, dit-il,
s'eſuanoüit d'aiſe, mó corps treſ-ſaut de plaiſir, dece que contét de pain & d'eau, ie reiette toutes les autres delicateſſes. Puis qu'Epicure ſe glorifie de meſpriſer les delices, que
doiuent faire les Stoïques? Ne doiuent-ils
pas honorer & reuerer la ſobrieté, comme
le fondement de toutes les autres vertus,
comme celle qui eſtoufe les autres vices
au berceau, & les ſuffoque en la ſemen-
ce? Les Curies & les Fabrices ont obte-
nu de belles victoirès, mais elles ne ſont
point ſi renommees que leur frugalité.

Leurs faits d'armes ont bien asseuré pour vn
temps l'Estat Romain contre les ennemis
estrangers, mais leur sobrieté a esté vne loy
sur laquelle ils ont formé l'esprit & le courage de ceux qui ont depuis dõpté tout le mõ-
de:les figues & les carrottes qu'ils prefererẽt
aux richesses des Samnites,ont esté trouuees
de plus excellent goust à la posterité que les
delices d'Apicius ne furẽt en son siecle. Ces
raisons-là peuuẽt aussi seruir au plaisir exces-
sif que nous prenons aux habillemens ou ba-
stimens, & autres choses qui ne regardent
que l'vsage du corps:car si nous ne moderons
le contentement que nous y cherchons par
la necessité naturelle,l'opinion nous empor-
tera à vn precipice où nous ne trouuerõs ny
fonds ny riue. Par exemple, nous ferons nos
souliers de velours,puis de drap dor,en fin de
broderie de perles & de diamans,nous basti-
rons nos maisons de marbre, puis de iaspe &
de porphire. Obseruons y donc ceste reigle,
que les habillemẽs soient suffisans pour nous
defendre du chaud & du froid, les bastimẽs
du vent & de la pluïe,& n'y desirõs autre chose, si nous l'y trouuons ne nous en esmou-
uons point. Il semble que la raison ait plus
de peine à se defendre du plaisir que nous
prenõs à la veuë & iouïssance des choses belles, que de celles dont nous venõs de parler.

Il semble que ce qui porte sur le visage les faueurs de la nature imprimees en vne rare &
excellente beauté, ait quelque legitime
puissance sur nous, & que tournant nos yeux
à soy, il y tourne aussi nos affections, & les y
assujettisse malgré nous. Mais quoy? si nous
faut-il souuenir que c'est chose qui est hors
de nous, que c'est vne grace que la nature a
fait à ce qui l'a & non à nous: que c'est chose
dont l'vsage tourne aussi tost à mal qu'à bié:
au bout de là, que ce n'est qu'vne fleur qui
se passe de iour à autre, ce n'est quasi que la
couleur d'vn corps. Si vous vous laissez
transporter à ceste fieureuse & furieuse pas-
sien, où en serez-vous? vous ne serez plus à
vous, vostre corps aura mille peines à chercher le plaisir, vostre esprit aura mille gehennes à seruir vostre desir. Quand ce desir crois-
sant sera deuenu amour, cest amour crois-
sant deuiendra fureur. Remparons-nous
donc contre ceste passion, & gardons de
ne nous laisser piper à ses appas. D'autant
plus elle nous mignarde, d'autant plus des-
fions nous-en, & soyons de bonne heure ad-
uertis qu'elle ne nous veut embrasser que
pour nous estrangler: elle ne nous propose
la liberté & la licence, que pour nous asser-
uir: elle ne nous appaste de miel, que pour
nous saouler de fiel; elle nous propose vne

apparence de plaifir qui paffe en vn moment, & nous laiffe vn regret qui demeure
eternellement. Compofons donc noftre
efprit, de façon que recognoiffant en la
beauté la delicate main de la nature, nous la
prifions comme nous faifons le foleil & la
lune, pour l'excellence qui y eft. Que fi la
loy nous en permet quelque plus particuliere iouyffance, que ce foit à la fin que la
nature defire, & fans que nous perdions l'v-
fage de la raifon, qui doit toufiours commander en nous: & nous fouuenons toufiours que l'immoderé vfage de ce plaifir,
vfe le corps, amollift l'ame, & affoiblift
l'efprit. N'en vfons point fil eft poffible a-
uant que d'eftre mariez: car outre qu'il ef-
face la pudeur en la ieuneffe, il fait perdre
la douceur qui fe trouue en mariage à ceux
qui n'en ont point vfé auparauant, qui eft
la foudure de l'amitié coniugale, & nous
nourrit en la licence d'vn vague & defreglé
accouplement. Sur tout ne faifons iamais
pour paruenir à ce plaifir, chofe qui foit deshonnefte. Reprefentons-nous les inconueniens qui font arriuez à ceux qui f'y font
trop addonnez, defquels les vns y ont perdu leur fortune, les autres la vie, les autres
l'efprit. Songeons au contraire, combien
nous aurons plus de plaifir de vaincre la vo-

lupté que de la posseder ; & que la continence d'Alexandre a esté trouuee plus belle &
plus loüable par la posterité, que les beaux &
excellents visages de la femme & des filles
de Darius. Les yeux de Cleopatre ont triom-
phé de Cesar & d'Antoine ; & ceux d'Auguste, de Cleopatre. Encores ceste sorte de
volupté-là est-elle accompagnee de quelque plaisir qui touche le corps, & semble-elle
en cela aucunement naturelle: mais le desir
des biens & des honneurs, & la delectation
que nous auons à les posseder, n'a racine sinon qu'en l'opinion. Ie ne sçay qui nous a
ainsi trompez à l'impositiõ des noms, d'auoir
appellé bien, ce qui ne depẽd point de nous.
Celuy-là a bien attaché nostre heur à vn
chable pourry, & ancré nostre felicité dans
vn sable mouuant. Car, qu'y a-il au monde
si incertain & si inconstant que la possession
de tels biens qui vont & viennent, passent &
s'escoulent, comme vn torrent? Vrayement
comme vn torrent, ils font du bruit à l'arriuee, ils sont pleins de violence, ils sont troubles, l'entree en est fascheuse, ils disparois-
sent en vn moment, & quand ils sont es-
coulez, il ne demeure que de la bourbe au
fonds. O richesses, qui verroit aussi bien la
roüille des ennuis que vous engẽdrez aux les
cœurs des hommes, comme lon voit l'esclat

& la splendeur de voſtre or & de voſtre argent, vous ſeriez autant haïes comme vous
aimees. Ceux qui vous aiment n'ont certes
qu'vne vertu, c'eſt d'eſtre fort conſtans à ce-
ler leur peine, de peur de deſcouurir leur
honte; que ſi leur ennuy auoit acquis liberté
de ſe plaindre, comme la fortune pourroit-
elle reſpondre aux accuſations de tant de
gens, à qui elle a tant donné de maux ſous ce
tiltre de biens? Ie penſe de vray qu'elle n'auroit qu'vne excuſe, qui eſt de les auoir don-
nees à ceux qui les deſiroient. Cognoiſſons
dönques les richeſſes pource qu'elles ſont,
pour des preſens de la fortune, qu'elle ne no'
fait que preſter, pour des biens qui ne ſont
ordinairement qu'aux meſchans, pour des
biens qui ne ſont biens, que quand ils ont acquis vn bon maiſtre, pour des biens qui per-
uertiſſent ſouuent les bonnes mœurs, & n'a-
mendent iamais les mauuaiſes, pour des biés
ſans leſquels tant de ſages ont rendu leur vie
heureuſe, pour des biens auec leſquels tant
de meſchans ont eu vne mort malheureuſe.
Cognoiſſons ce que nous apporte ce deſre-
glé deſir d'en auoir. C'eſt vne gangrene en
noſtre ame, qui auec vne venimeuſe ardeur
conſume nos naturelles affections, pour
nous remplir de virulentes humeurs. Si toſt
qu'elle ſeſt logee en noſtre cœur, l'hon-

nefte & naturelle affection que nous deuons
à nos parens, à nos amis, à nous-mefmes f'en-
fuit, tout le refte comparé à noftre profit ne
nous femble rien, nous nous negligeons à la
fin nous-mefmes, & mefprifons noftre corps
& noftre efprit pour ces biens-là, & côme on
dit ordinairement, nous vendons noftre
cheual pour auoir du foin. La nature femble en la naiffance de l'or auoir aucunement prefagy la mifere de ceux qui le deuoient aimer : car elle a faict qu'és terres
où il croift, il ne vient ny herbes, ny plan-
tes, ny fleurs, ny chofe qui vaille, comme
nous annonçant qu'és efprits où le defir de
ce metal naiftra, il ne demeurera nulle fcin-
tille d'honneur ny de vertu. Chaffons donc
ce furieux defir loing de nous, & laiffant les
folles opinions du vulgaire, qui poife les
biens dans les balances des orfeures, fui-
uons le vœu & le confeil de la nature, qui
les mefure à l'aulne de la neceffité. Elle nous
apprendra que noftre bien ne procede pas
des richeffes, non plus que la chaleur que
nous fentons ne vient pas de nos habillemens, mais fortant de nous eft conferuee
en eux. Ce qui ne fortira pas iufques à
eux demeurera en nous. Et noftre vertu,
bien que la fortune luy couppe les aifles,
n'en fera pas moindre, elle aura moins

de mouuement, mais plus de repos & plus de
contentement. Il y en a qui nous veulent
corrompre par de molles opinions, pour attacher noftre foing à acquerir des richeffes.
Ils nous difent, fi ie ne prens garde d'acquerir des biés, ie n'auray point de moyé d'aider
mes amis, de feruir à mon païs. Mais refpon-
dons leur fagement, qu'il faut que chacun
ferue la republique de fon meftier. Celuy du
philofophe, c'eft de rendre fes concitoyens
modeftes & obeïffans, quand il le fera, pro-
fitera-il peu à fes amis & à fon païs? Outre
tout cela, ie leur diray: donnez-moy vn honnefte moyen d'acquerir des richeffes, ie ne
les refuferay pas. Comme ie ne les fouhaite
point, auffi ie ne les abhorre pas: que fi vous
ne me pouuez monftrer ceft honnefte moyé
là, pourquoy me preffez-vous de les rechercher autrement? Apprenons à chercher
fans paffion ce que la nature defire, & nous
trouuerons que la fortune ne nous en fçauroit priuer. Le vray & plus court moyen de
f'enrichir, c'eft de mefprifer les richeffes.
Pour eftre riche, il ne faut pas croiftre nos
moyens, mais diminuer nos defirs: qui eft
content, il eft riche, cefte richeffe-là, il fe la
donne qui veut. Ainfi Bias fe fift-il riche,
abandonnant fes biés que lon luy auoit permis d'emporter de fa ville, par la compofi-
tion faicte auec les ennemis, & difant qu'il

portoit tout fon bié auec foy, c'eſtoit volontiers ſa vertu. Ainſi Diogenes deuint non
ſeulemẽt opulent, mais plus grand qu'Alexandre, quand il refuſa ſon argent, & luy de-
manda pour tout bien, qu'il ſe retiraſt de ſon
ſoleil. Vrayement il en arriue quaſi autant à
tous ceux qui nous offrent des biens de la
fortune: car ils nous oſtét ceux de la nature.
Et cela voyons-nous clairemét en ceux qui
ſe laiſſent appaſter par les hõneurs, que nous
appellons, & mener au vent de l'ambition:
car ils trouuent incontinent qu'au lieu de la
lueur, ils n'ont que de la fumee. Le vray honneur eſt l'éclat d'vne belle & vertueuſe actiõ,
qui rejaillit de noſtre conſciéce, à la veüe de
ceux auec qui nous viuons, & par vne reflexion en nous-meſmes, nous apporte vn teſ-
moignage de ce que les autres croyét de no⁹,
qui ſe tourne en vn grand contentemét d'e-
ſprit. Or cela depéd de nous. La nature nous
concilie ce bien-là : toutes & quãtes fois que
nous le voulõs, nous l'auõs. Mais le laiſſant,
nous embraſſons ſombre pour le corps,
& attachons le contentement de noſtre
eſprit, à l'opinion du vulgaire : nous renon-
çons volontairement à noſtre liberté pour
ſuiure la paſſion des autres, & nous contrai-
gnons de nous deſplaire à nous meſmes,
pour complaire à ceux qui nous regardent.
nos affections ſont penduës aux yeux d'au-

truy : nous n'aimons plus la vertu, qu'entant
qu'elle plaiſt au vulgaire : ſi nous faiſons
quelque choſe de bien, ce n'eſt pas pour
l'amour du bien, mais pour en auoir l'honneur. Nous reſſemblons aux tonneaux
qu'on perce, on n'en peut rien tirer qui ne
leur donne du vent. Mais quelles bornes a
ceſte paſſion-là ? La vieilleſſe la meurit-el-
le ? nenny : les dignitez la contentent-elle ?
nullement. C'eſt vn gouffre qui n'a ny fonds
ny riue : non, c'eſt le vuide que les Philoſophes n'ont peu encores trouuer en la nature : c'eſt vn feu qui ſ'augmente auec la nourriture qu'on luy donne. Ceux qui ont voulu flatter l'ambition, ont voulu faire accroi-
re qu'elle ſeruoit à la vertu comme d'vn degré pour y monter : pource, diſoient-ils, que
pour l'ambition lon quitte les autres vices,
& en fin lon quitte l'ambition meſmes, pour
l'amour de la vertu. Mais tant ſen faut. Si
l'ambition cache les autres vices, elle ne les
oſte pas pour cela, ains les couue pour vn
temps ſous les trompeuſes cendres d'vne
malicieuſe feintiſe, auec eſperance de les
renflammer tout à faiĉt, quand ils auront acquis aſſez d'authorité pour les faire regner
publiquement auec impunité. Les ſerpents
ne perdent pas leur venin pour eſtre engour-
dis par le froid, ny l'ambicieux ſes vices pour

les

les couurir par vne froide diffimulation:
quand il eft paruenu où il fe demandoit, il
fait fentir ce qu'il eft. Et quand l'ambition
quitteroit to⁹ ces autres vices, fi ne fe quitte-
roitelle iamais foy-mefme, iufte feulemêt en
cela qu'elle fuffit à fa propre peine, & fe met
elle-mefmes au tourment. La roüe d'Ixion
eft le mouuement de fes defirs, qui tournent
& retournent continuellement de haut en
bas, & ne donnent aucun repos à fon efprit.
Affermiffons donc noftre ame contre ces
fafcheux mouuemens-là, qui troublent ainfi
noftre repos & noftre contentement. Compofons nos affections, de façon que la lueur
des hôneurs n'efblouïffe point noftre raifon,
& plantons de belles refolutions en noftre
efprit, qui luy feruent de barriere contre les
affauts de l'ambition. Premierement per-
fuadons-nous qu'il n'y a vray honneur au
monde que celuy de la vertu. Que la vertu
ne cherche point vn plus ample ny pl⁹ riche
theatre pour fe faire voir que fa propre confcience. Plus le foleil eft haut, & moins fait il
d'ombre; plus la vertu eft grande, moins
cherche-elle de gloire. Gloire vrayement
femblable à l'ombre qui fuit ceux qui la
fuyent, & fuit ceux qui la fuiuent. Remet-
tons-nous deuant les yeux, que nous venons
en ce monde comme à vne comedie, où

nous n'auõs pas à choisir le personnage qu'il nous faut ioüer, mais seulement à bien ioüer celuy qui nous sera donné. Si le poëte nous charge du personnage d'vn Roy, il le faut bien representer, si d'vn faguin, de mesmes. Car il y a de l'honneur à bien faire l'vn & l'autre, & du deshonneur à le mal faire. Il faut que nous vsions des honneurs comme nous faisons des viandes en vn banquet, où nous vsons de celles qui sont seruies deuant nous, & n'estendons pas le bras à l'autre bout de la table, ny n'arrachons pas les plats d'entre les mains des maistres d'hostels. Si le tesmoignage de nostre vertu, si l'vtilité de nostre païs, si la faueur de nos amis, nous presente quelque charge, dont nous soyons capables, acceptons-la modestement, & l'exerçons sincerement, estimãs que c'est Dieu qui nous a là posez en sentinelle, à fin que les autres reposét sous nostre soing. Ne recherchons autre recompense de nostre labeur, que la conscience d'auoir bien faict, & desirons que le tesmoignage en soit plustost graué dans le cœur de nos concitoyens, que sur le front des œuures publiques. C'est quelquesfois vn plus grand honneur de n'auoir pas ce que lon a merité, que de l'auoir. Il m'est bien plus honorable (disoit Caton)

que chacun demande pourquoy lon ne m'a
point dreffé de ftatuë en la place, que fi
lon demandoit pourquoy lon m'en a dreffé.
Bref, tenons pour maxime, que le fruict
des belles actions eft de les auoir faites, &
que la vertu ne fçauroit trouuer hors de foy
recompenfe digne d'elle. Sans doute l'ambition eft vne bien douce paffion, qui fe cou-
le aifément és efprits les plus genereux, &
ne f'en tire qu'à peine : nous penfons deuoir embraffer le bien, & entre les biens
nous eftimons l'honneur plus que tout : voilà pourquoy nous le courons à force. Mais
encores vous affeure-ie que les autres paffions qui naiffent en nous par l'object d'vn
mal apparant que nous fuyons & abhor-
rons, defcendent plus auant en noftre
cœur, & f'en leuent plus difficilement.
Comme la crainte, qui eft l'apprehenfion
d'vn mal à venir, laquelle nous tient perpetuellement en ceruelle, & deuance les
maux dont la fortune nous menace. Certainement c'eft vn des plus rudes inftru-
ments dont l'opinion nous tourmente:
car comme elle ne peut rien fur nous,
qu'en nous trompant & feduifant, & que
nous voyons plus clair en ce qui eft prefent qu'en ce qui eft à venir, elle fe fert de

l'aduenir, se jette dedans, comme dans vn
lieu nuble & obscur, & choisit ceste saison
comme les larrons font la nuict, à fin d'entreprendre sans estre recogneus. Elle nous
tourmente lors auec des masques de maux
qui n'ont qu'vne simple apparence, qui n'ont
rien en soy qui nous puisse nuire que l'apprehension que nous en auons, laquelle nous
rend mal ce qui ne l'est point, & tire mesmes
du mal de nostre bien, pour nous en affliger.
Tant en voyons nous tous les iours, qui crai-
gnans de deuenir miserables le font deuenus, & ont tourné leurs vaines peurs en certaines miseres. Combien y en a-il qui ont
perdu leurs amis pour s'en desfier, combien
qui sont deuenus malades de peur de l'estre?
Tellement que lon peut dire, que la crainte
n'est qu'vn poids de recharge, pour nous faire trebucher en ce que nous fuyons le plus
que nous pouuons. Esloignons de nous la
crainte, & nous en esloignerons le mal : au
moins ne le sentirons-nous point iusques à
ce qu'il nous touche, & quand il viendra à
nous, il ne sera iamais si fascheux que nous le
craignons. Si nous auions de tous les maux
à choisir, duquel nous voudriõs estre exẽpts,
il n'y en a point, à mon aduis, que nous deus-
siõs tant euiter que la crainte : Pource que
des autres la peine ne dure non plus que la

cauſe, mais la crainte ſe forme indifferem -
ment de ce qui eſt, & de ce qui n'eſt pas, de ce
qui peut-eſtre ne ſera pas, voire de ce qui ne
peut eſtre du tout. O ingenieuſe paſſion, qui
d'vn mal imaginaire tire vne viue & vraye
douleur! Ainſi en faiſoit le peintre Parra-
ſius, qui mettoit ſes ſerfs au tourment, pour
pouuoir plus proprement imiter les façons
plaintiues & dolentes du fabuleux Prome-
thec. Pourquoy ſommes-nous ſi ambicieux
en nos maux que de courir au deuant, & les
deuancer de penſee? Prenons loiſir de les
attendre, & peut-eſtre ne viendront ils pas
iuſques à nous : mille impreuoyables rencontres peuuét parer le coup que nous craignons. Nos craintes ſont auſſi ſujettes à ſe
tromper que ſont nos eſperances. Hé quoy!
que craignôs-nous? ce qui eſt en noſtre puiſſance? non. Car nous y pouuons remedier.
Ce qui eſt hors noſtre puiſſance? Et pourquoy, puis qu'il n'eſt point mal? Dequoy
nous ſeruira donc ceſte crainte, ſinon d'vn
ſupplice volontaire? Au contraire, ſi nous
pouuons auoir l'eſprit ferme contre ce
mouuement-là, nous remedierons à beaucoup de choſes que noſtre eſtonnement
empire, & fait tomber ſur nous. De beaucoup de mauuais effects que la crainte nous
apporte, i'eſtime celuy-là tres-pernicieux,

qui eſt, qu'ordinairement elle nous fait haïr
ce que nous craignons. Car la haine eſt vne
tres-faſcheuſe paſſion, & qui nous trouble
eſtrangement. Voyez vn peu quand nous
auons pris vne choſe en haine, comme ceſte
affectiõ-là ſe nourrit en nous, & y croiſt ſans
eſtre ny labouree ny arrouſee, & comme elle
nous fait abhorrer ce que nous haïſſons. Et
que haïſſons-nous? rié certes de ce que nous
deuons: car ſil y a quelque choſe à haïr en ce
monde, c'eſt la haine meſmes, & ſemblables
paſſions contraires à la nature de ce qui doit
commander en nous. Il n'y a au monde que
cela de mal pour nous. Nous haïſſons les hõmes, nous haïſſons les affaires, ou pource que
nous en craignons du mal, ou pource que
nous penſons en auoir receu, ou pource que
la nature de nos ſens a quelque contrarieté
& contre-paſſion à la choſe haïe. Qu'y a-il
au monde qui nous tourmente plus que cela? Par vne telle paſſion nous mettons en la
puiſſance de ce que nous haïſſons, de nous
affliger & vexer. La veüe nous en eſmeut les
ſens, la ſouuenance nous en agite l'eſprit, &
veillant & dormant nous nous le repreſentons, auec vn deſpit & grincement de dents,
qui nous met hors de nous, & nous deſchire
le cœur, & par ce moyen receuons en nous-
meſmes la peine du mal que nous voulons à

autruy. Fermons donc la porte de noftre
ame à cefte fafcheufe paffion. Et à fin de luy
ofter tout pretexte d'entrer chez nous, par
vn mefcontentement des chofes qui fe prefentent, propofons nous de bône heure vne
regle qui eft vraye : c'eft que toutes chofes
ont deux anfes, par lefquelles on les peut
prendre. Si nous les prenons par l'vne, elles
nous femblent griefues & pefantes ; fi nous
les prenons par l'autre, nous les trouuons legeres, & aifees à fupporter. La nature nous
peut dire ce que difoit le philofophe à fes
difciples, Ce que ie vous prefente de la main
droitte, vous le prenez de la gauche. Voftre
choix eft toufiours au pis, ce qu'il y a de bon
vous le laiffez, ce qu'il y a de mal vous le prenez. Par exemple vous auez vn voifin auec
qui vous plaidez. Quand vous voudrez penfer à voftre voifin, vous fongerez à ce procés,
vous le blafmerez & maudirez fur ce fujet.
Voilà la mauuaife anfe. Prenez le par l'autre, & fongez qu'il eft homme comme vous,
que Dieu vous a lié d'affection enfemble par
femblance de nature, qu'il eft voftre conci-
toyé, que vo⁹ eftes cômuns en mefmes loix,
en mefmes téples, en mefmes autels, en mefmes facrifices, que vous eftes voifins, obligez
de charité au fecours & à l'aide l'vn de l'autre,
tant de fujets de bien-vueilláce n'efteindrôt-

ils point vne petite vne semence de haine?
Vous auez vn frere qui vous a offensez: Si
vous pensez à luy, vous pensez à celuy qui
vous a offensez, & non à celuy qui est conceu
en mesme ventre, allaicté de mesmes mam-
melles, nourry en mesme maison, & qui doit
estre vne moitié de vous. Prenons donc les
choses par la bonne anse, & nous trouuerons
qu'il y a à aimer en tout ce que no° haïssons.
Car il n'y a rien au monde qui ne soit pour le
bien de l'homme. Que s'il y a quelque chose
de vicieux en ce que nous haïssons, c'est le
mal du vicieux, & non pas le nostre. Et si d'a-
uanture il nous offense, nous auons plus de
sujet de le plaindre que de le haïr. Car il est le
premier offensé, & en reçoit le premier, & le
plus grand dommage, parce qu'il perd en cela l'vsage de la raison. Quelle plus grãde perte sçauroit-il faire au monde? Tournõs donc
en tels accidens la haine en pitié, & mettõs
peine de rendre dignes d'estre aimez, ceux
que nous voudrions haïr. Ainsi en fit Licur-
gue, quãd on luy eut abandõné celuy qui luy
auoit creué l'œil. Il le mena chez luy, & la
peine qu'il en exigea, ce fut qu'il l'instruisit
fort soigneusement à la vertu, & puis le
rendit à ses concitoyens, qui le trouuerent
deuenu au lieu d'vn temeraire & iniu-
rieux, vn bon, honneste & modeste citoyen.

Comme nous auons à fuir la haine, auſſi deuons nous euiter l'enuie, car elles ſont ſœurs
germaines, quaſi de meſme teint & de meſme port, & ont des effects egalement perni-
cieux. Car l'enuie ſouſleue en nous vn regret du bien que les autres poſſedent, qui
nous ronge fort le cœur, & nous tourmente
cruellement. Miſerable paſſion certes, &
telle que toutes les gehennes des plus inge-
nieux tyrans n'en ont iamais ſurpaſſé la cruauté. Car puis qu'elle tourne le bien d'autruy à ſon mal, quelle fin trouuera-elle à ſon
tourment, quand ſes maux & les biens d'autruy ſeront accouplez pour la gehenner?
fuyons-là donques comme vne beſte farou-
che, qui nous rongeroit continuellement le
cœur, & nous oſteroit la iouïſſançe de tout
le bien qui nous pourroit arriuer. Car pendant que les enuieux regardent de trauers le
bien d'autruy, ils laiſſent gaſter le leur, & en
perdent le plaiſir. Mais pour nous diminuer
ceſte enuie, conſiderons ce que nous eſtimons bien en autruy, & ce que nous enuions
aux autres : nous trouuerons que tout pris
enſemble, il n'y a rien que nous vouluſſions
pour nous. Car ie voy que la plus-part du
temps nous enuions aux autres des richeſſes, des honneurs, & des faueurs : mais qui
nous diroit, vous en aurez autant pour le

mefme prix, nous n'en voudriõs pas. Pour les
auoir il faut flatter, il faut endurer des af-
fronts, des iniures, il faut perdre fa liberté.
L'on n'a rien pour rié en ce mõde. Vous faites profeſſion d'honneur & de vertu: cela ne
ſe peut acheter que par la perte de ces autres
chofes-là, qui s'acquierent par vne honteufe
patience. Les richeſſes, les dignitez, les faueurs ſe donnent à ceux qui complaiſent, &
s'accõmodent aux voluptez ou aux paſſions
d'autruy. C'eſt la loy, ou pour le moins, la
couſtume du monde. Elle y eſtoit auant que
vous fuſſiez nez, pourquoy trouuez vo⁹ mauuais de l'y voir obferuee? Celuy-là vend ſa liberté, il en reçoit le prix en vn eſtat, ou office, pourquoy le luy enuiez vous? vous qui ne
voulez pas vendre la voſtre, vous voudriez,
volontiers auoir le drap & l'argent, auoir le
contr'-efcháge que ceſtuy-cy a eu pour ſa liberté,& neantmoins conferuer la voſtre. Le
droit des gens ne le permet pas ; choifiſſez ou
la marchandife ou le prix. Ie vay au marché,
i'en voy vn qui tire à la bourfe, il baille vn de-
nier & emporte vne laiĉtue; moy qui ne baille rien, ie n'emporte riẽ, & neantmoins ie fuis
d'auſſi bõne condition que luy: il a ſa laiĉtue,
& moy i'ay mon argent. Ie voy mon voifin
qui reuient d'vn feftin: fi ie ne cõfidere finon
qu'il a fait bonne chere, i'aurois regret que ie

n'y ay esté côme luy: mais quãd ie pense qu'il
a fallu qu'il ait flatté le maistre de la maison,
i'aime mieux n'auoir pas faict si bône chere,
& auoir gardé ce qui est du deuoir d'vn honneste homme. Gardons nous bien donc, si
nous desirons quelque repos en ce monde,
d'estre enuieux de ce que nous estimons le
bien d'autruy. Si c'est vn vray bien qui luy
soit arriué, nous nous en deuons resiouïr, car
nous deuons desirer le bien les vns des autres. Se plaire au bien d'autruy, c'est accroi-
stre le sien. Le mesme deuons nous obseruer
pour la ialousie, car elle est quasi toute semblable & de nature & d'effect, sinon qu'il
semble que l'enuie ne côsidere le bien, qu'en
ce qu'il est arriué à vn autre, & que nous le
desirerions pour nous: & la ialousie est du
nostre propre, auquel nous craignons qu'vn
autre participe. C'est vne sotte & fascheuse
passion: c'est du fiel qui corrôpt tout le miel
de nostre vie: car elle se mesle ordinairemét
és plus douces & plaisantes actions, lesquelles elle rend si aigres & si ameres que rien
plus: elle change l'amour en haine, le respect
en desdain, l'asseurance en defiance. Faictes
estat que quiconques viura ialoux, viura miserable. Le seul moyen pour l'euiter c'est de
se rendre digne de ce que lon desire. Car la
ialousie n'est qu'vne defiáce de soy-mesme,
& vn tesmoignage de nostre peu de merite.

Ce fut à mon aduis vne genereuse response
que celle de l'Empereur Aurelius à Fauſtine,
qui luy demandoit ce qu'il feroit ſi Caſſius
qui luy faiſoit la guerre, gaignoit la bataille:
Ie ne ſers point, dit-il, ſi mal les Dieux, qu'ils
mé vueillent enuoyer vne telle infortune.
Que ceux qui craignent de perdre la part
qu'ils ont en l'affection d'autruy, diſent de
meſmes : ie n'honore pas ſi mal ſon amitié
qu'il m'en vueille priuer. La confiáce de noſtre merite eſt vn grand gage de la volonté
d'autruy : qui pourſuit quelque choſe auec la
vertu, eſt bien aiſe d'auoir vn compagñon à
la pourſuitte : car il ſert de relief & d'eſclat à
ſon merite. L'imbecillité ſeule craint la rencontre, pour ce qu'elle penſe qu'eſtant com-
paree auec vn autre, ſon imperfection parói-
ſtra incontinẽt. Qui eſt-ce qui voudroit courir ſeul au ieux Olympiques? oſtez l'emula-
tion, vous oſtez la gloire, vous oſtez l'eſperon
à la vertu. C'eſt vn grand cas que toutes les
choſes qui ſont en autruy, nous ſeruent ainſi
ou à bien ou à mal, ſelon que nous ſommes
diſpoſez à les receuoir, & en vſer. Voila le biẽ
d'autruy qui nous donne de la ialouſie &
nous tient en ceruelle : le mal d'autruy d'autre coſté nous fait quelquefois telle pitié,
que nous en ſommes tout hors de nous, & en
perdons le iugement. Soit que par vn ſecret

consentement nous participions au mal les
vns des autres, soit que nous craignions en
nous mesmes, ce qui arriue à nos voisins, nous
souspirons auec eux, & compatissons à leur
mal. Il est bon de le faire autant qu'il est de
besoin, pour nous esueiller à les secourir & aider. Car la loy de l'humanité le commande:
mais non pas pour adopter leur douleur, &
noircir nostre esprit de leur fumee. Or les
remedes necessaires à ceste fascherie que
nous auons du mal d'autruy, & que nous appellons pitié, nous sont cõmuns à ceste autre
fascherie que nous appellõs douleur, qui est
le sentiment du pretendu mal en nous mesmes. Car les maux, que nous appellõs, nous
estans arriuez flestrissent incontinent nostre
ame, si nous n'y prenons garde, la tirét à vne
langueur, lacheté, & decouragement estrange, lequel nous oste l'vsage du discours, & le
moyen de pouruoir à nos affaires. C'est bien
en cest endroit que nous deuons nous souuenir de ce qui est en nostre puissance, & n'estimer mal que ce qui est cõtraire à la parfaicte
disposition de nostre volonté. Car par ce
moyen nous trouuerons que le plaisir & la
douleur se puisent en mesme source, & qu'il
n'y a que la façon de tourner nostre vase, qui
le remplisse de l'vn ou de l'autre. Nous rendons toutes choses bonnes ou mauuaises par

l'vfage, nous faifons deuenir les richeffes
mauuaifes, quãd nous nous en feruons pour
executer de mauuaifes paſſions, nous faifons
deuenir la pauureté bonne, quand nous l'ac-
compagnons de frugalité & patience : nous
faifons l'aife & le repos miferable, quãd nous
en deuenons fetards & pareffeux : nous rendons le trauail & la peine douce, quand nous
acquerons de l'honneur à bien feruir noſtre
païs. Prenons donc toutes chofes cõme nous
deuons, & nous trouuerons que nous tire-
rons de la commodité de tout. Car il n'y a
accident au monde qui nous puiffe arriuer,
auquel la nature n'ait preparé vne habitude
en nous pour le receuoir, & le tourner à noſtre contentement. Donques en tout ce qui
a accouſtumé de nous affliger, confiderons
deux chofes, l'vne la nature de ce qui nous
arriue, l'autre la nature de ce qui eſt en nous.
Par ce moyen vfans des chofes felon la nature, nous n'en receurons aucune fafcherie. La
fafcherie eſtãt vne maladie de l'ame, eſt contraire à la nature, nous ne deuons donc point
permettre qu'elle entre chez nous. Ce qui
nous offéfe plus, c'eſt la nouueauté de ce qui
nous arriue. Nous le voyons clairement, en
ce que les chofes les plus fafcheufes, fe rendent douces par l'accouſtumãce. Les forçats
pleurét quãd ils entrét en galere, au bout de

trois mois ils y chantent : ceux qui n'ont pas
accouſtumé la mer, pallifsét meſmes en téps
calme, quand on leue l'ancre, & les mattelots
rient durát la tépeſte. L'accouſtumáce donc
y fait tout. Mais ce que l'accouſtumance apporte au vulgaire, la meditation l'apporte au
Philoſophe. Car à force de péſer aux choſes,
elle les luy réd familieres & ordinaires. Conſiderons donques exactement la nature de
toutes les choſes qui nous peuuét faſcher, &
nous repreſentons ce qui nous y peut atriuer
de plus ennuyeux & inſupportable, cóme les
maladies, la pauureté, le bániſſemét, les iniures, & examinons en tout cela ce qui eſt ſelon
la nature, ou de côtraire à elle. Noſtre corps
eſt malade : ce n'eſt pas nous qui ſommes of-
fenſez, mais noſtre corps : car l'offenſe diminue de l'excellence & de la perfection de la
choſe, & la maladie peut donner ſujet & occaſion à vne patience, & tolerance loüable
plus beaucoup que la ſanté. Où il y a plus
d'occaſion de loüange, y a-il moins de bien?
d'autát que l'eſprit eſt plus que le corps, d'autant les biens de l'vn ſont-ils auſſi plus grands
que ceux de l'autre. Si le corps eſt l'inſtrumét
de l'eſprit, qui ſe plaindra quád l'inſtrument
s'vſera en ſeruát celuy à qui il eſt deſtiné? Noſtre corps eſt malade, ce n'eſt rié de nouueau,
puis qu'il eſt cópoſé, il eſt ſujet à eſtre alteré.

Ouï, mais la douleur des maladies se fait sentir, & nous fait crier malgré que no⁹ en ayôs.
Elle se fait sentir, ie le cõfesse, mais sentir au
corps. Elle nous fait crier, si nous voulons. La
douleur n'est intolerable que pour ceux qui
le pensent, il y en a qui la supportent en ses
pointes les plus aiguës. Possidonius discou-
rant en la presence de Põpee, estoit fort persecuté des gouttes, cõme elles le pressoient le
plus fort, tu as beau faire, dit il, douleur, ie ne
confesseray iamais que tu sois mal, & poursuiuit son discours, sans faire aucune mine
de la sentir. Ie vous prie dictes moy quels
nouueaux remedes auoit trouué ce Philoso-
phe-là contre la douleur? quels cataplasmes
contre les gouttes? quels vnguents? la cognoissance des choses, la resolution de l'esprit. Il s'estoit bien proposé, que le corps est
fait pour seruir à l'ame, & que si l'ame l'affli-
geoit pour ce qui arriue au corps, elle serui-
roit au corps. Si elle ne se doit point affliger
de ce qui arriue au corps, combien moins de
ce qui arriue en nos biens? Car la perte des
biens est beaucoup moins sensible que celle
de la santé. L'vn & l'autre est hors de nous,
mais le corps en est plus pres que les biens.
L'homme vient nud & s'en retourne nud
de ce monde : peut-il dire quelque chose vrayement sienne de ce qu'il n'apporte ny

n'emporte

n'emporte auec soy ? Les biens de la terre
sont comme les meubles d'vne hostellerie,
dont nous ne nous deuons soucier, que tant
que nous y sommes. Ouy, mais me dira quelqu'vn, les perdant, ie mourray de faim. Si ce
souci que vous en auez vous doit troubler
l'esprit, il vous seroit plus desirable de mourir de faim auec vne ame tranquille, que viure riche en tourmét & inquietude. Il vous
faut faire estat, que les pertes que vous faictes, c'est le prix du repos & contentement
de vostre esprit. Si vous les employez là, vous
ne les perdez pas. Si vous ne les y employez,
vous perdez & les biens & l'esprit tout ensemble. Voulez-vous sçauoir, combien ces
playes- là sont aisees à guerir ? voyez les cica-
trices des semblables qu'ont receu & soudé
tant de grands & genereux personnages, qui
se sont rit de telles pertes, & qui en ont mesmes remercié Dieu. Oyez Zenon, qui disoit
que le iour qu'il fist naufrage, il eut les vents
merueilleusement fauorables: car ils le iette-
rent au port de la philosophie, où il passa le
reste de sa vie doucement & tranquillement
à l'abri des tempestes ciuiles, à couuert de
mille cuisans ennuis, qui tourmentent ceux
qui sont enueloppez aux affaires. Sçauez
vous comme les pertes nous seront bien aisees à endurer? accoustumons nous à n'aimer

d

les chofes que pour ce qu'elles font. Si nous
aimons vne efcuelle de terre aimons la comme telle , & qui fe peut caffer, quād elle vié-
dra à fe caffer, nous n'en ferons plus fafchez.
paffōs des plus petites auxpl° grādes, des plus
viles au plus cheres , & en faifons autant. Si
nous aimons nos enfans, aimons les comme
hommes, c'eft à dire fujects à la mort, & quād
ils viédrōt à mourir, nous ne nous en eſton-
nerons, ny ne nous en fafcherons point. L'o-
pinion nous tourmente plus beaucoup que
la chofe mefmes, & l'opiniō fe forme fort par
les termes dont nous vfons .és accidens qui
nous furuiennent: car nous appellons vne
chofe par le nom d'vne autre , nous nous l'i-
maginōs femblable à cefte autre là, &l'image & idee en demeure telle en noftre efprit.
Adouciffons donques les termes le plus que
no° pourrōs. Pour ce fi vn de nos enfās viēt à
mourir, ne difōs pas, i'ay perdu vn de mes enfans, mais ie l'ay rendu à Dieu, qui me l'auoit
prefté. Si nous perdōs de nos autres biēs, di-
fons en autāt. Que s'il vous furuient quelque
defpit en l'efprit de ce qu'vn mefchant vous
aura ofté vos biens, dittes incontinét envous
mefmes, que me chaut il par qui Dieu repré-
ne ce qu'il m'auoit prefté? Au refte fouuenez
vous quel iugement vous faifiez de femblables pertes que celles que vous faites quand
elles font arriuees à d'autres , & confiderez

côbiē vous en estiez peu esmeus, côme mesmes vous blasmiez & mesprisiez leurs plaintes. Pensez que le iugement que vous auez
fait d’eux est vn preiugé contre vous, lequel
vous ne pouuez refuser. Ce que nous iugeōs
en la cause d’autruy, est tousiours plus iuste
que ce que nous iugeōs en la nostre. Si le gar-
çō de nostre voisin luy casse vn verre, & bien
voº dites, voila vn verre cassé. Si sō fils meurt
& biē il estoit mortel, que n’en dites vous autāt du vostre sans crier, tempester, accuser les
Dieux & les hōmes, d’vne chose qui est ordinaire? Ce que vous auez preueu vous arriue,
pourquoy vous en estōnez-vous? Il me semble quant à moy que si nous sōmes aussi pre-
uoyāsque nous deuons, & pouuons estre, que
nous ne nous estonnerons de rien, mais principalement de ce que nous appellōs iniures.
Car representons nous quels ont esté, quels
sont, & quels doiuēt estre les meurs & les humeurs des personnes auec lesquelles il nous
faut conuerser au mōde, & nous nous resou-
drōs, ce me semble, bien tostà beaucoup endurer de leur indiscretion. Le commun
des hommes en est là, il prend plaisir à mal-
faire, & ne mesure sa puissance que par le desdain & l’iniure d’autrui. Tant peu il y en a qui
prennent plaisir à biē faire. Faisons donques
estat que de quelque costé que nous nous

tournons, nous trouuerons qui nous offenfe-
ra, par tout où nous trouuerons des hommes
nous y trouuerons des iniures. Mais faifons
qu'elles ne nous furprennent point, tenons
nous en garde contre elles, regardons les venir. En quelque lieu que nous aillõs, quelque
chofe que nous entrepreniõs, confiderõs auparauãt comme nous y deuõs eftre traittez.
Voulons nous aller aux eftudes? propofons-
no⁹ tout ce qui s'y fait, l'vn crie, l'autre pouffe, l'autre iette de l'eau à fes cõpagnons, l'autre defrobe vn mãteau: fi nous auõs bien preueu cela, lors qu'il no⁹ arriuera, nous ne nous
en ferõs que rire. Si no⁹ allõs vifiter vn grãd,
& que nous nous imaginions qu'il nous fera attendre à fa porte, que quãd nous pẽferõs
entrer, on nous fermera l'huis au nez, que no⁹
le trouuerons empefché, qu'il ne voudra pas
parler à nous, ou qu'il nous fera mauuaife mine, quand cela nous arriuera, nous n'en ferons ny eftonnez ny efmeus. Il y a encore vne
autre chofe qui adoucit fort les offenfes.
C'eft quãd nous excufons nous mefmes ceux
qui nous les ont faites, & que nous prefumõs
qu'ils en ont eu quelque occafion. Par exẽple, fi vous appellez voftre valet, & qu'il ne
vous refponde pas, penfez qu'il ne vous a pas
entẽdu. Il n'a pas efté où vous luy auez com-
mandé, eftimez qu'il n'a pas eu le loifir, & ain-

fi des autres. Mais principalemét deuős nous
en matiere d'iniures, nous feruir de la cõmo-
dité qu'elles nous prefentét:car cõme iln'y a
forte d'herbepour veneneufe qu'elle foit, laquelle temperee & appliquee à propos, n'ait
quelque falutaire vfage, ainfi en eft-il des iniures. Nous en tirons pour le moins du profit en deux fortes:l'vne, qu'elles nous font cognoiftre ceux qui nous les font, pour les
fuir vne autre fois:l'autre qu'elles nous monftrent noftre infirmité, & l'endroit par lequel
nous fommes batables, à fin de le remparer.
Tellement que quád vous verrez vn homme
qui mefdira de vous, concluez c'eft vn hõme
malin,il ne faut pas que ie me fie en luy. Puis
examinez s'il dict vray, ou en tout ou en
partie, & amédez le defaut qui eft en vous, à
fin qu'vn autre n'ait fubject de vous en dire
autát ou plus. Quelle plus belle vengeance
peut on prendre de fes ennemis, que de profiter de leurs iniures. Mais la derniere defen-
fe, & le plus fort rempart, que nous puiffions
auoir contre tels accidents,c'eft cefte refolution là, Que nous ne pouuons receuoir mal
que de nous mefmes : fi noftre raifon eft telle qu'elle doit eftre,nous fommes inuulnera-
bles. Et pour ce nous dirons toufiours auec
Socrates : Anitus & Melitus me peuuent
bien faire mourir, mais ils ne fçauroient me

mal-faire. Celuy qui fera preparé contre les iniures des hommes, le fera auſſi côtre le banniſſemét: car ordinairemét arriue-il aux honneſtes gens par l'iniure des hômes. Mais pource que c'eſt vne apparéce de mal dôt l'opiniő eſtőne fort nos eſprits, & s'en fert pour en tirer ceſte aigreur de facherie & de triſteſſe, contemplons le à part, & voyons ſi de pres il eſt auſſi faſcheux comme il ſemble de loin. Qui nous a appris que nous ſoyons naiz pour demeurer en vn lieu ? quel plus grand deſplaiſir nous pourroit - on faire, que de nous y confiner ? Voyez par toutes les villes du monde, contez des habitãs qui y demeurent combien il y en a qui ſoient naturels, & vous trouuerez que la plus part de hommes ſont volontairement bannis de leur païs: touté terre eſt païs à l'homme ſage, oupluſtoſt, nulle terre ne luy eſt païs. Son païs eſt le ciel où il aſpire, paſſant icy bas ſeulement comme par vn pelerinage, & s'arreſtant aux villes & aux prouinces côme en deshoſtelleries. Auſſine voyős nous de la terre que dix ou douze lieux d'vne veuë; mais la face de ce grãd ciel paré de tant de beaux aſtres, ſe monſtre touſjours à nous, & à fin que nous le puiſſiős tout voir, tourne côtinuellemét au tour de nous. Pourquoy faut il donques auoir tãt deregret à perdre le lieu où nous ſommes nez? Il eſtoit en la puiſſance de noſtre mere d'aller accou-

cher autre part, & nous faire chãger de pais.
C'eſt rencõtre que nous naiſſiõs ça ou là, &
partãt il n'en faut pas tãt faire de cas. Põpee
voyant la laſcheté de courage des Romains
qui eſtoiét auec luy au camp de Pharſale, qui
retournoiét les yeux & la penſee vers la ville
de Rome, & regrettoient leurs maiſons, ſou-
ſpirãt comme bannis de leur pais, Mes amis,
dict-il, le païs des gens de bien eſt où eſt leur
liberté. Rutilius le mõſtra biẽ à Sylla. Eſtant
r'appellé d'exil, il ne voulut iamais reuenir à
Rome, & aima mieux porter le deſert & la
ſolitude d'vne iſle, que la face d'vn tyrã en ſa
ville. Toute terre nourrit les hommes, toute
terre leur porte des parés: car la nature noꝰ a
tous cõjoints de ſãg & de charité, toute terre
porte des amis à la vertu, car elle ſe les concilie elle-meſme. Qu'auons nous dõques à regretter, au chãgemẽt de noſtre demeure? Le
meſme ciel, les meſmes clemés nous demeurent. Si nous ne perdons le courage, l'exil ne
nous fait rien perdre. Si vous vous pouuiez
reſoudre à ce que ie vous ay propoſé, pour
euiter ces premieres paſſiõs là, ce ſeroit aſſés,
& ie n'aurois beſoing d'employer d'auãtage
de diſcours pour vous preparer cõtre les autres. Car ſi voꝰ ne receuiez iamais en voꝰ celles qui naiſsét en la partie cõcupiſcible de l'a-
me, voꝰ ne ſeriez iamais atteſís de celles qui ſe

d iiij

formẽt en l'irafcible. D'autant que celles-cy
qui font l'efperance & le defefpoir , la peur
& la colere, ne s'efleuent & ne fe remuënt en
noftre cœur , qu'apres que le defir & la fafcherie fe font formez en nous. Côme les premiers dôt nous auons parlé, naiffent par l'ap-
plication de l'objeſt, & de l'opinion que nous
auons qu'il nous foit fauorable ou contraire:
ces fecôdes-cy viennent de la côfideratiô &
recherche que fait noftre ame des moyens
qu'elle a d'obtenir ou euiter ce qu'elle defire
ou fuit. Ce n'eft quafi qu'vn mouuement de
l'ame hors de foy, qui fe faiſt par le redouble-
mẽt de la premiere paffiô. Et pource comme
vn feu plus allumé elles fôt plus difficiles à e-
fteindre: car elles gaignẽt incontinẽt la plus
grande partie de l'ame , & donnent le bran-
fle à fes plus fortes puiffançes. Or pour nous
en garder , cognoiffons les toutes par leur
nom & par les liurees qu'elles portẽt, qui fôt
de tres-fafcheux accidens. Car la premiere
qui eft l'efperãce, allumãt de fon doux vent
nos fols defirs, embrafe en nos efprits vn feu
plein d'vne epeffe fumee, qui nous efblouïr
l'entendement, & emportant auec foy nos
penfees, les tiennent penduës entre les nuës,
nous ofte tout iugement, & nous fait fonger
en veillant. Tant que nos efperãces durent,
nous ne voulons point quitter nos defirs.
Au contraire quand le defefpoir s'eft logé

chez nous, il tourmête tellemêt noſtre ame
de l’opiniõ de ne pouuoir obtenir ce que no˚
deſirons, qu’ilfaut que tout luy cede, & que
pour lamour de ce que nous penſons ne pouuoir obtenir, no˚ perdiõs tout le reſte. Ceſte
paſſion eſt ſemblable aux petits enfans, qui
par deſpit de ce que lon leur oſte vn de leurs
iouets, iettêt les autres dans le feu; elle ſe faſ-
che contre ſoymeſme, & exige de ſoy la peine
de ſon mal-heur. Le moyen de ſe garantir
de telles paſſions, c’eſt d’arreſter nos deſirs à
leur premiere naiſſance, s’ils ſont mauuais,
ne permettre pas qu’ils prennent plus grâde
eſcourſe. S’ils ſont des choſes bonnes, les tê-
perer, & faire paſſer en vne douce & paiſible
affectiõ, ſans attendre de l’aduenir plus de faueur que la nature de la choſe, & l’inconſtâce
de la fortune ne permet: balançans touſiours
ce que nous eſperons auec ce que nous pouuõs craindre. Car le ſage ne doit non plus
viure en eſperance qu’en crainte: il ne doit
point mettre en la puiſſance de l’euenement
de rien oſter ny adiouſter à ſa fecilité. De
meſmes ne doit-il ſe deſperèr de rien, tant
pour ce que ſes deſirs ſe doiuent borner par
ſa puiſſance, que pour ce que l’incertitude
des choſes releue auſſi bien les deſperées,
comme elle renuerſe les eſperees. Quant à
la peur, qui eſt vn trouble violent, par le-

quel l'ame effrayee se retire en soy-mesme, &
se debat , pour ne voir le moyen d'euiter le
dáger qui se presente , elle est fort dangereu-
se. Car outre le grãd descouragemét qu'elle
apporte, elle nous saisit d'vn tel estonnemét,
qu'il ne se trouue plus de discours en nous,
voire mesmes plus de sens. Nous auons les
yeux ouuerts, & ne voyõs pas: on parle à nous,
& nous n'escoutõs pas: nous voulons fuïr , &
nous ne pouuõs marcher. Elle nous arriue, à
la verité, de quelque disposition de la nature,
mais la delicate nourriture y fait beaucoup:
car pour n'auoir de ieunesse esté nourris à la
peine, & au trauail, nous apprehendons des
choses où il n'y a aucune raison. Pour nous
armer donc contre elles, il nous faut recourir à la prudence , & par son moyen recognoistre la nature des choses, où no⁹ ne trouuerons rien qui nous doiue tant estonner.
Car leuõs leur le masque de l'opiniõ , nous y
trouuerons la nature toute pure, qui nous est
amie. Auec cela il nous faut de longue main
accoustumer à ce que nous peut plus espou-
uanter, nous representer les dangers les plus
effroyables, où no⁹ pouuõs tõber, & de gayeté de cœur tenter quelque fois les hazards
pour y essayer nostre courage Deuancer ces
mauuaises aduãtures, c'est saisir les armes de
la fortune. Il nous est bien plus aisé de luy

reſiſter, quand nous l'aſſaillõs que quãd nous
nous defendõs d'elle, nous auons lors loiſir
de nous armer, nous prenons nos aduanta-
ges, nous pouruoyons à la retraicte : où quãd
elle no⁹ aſſaut, elle nous ſurpréd & nous choi-
ſiſt comme elle veut. Il faut donques en l'aſ-
ſaillãt, que nous apprenions à nous defendre,
& que ſouuent nous nous dõniõs de fauces
allarmes, que nous nous propoſiõs les dãgers
qu'ont paſſé les grãs perſonnages, que nous
nous ſouuenions comme lesvns ont euité les
plus grans, pour ne s'en eſtre point eſtonné;
les autres ſe sõt perdus és moindres pour ne
s'y eſtre pas bien reſolus. Mais ſur tout nous
faut il diſpoſer à ne point apprehender la
mort, & ne nous point effrayer quand elle ſe
preſente. Car ceſt là l'object ordinaire qui
nous trouble l'entendemét, nous fait perdre
tout iugemét, nous fait abandonner tout office, & tout deuoir, & fait que nous nous ou-
bliõs no⁹ -meſmes. O que ſi no⁹ pouuõs gaigner ce point là ſur nous, que la mort meſme
ne nous eſtonne point, que nous ſerons heureux! En ce point plus qu'en toute autre choſe, l'opinion ſe bande contre la raiſon, & nous
la veut effacer auec le maſque de la mort.
Combien qu'il n'y en ait qu'vne au monde, elle nous en peint d'infinies façons. La
mort, croyez, n'a rien deſpouuentable: mais

nous auons enuoyé de lasches & poureux
espions pour la recognoistre, ils ne nous en
rapportent pas ce qu'ils en ont veu, mais ce
qu'ils en ont oüi dire, & ce qu'ils en craignét.
Nous no us en fions au vulgaire incõsideré,
qui nous dit que c'est vn grand mal, & de-
croïons la philosophiequi nous enseigne que
c'est le port de la vie. Croïons en Socrates, &
nous ne la craindrons plus, croïons en Catõ,
& nous irons au deuãt d'elle; croyõs en Arria
féme de Petus, mourant pour tenir cõpagnie
à son mary, & ne point separer leurs amours
liez ensemble par vne si saincte & si chaste
soudure, apres s'estre ouuert le sein du premier coup de pognal, elle dit, Petus il ne m'a
point fait de douleur: elle dit à qui bien l'en-
téd que la mort n'est point vn mal, mais la
fin de to°maux à qui elle arriue. Cõme seroit
elle mal, puis qu'elle est naturelle, cõme seroit elle facheuse puis qu'elle est cõmune? Le
mespris de la mort est la vraye & viue source
de toutes les belles & genereuses actions des
hommes. De là sont deriuez les braues & libres parolles de la vertu, prononceant ses
sentéces par la voix de tant de genereux personnages. C'est l'esprit qui animoit Demetrius, quãd il fit respõce à Neron, qui le mena-
çoit de le faire mourir, La nature t'enfera biẽ
autãt. C'est le fondement de ceste inuincible

resolution d'Heluidius Priscus contre Vaspa-
sié. Vaspasien luy mãda qu'il ne vint point au
Senat, il luy fist respõce qu'il estoit en sa puis-
sãce l'oster du nõbre des senateurs: mais que
tant qu'il en seroit, il iroit au Senat. Il luy re-
manda qu'il se trouuast donc au Senat, mais
qu'il se teust. Il luy fist responce, que lon ne
luy demãdast dõc point son aduis. Ouy, mais
dit-il, il faut par honneur que ie te le demande. Il faut dõc respondit Heluidius, que ie die
aussi ce que ma conscience me commãde. Si
tu le dis, ie te feray mourir. Vous ay-ie iamais
dit, respõdit-il, que ie fusse immortel ? Vous
ferez ce que vous voudrez, & moy ce que ie
deuray. Il est en vous de me faire mourir, &
en moy de mourir constãmét. O courageuse
voix digne d'estre ouïe de tous ceux qui doiuent defendre la iustice & la raison cõtre la
violence & la force! O viue image de cõstan-
ce, que vous estes vn braue & signalé exéple
à tous ceux à qui vous paruiendrez! Ceux
qui se proposerõt à imiter la vie de tels person
nages, n'aurõt iamais le cœur saisi d'appre-
hésiõ, ains auec vn esprit indomtable cour-
rõt au trauers des flãmes, à la vertu & à la gloire. Mais fuïãt la peur, nous deuõs bié prédre
garde de ne pas tumber en la colere, laquelle
luy est cõme opposee & tient l'autre extremi-
té: car au lieu que la peur nous retire tout en

nous mefmes , la colere nous pouffe entierement hors de nous, & cherchant le moyen
de repouffer le mal qui no⁹ menace, ou nous
a def ja atteint, fait bouïllir le fang en noftre cœur , & leue de furieufes vapeurs en
noftre efprit, qui nous aueuglēt & nous pre-
cipitent à tout ce qui peut contenter le defir
que nous auons de nous venger. Ce qui nous
chatouille plus en cette paffiõ, c’eft qu’il sē-
ble qu’elle foit iufte & qu’elle s’excufe fur la
malice d’autruy. Toutefois nous ne la deuõs
iamais receuoir. Car dõner à la colere la cor-
rectiõ de l’offence, ce feroit corriger le vice
par foy-mefme. La raifon qui doit commander en nous, ne veut point de ces officiers là,
qui font tout de leur tefte, fans attendre fon
ordonnãce. La violēce ne luy eft pas propre,
elle veut tout faire par cõpas, cõme la nature. Elle eftime que ces mouuemēs-là fi violēs
ne procedent que de la foibeffe d’efprit de
ceux, aufquels ils arriuent, qui font comme
les petits enfans, & les vieillards qui courent
quand ils penfent cheminer. Mais quoy, me
direz vous, la vertu vera-elle l’infolence du
vice sãs s’en defpiter? luy laifferez-vous fi peu
de liberté qu’elle ne s’ofe courroucer contre
les mefchans? La vertu ne veut point de liberté indecēte, il ne faut pas qu’elle tourne
sõcourage contre foy, ny qu’elle mal d’autruy

la puisse troubler. Le sage doit aussi bien
supporter les vices des meschâts sans colere,
que leur prosperité sãs enuie. Il faut qu'il endure
les inconsideratiõs des temeraires auec
la mesme patience, que le medecin fait les
iniures du phrenetique. Il n'y a pas vne plus
grãde sagesse ni plus vtile au mõde, que d'endurer
la folie d'autruy. Car autremét il nous
arriue que pour ne la pas vouloir endurer,
nous la faisõs nostre, & en receuõs beaucoup
d'incõmodité. Nous en perdõs premieremét
le iugement, puis nous nous offensons nous
mesmes, & precipitez par la colere nous noꝰ
iettons au mal que nous fuyõs. Ceste passion
ressemble proprement aux grandes ruines
qui se rompent sur ce sur quoy elles tombét.
Elle desire si violemment le mal d'autruy,
qu'elle ne prend pas garde à euiter le sien.
Outre qu'elle est inconsideree, elle est ordinairement
iniuste, & pour dire vray, l'offence
& la vengeance, n'est qu'vn mesme
peché, qui a diuerses excuses. L'vn & l'autre
a vne mesme fin, qui est nuire à autruy.
Prenons donc soigneusement garde de ne
la laisser esleuer en nostre ame. Et pour ce
si tost que quelque chose nous piquera, dõnons
nous loisir d'y penser. Car si nous pouuõs
vne fois discourir, nous arresterons aisément
le cours de ceste fieure d'esprit. Puis
considerons les actions des personnes cole-

res. Regardôs comme elles sont mal-seātes.
Songeons au contraire, combien la douceur
& clemence ont de grace, comme elles sont
agreables aux auttes, & vtiles à nous mefmes. C'eſt l'aimant qui tire à nous le cœur
& la volonté des hômes. Accouſtumôs nous
dôc à pardôner à tout le môde. Que la grandeur de l'iniure ne nous retiéne point, au côtraire eſtimons, que plus elle eſt grande, plus
eſt elle digne d'eſtre pardônee, & que plus la
vengeāce en feroit iuſte, pl'la clemêce en eſt
loüable. Sur tout ceux que la fortune a colloquez en vn haut degré d'honneur, doiuent
prendre garde, d'auoir les mouuements plus
remis & temperez : car comme leurs actions
font de pl' d'importāce, auſſi leurs fautes sôt
elles plus difficiles à reparer. Le ciel leur pre-
ſéte tous les iours vn exmple , & enſeigne-
mêt de fuir toute precipitatiô, leur monſtrāt
que Saturne qui eſt le pl' haut des planettes,
va le plus lētemēt. Ils diſét auſſi que Iuppiter
peut bien luy ſeul darder les foudres fauorables, & de bon augure; mais quand il eſt queſtion de lācer les inuiſibles & végeurs, il ne le
peut faire ſans le conſeil & aſſiſtāce de douze
dieux. C'eſt grand cas que le plus grand des
dieux qui peut de luy-meſmes bié faire à tout
môde, ne peut nuire à perſonne qu'apres vne
ſolennelle deliberation. La ſageſſe de Iuppiter

piter craint mefme de faillir, quãd il eft queftion de fe venger:il luy faut du confeil qui le
retienne. Quand nous nous fentirons donc
efmeus de cefte paffion,recourõs à nos amis,
&meuriffõs nos coleres entre leurs difcours.
Car tant que nous fommes efmeus nous ne
pouuons rien faire à propos. La raifon ne
nous fert non plus entre les paffions, que les
aifles aux oifeaux engluez par les pieds, c'eft
pourquoy fi nousvoulons rendre nôftre ame
capable de belles &bien-feantes actions,il la
faut efleuer de terre & la mettre en vn eftat
paifible & tranquille.Il la faut cõduire à vne
difpofition femblable à cefte plus haute partie de l'air, qui n'eft iamais offufquee des
nuees,ny agitee des tonnerres: mais à vne fe-
renité perpetuelle. Il faut qu'elle ne foit iamais obfcurcie par la trifteffe, ny efmeuë par
la colere. Quand vne fois elle eft conduitte
à ce point, il eft fort aifé de reigler fes autres
actions & les mener à leur fin. Car lors elle
chemine pas à pas apres la nature, & fe lie
par vne douce & temperee affection,aux autres parties du monde, defquelles l'homme
eft comme le neud, qui affemble les celeftes
auec les terreftres. Les effects de ceft affectiõ
temperee de l'homme enuers les autres chofes du monde s'appellent offices:comme qui
diroit le deuoir & la façon dont il s'y doit cõ-

porter. Pour reigler ce deuoir & nous en en-
seigner l'vsage, nous ne pouuons auoir vn
meilleur maistre que la nature mesmes; laquelle a estably vn ordre & disposition par
tout, par lequel elle a sousmis les choses les
vnes aux autres, les enchaisnāt toutes ensemble par la liaisō du respect qu'elles se doiuét,
lequel elle a graué sur le front de chacune,
comme les Princes font leurs faces sur leurs
mōnoyes, pour monstrer qu'elles sont du ti-
tre & loy qu'elles doiuét estre. Considerons
dōc en chasque chose l'ordre de la nature, &
nous trouuerōs incontinét de quel prix elle
est, & pour cōbien nous la deuons prédre, &
ce que nous luy deuōs de retour. Le biē estāt
l'object de la volonté de l'hōme, où il est plus
pur & plus entier, là doit-elle estre plus esmeuë. Dōques la premiere & plus ferme af-
fectiō doit estre celle qui le lie auec l'autheur
& principe de tout bien, ceste affection est la
pieté: par elle l'homme se reünit & consolide
à sa premiere cause, comme à sa racine, en laquelle tant qu'il demeure ferme & fiché il
conserue sa perfection, au contraire quand il
s'en separe, il seiche aussi tost sur le pied. Le
principal effet de la pieté, est de nous apprendre à cognoistre Dieu: car de la cognoissance
des choses procede l'honneur que nous leur
portons. Il faut donques premierement que
nous croyons qu'il est, qu'il a creé le monde

par sa puiſſance, bõté & ſageſſe, que par elles
meſmes il le gouuerne, que ſa prouidence
veille ſur toutes choſes, voire les plus petites. Que tout ce qu'il nous enuoye eſt pour
noſtre bien, & que noſtre mal ne viẽt que de
nous. Car ſi nous eſtimons mal les fortunes
qu'il nous enuoye, nous blaſphemerõs cõtre
luy. Pource que naturellement nous hono-
rons qui bien nous faict, & haïſſons qui nous
faict mal. Il nous faut donc reſoudre de luy
obeïr, & prẽdre en gré tout ce qui vient de ſa
main. Sa cognoiſſance eſtant tres-parfaicte,
ſa puiſſance tres-immenſe, ſa volonté tres-
charitable, que reſte-il à conclure ſinon qu'il
ne nous enuoye rien qui ne tẽde à noſtre biẽ?
Et ores que nous ne comprenions pas quelquefois, le bien que nous deuons receuoir
de ce qu'il nous enuoye, ſi en deuons nous
touſiours eſperer, & eſtimer que cõme ſouuent le medecin faict beaucoup de choſes
pour la ſanté du corps, qui ſemblent au commencement luy nuire, (comme quand il pic-
que l'œil pour faire voir celuy qui a perdu la
veuë:) ainſi Dieu en la conduitte de noſtre
vie nous ſauue par des moyens qui nous
ſemblent faſcheux & nuiſibles, & ſouuent
penetre noſtre cœur de poignãtes afflictiõs,
pour rendre à noſtre eſprit ſa 'clarté. Sous
ceſte aſſeurance, nous deuons nous com-

mettre & fous-mettre à luy, recognoiſſans que nous ſommes entrez en ce monde non pour commander, mais pour obeir: que nous y auons trouué les loix toutes faites, leſquelles il faut ſuiure. Et pource deuons-nous touſiours auoir en la bouche, comme vn enſeignement de ſage obeiſſance à l'ordonnance de Dieu, ces beaux vers de Cleanthes:

Mon Dieu conduiſez-moy par la voye ordõnee
Ie ſuiuray volontiers, de peur qu'vn fort lien
Ne m'entraiſne meſchant, où en homme de bien
Ie pourrois arriuer ſuiuant la deſtinee.

Au reſte il ne luy faut dreſſer nos vœux ny nos prieres, que pour obtenir de luy ce qu'il a ordonné. Car demander quelque choſe contre ſa prouidence, c'eſt vouloir corrompre le iuge, & le gouuerneur du monde. La priere la plus agreable pour luy, & plus vtile pour nous, que nous luy puiſſiõs faire, c'eſt qu'il contiéne nos affeƈtiõs pures & ſainƈtes, & qu'il preſide à noſtre volonté, à fin qu'elle s'addreſſe touſiours au bien. Les ſacrifices qu'il nous demande ſont vne vie innocente. Il ne deſire pas nos biens, mais ſeulement que nous nous rendions dignes des ſiens. Il n'y a ſi petite offrande qui ne luy aggree preſentee par des mains pures & innocentes, il n'y a ſi riche ny ſi ſomptueux ſacrifice, qui ne

luy defplaife quand il part de mains polluës
& contaminees. Apollon interrogé comme
luy auoit pleu le facrifice des cét bœufs, que
lon luy auoit fait, fift refponfe,

D'Hermion m'a pleu la farine,
Qu'il m'a offert en fa terrine.

Comme f'il euft dit, l'homme fage eft le
vray & feul facrificateur du grand Dieu, fon
efprit eft fon temple, fon ame en eft fon image, fes affections font fes offrandes, fon plus
grand & plus folennel facrifice, eft quand
vous l'imitez. Nõ qu'il ne faille obferuer les
ceremonies accouftumees au païs, auec vne
honnefte moderation, fans luxe & fans auarice, mais auec cefte opinion que Dieu veut
eftre feruy de l'efprit. Et pource nous dirons
pour conclurre ce propos, que la plus fainéte
façon dont nous le puiffions honorer, & feruir, c'eft qu'apres que nous l'aurons orné de
tous les noms, de toutes les loüanges les plus
magnifiques, & les plus excellentes, que noftre efprit fe peut imaginer, nous tenions
pour conftant, & confeffions publiquemét,
que nous ne luy auons encores rien prefenté
digne de luy, mais que la faute en eft en noftre impuiffance, & infirmité, qui ne peut rié
conceuoir de plus haut. De l'honneur que
nous deuons à Dieu, defpend l'opinion que
nous deuons auoir qu'il eft prefent à toutes

nos actions, soit que nous soyons deuant luy, soit que nous soyons auec les hommes. Pour ce nous faut-il parler à luy comme les hommes nous oyans, & viure auec les hommes, comme Dieu nous voyant. Mais sur tout deuons nous estre fort religieux, quand nous l'appellons à tesmoing de la verité. Car l'obseruation du serment est la principale partie de la pieté. Le serment n'est autre chose, que l'image de ceste loy vniuerselle emanee de la bonté de Dieu, pour contenir toutes les parties du monde en leur lieu, & les faire estre ce qu'ils doiuent. C'est vn lien qui conioint les hômes de volonté, c'est le garde & tuteur de la constâce & verité, c'est comme le neud de la societé ciuile, qui est reserré, & raffermy par la reuerence du nom de Dieu tout puissant, lequel preside aux actions des hômes. Ce sera bien à la verité le meilleur si vous pouuez par le tesmoignage d'vne pure & saincte vie acquerir tât de creáce, que vostre parole asseure ceux à qui vous auez affaire, de ne point vser de sermêt: mais si vous ne vous en pouuez exempter, si deuez vous prendre garde d'en vser sobrement & le plus raremêt que vous pourrez. Car le trop frequêt vsage de quelque chose que ce soit, en apporte le melpris. En tout cas gardez bien de vous en seruir à autre fin que pour asseurer la verité,

vous repreſentant que Dieu eſt aſſis là haut,
comme protecteur des hômes fideles,&ven-
geur des parjures.Or de l'hôneur deu à Dieu,
premiere cauſe de tout, il faut deſcédre à celuy des puiſſances celeſtes, ordônees par luy
pour le gouuernement du monde, eſquelles
il faut recognoiſtre vne excellence & conſtance de vertu, & en leur perfection admirer la grandeur de leur createur, & honorer
leur miniſtere,qui eſt employé à la conſeruation, & protection des hommes. De là nous
deſcendons à la reuerence que nous deuons
à ceux,par le moyen deſquels,comme de canaux choiſis deDieu,nous paſſons en ce môde. En ceſt endroit nous trouuons la patrie
toute la premiere, qui ſous vn nom feint &
compoſé, comprend vne vraye & naturelle
charité. Nous luy deuons par raiſon plus
d'affection qu'à tout le reſte des choſes de ce
bas monde. Pour ce qu'elle enueloppe en
ſoit tout le reſte, & contient en ſon ſalut
tout ce que nous aimons & cheriſſons, & au
contraire auec elle tout le reſte ſe perd. De
ceſte genereuſe affection ſont ſorties tant
de belles actions & ſi glorieuſes, de ceux
qui ont employé leur vie pour la conſeruation de leur païs, de ceux qui ont oublié
leurs propres iniures de peur de les venger
aux deſpens du public, de ceux qui ont vo-

lontairement choisi vne dure & miserable
vie pour mettre leur païs en repos. Repre-
sentez-vous donc tous les iours que vostre
païs qui vous a mis en ce monde, & vous y a
conserué, vous redemāde les droicts de pieté, exige de vous le deuoir d’vn bon & fidele
citoyen, & vous y coniure par la terre de vostre naissance, par les loix de vostre ville, par
la foy de la societé ciuile, par le salut de vos
peres, de vos enfās, de vos amis, de vous mesmes. Ayez donc soing de vostre païs plus que
de tout le reste du monde, ne preferez iamais
vostre profit particulier à son bien, & pour
euiter le mal qui vous menace, ne le reiettez
point sur luy. Le païs serui de ce que vous luy
deuez, les peres & meres doiuēt suiure apres.
Car Dieu les ayāt choisi pour par leur moyē
vous dispenser & departir la vie, comme il
les a aucunement rendus participans de sa
vertu, aussi a-il voulu qu’ils fussent aucunement participans de son honneur. Si Dieu
nous les a donnez sages & vertueux, nous les
deuons tenir comme des Dieux en terre, qui
ne nous sont pas seulement donnez pour
nous moyenner la vie, mais pour nous la bea-
tifier par vne bonne nourriture, & sage institution. S’ils sont fascheux & vicieux,
tousiours sont-ils nos peres, & nous les faut
endurer, & puis qu’ils portent ce nom,

les seruir & secourir de ce que nous tenons
d'eux, qui est de nos biens, de nos personnes,
de nos vies. Ce faisant nous portons l'hommage à la nature, & luy rendons graces de
ses biens. De nos peres nous descendons à
nos enfans, enuers lesquels bien que l'affection ne soit pas si pleine de reueréce, si l'est-
elle d'vn semblable, voire plus grand soing.
Car Dieu nous ayãt colloquez & mis comme en garde en ce monde, il semble qu'a-
uant que nous en deuions sortir, nous soyons
obligez de subroger en nostre place d'autres
ministres & seruiteurs de ceste souueraine
puissance, pour la seruir en ce commun temple. La naissance des enfans n'est nostre,
qu'en partie; beaucoup d'autres choses que
nous y contribuent. Mais la nourriture &
institution en est toute nostre, laquelle nous
deuons à Dieu, à qui nous les presentons, au
pays pour le seruice duquel ils sont naiz, à
nous-mesmes qui deuons attendre de leurs
bonnes mœurs le support & consolation de
nostre vieillesse. Nous deuõs donc soigneusement veiller pour eux, & procurer autant
qu'il est possible, ce qui est de leur bien.
Apres les enfans suiuent les femmes, qui
vnies auec nous par la loy, & entrans en societé auec nous sous le cher gaige de la posterité qu'elles nous donnent, ont vne gran-

de & legitime part en nos affections. En leur
amitié s'adoucit toute la dureté de noftre
vie, par leur foing nous diminuons le noftre,
& repofons fous leur trauail. Rendons leur
donc vn refpect qui nourriffe & entretienne
celuy qu'elles nous portent, & fongeons à
leur bien & à leur repos, comme de perfonnes qui font part de nous-mefmes : mais fur
tout monftrós-leur que nous ne les honorós
pas, pour quelque plaifir que leur ieuneffe
& beauté nous apporte (de peur que cela ne
leur enfle le courage, & les rende trop fie-
res, & aufli que cefte affection fondee fur
vne chofe fi coulante & periffable, ne s'eftci-
gne incontinent;) ains pour la fidelité que
nous efperons d'elles, pour leurs fages &
modeftes mœurs, & pour le foing qu'elles
ont de leurs enfans communs. Et à fin de
leur donner dauantage de courage, mon-
ftrons-leur que nous ne voulons rien auoir
à part d'elles, ny biens, ny penfees, ny affections : car en cefte communion fe nourrit
la bien-vueillance & l'amitié, laquelle fe
perd & diffipe en la diuerfité de deffeings, &
de volontez. Cefte affection paffe de noftre femme à nos parens, auec lefquels la
nature nous a liez, coulant auec le fang
vne fecrette inclination & bien-vueillance à l'endroit de ceux, qui font fortis de

mefme tige : felon qu'ils nous font plus pro-
ches, cefte affection eft plus viue, & nous
oblige à de plus eftroits deuoirs & feruices.
Donques pour obferuer en cela, comme en
toute autre chofe, l'ordre que la nature nous
propofe, comme le fouuerain ornement de
tous fes ouurages, nous difpenferons l'affection que nous deuons à nos parens, felon
qu'ils nous touchent de plus pres, leur rendrons tout le feruice & le fecours qu'il nous
fera poffible. Iufques à la nature remüe de
fa propre main nos affections : il faut maintenant venir au mouuement que leur donne la vertu, laquelle nous lie d'amitié auec
les perfonnes fages & vertueufes. De tous
les biens que la focieté ciuile nous apporte,
il n'y en a point que nous deuions plus eftimer & cherir que l'amitié des honneftes gés:
car c'eft la baze & le piuot de noftre felicité.
C'eft-ellé qui gouuerne toute noftre vie,
qui adoucit tout ce qui y eft d'amer, qui
affaisóne tout ce qui y eft de doux. Elle nous
donne en la profperité à qui bien faire, auec
qui nous refiouïr de noftre heur, en l'affliction qui nous fecoure & nous confole, en la
ieuneffe qui nous monftre & enfeigne, en la
vieilleffe qui nous ayde & furuienne, en l'âge
d'homme, qui nous affifte & fecóde. Comme
cefte poffeffion eft precieufe, nous deuons

bien y employer la prudence, à fin de l'acquerir telle qu'elle doit estre. Premierement deuons-nous rechercher entre les
hommes, ceux qui meritent le plus, les cherir & honorer comme nous, estans donnez
de Dieu, pour entrer auec nous en societé
de belles & loüables actions. Nous nous les
deuons concilier par honnestes occasions,
& quand nous les auons acquis, nous les
conseruer par soigneux offices. Car tous les
animaux, & principalement les hommes,
sont nez auec ceste inclination, d'aimer
tout ce qui leur profite. Toutesfois l'homme vertueux ne mesure pas ceste vtilité à
l'aulne des biens, que nous appellons, & des
richesses, mais à la commodité que luy donnent ses amis, de profiter en la vertu : & s'il
se rencontre que nous ayons quelque mail-
le à partir auec nos amis, touchant les biens,
les honneurs, & choses semblables, nous
leur deuons tousiours ceder : car tout cela ne
peut estre mieux employé, qu'à en acquerir
des amis. Vne seule raison pour toutes, nous
peut excuser de nous retirer d'auec eux, qui
est quand ils abandonnent la raison, & la
philosophie qui nous conjoint ensemble.
Encores le deuons-nous faire auec toute
modestie, & ne deuenir pas ennemis pour
cela. Descoudre simplement sans rompre,

& chercher tous moyens pour les ramener
par raiſon, à leur deuoir, ſans blaſmer leurs
actions, ny leurs opinions, mais en les combatant, & rangeant par le diſcours, qui ſont
les armes ſacrees de l'amitié. Mais quand
bien nous perdrions toute eſperance de
pouuoir rien obtenir par là, ſi ne deurions-
nous pas pour cela deuenir leurs ennemis.
Car ores que l'homme de bien laiſſe ſes amis
quand ils laiſſent la vertu, ſi eſt-ce qu'en
quittant ceſte familiarité & priuauté qu'il
auoit auec eux, il retient ceſte affection
commune qui doit eſtre entre les hommes,
& laquelle les oblige à ſe bien-vouloir, imitant la bonté de Dieu, lequel aime les bons,
& ne hayt pas pour cela les mauuais. Auſſi
dit-on en commun prouerbe, que l'homme
de bien n'a point d'ennemis, car il ne hayt
perſonne. Voilà les degrez d'affection qui
ſont entre l'homme, & les choſes qui ſont
hors de luy. Mais pource qu'il ſe rencontre
ſouuent qu'elles nous tirent à diuerſes fins,
& par ce moyen nous tiennent ſuſpendus
en anxieté, & incertitude, il nous faut eſta-
blir vne regle, de preferer touſiours les premieres aux dernieres. Le ſerment nous doit
eſtre bien cher, mais il nous vaudroit mieux
le violer, que d'offenſer Dieu en le tenant.
Nos peres nous ſont bien venerables, mais

fi leur volonté eſt contraire à la droicte raiſon, & à ce que Dieu a mis en no⁹, pour nous gouuerner, nous les deuons pluſtoſt abandonner que Dieu & la raiſon : nos parens nous doiuent eſtre bien chers, mais s'ils nous recherchent de choſe qui nuiſe à nos peres, nous ne leur deuons point accorder. Nos amis peuuent beaucoup ſur nous, mais c'eſt apres noſtre femme & nos enfans. Toutesfois il y a certains offices particuliers, que nous deuons pluſtoſt à ceux qui ſont plus eſloignez qu'aux autres, pluſtoſt à nos voiſins qu'à nos amis, pluſtoſt à nos amis, qu'à nos parens : mais c'eſt ordinairement en choſe qui n'eſt pas de grande importance, & où la ſocieté ciuile vſurpe pour la neceſſité commune des hommes, quelque choſe ſur la nature. Comme quand nous diſons que nous deuons pluſtoſt ayder à noſtre voiſin à faire l'Aouſt, que non pas à noſtre parét, & autres choſes ſemblables. Ie vous ay iuſques icy repreſenté le reſpect que l'hôme doit aux choſes qui ſont hors de luy, il eſt temps de le faire deſcendre en ſoy-meſmes, & ramener ſes affections à ſa propre perſonne, comme les lignes à leur centré. L'homme ſage ſans doute rend beaucoup de reſpect à ſoy-meſmes, & encores que perſonne ne le regard que ſa propre conſcience, il a vn grand ſoing

de ne dire, ny ne faire chofe qui ne foit
bien-feante. Car la droicte raifon qui doit
prefider à fes actions, luy eft, comme feroit
le plus feuere iuge & auftere cenfeur, que
vous luy fçauriez donner. Il nous faut donc
mettre peine tant en public qu'en particulier, de compofer nos actions en forte, que
nous n'ayons point d'occafion d'en rougir,
& que la nature felon laquelle nous nous deuons gouuerner, n'y foit aucunement violee. La nature nous a donné le corps, comme inftrument neceffaire de la vie. Il faut en
auoir foing : mais foing comme d'vne chofe
qui eft en la tutelle de l'efprit, à laquelle il
doit de la follicitude, & non pas du feruice.
Il le doit traicter de façon qu'il f'en monftre
feigneur & non pas tyran, qu'il le nourriffe
fans l'engraiffer, qu'il monftre qu'il ne vit pas
pour luy, mais qu'il ne peut viure icy bas fans
luy. Ce n'eft pas peu d'addreffe à vn ouurier,
de fçauoir bien preparer fes outils, ny peu
dauantage à celuy qui aime la philofophie,
de fe fçauoir bien feruir de fon corps, & le
rendre inftrument propre à exercer la vertu.
Le corps fe conferue en bon eftat par deux
moyens : par la nourriture moderee, & par
l'exercice bien reglé: la nature des chofes in-
ferieures eft fi coulante, que fi lon ne repare
côtinuellemét ce que le téps en côfume, elle

faneantit peu-à-peu. Il faut donques foufte-
nir & fecourir le corps par l’vfage des viandes, & de telle façon que la trop bonne chere ne le rende pefant & mal-habile à la contemplation, ny le trop mauuais traictement
debile & langoureux, que le luxe ne l’amol-
liffe point, que la negligence ne l’accouftu-
me à l’ordure. L’exercice fuit la nourriture,
bien qu’ils femblent f’entrefuiure, & tourner
autour l’vn de l’autre: car nous prenons exercice & puis nous mangeons, & apres le manger nous nous exerçons; l’vn pour nous preparer à mieux vfer de la viande, l’autre pour
éueiller la nature, & tenir les parties du corps
en mouuement, nous en deuons vfer en forte que le corps f’en porte mieux, & l’efprit
n’en foit pas pis. Il ne nous faut pas chercher
les exercices des lutteurs, ou autres qui font
compaffez auec certaines mefures & obfer-
uations, & qui ne feruent que pour entretenir le corps en bon poinct, & ce faifant debi-
litent l’ame, & luy oftent fes vrais & naturels
mouuemens. C’eft chofe indigne d’vn homme de prendre tant de foing à chercher des
exercices au corps, veu qu’il en trouue par
tout autant qu’il en a befoing pour fa fanté.
Le corps nourry & exercé de cefte façon, fe
compofe aifément à des actions feantes &
modeftes. A quoy nous deuons prendre garde, &

de &mettre peine que noſtre viſage &noſtre
allure monſtrent par vne douce grauité vne
grande tranquillité d'eſprit. Il ne nous faut
en façon que ce ſoit vſer de geſtes & contenances affectees, ny faire le doucet, ny fron-
cer les ſourcils, pour contrefaire le philóſo-
phe. Car comme vne douce grauité ſe rend
venerable, auſſi vne faſtueuſe & contrainte
auſterité, ſe rend ridicule & enuieuſe. Or
pource que c'eſt la parole qui anime toutes
nos contenances,nous deuons bien prendre
garde à la regler & moderer; le meilleur precepte que nous luy puiſſions donner, c'eſt le
ſilence.Sçauoir ſe taire,eſt vn grand aduan-
tage à bien parler: bien dire & beaucoup
n'eſt pas le faict d'vn meſme ouurier. Le ſilē-
ce eſt le pere du diſcours,& la fontaine de la
raiſon. Au contraire,le beaucoup parler fait
beaucoup de fautes. Ceux qui viſent à quelque choſe ferment vn œil, & cleignent l'autre, à fin de dreſſer & renforcer leur veüe.
Cela nous apprend que les ſens jettez dehors,en ſe reſpandant ſ'affoibliſſent,& dimi-
nuent.Ainſi en fait noſtre eſprit ietté dehors
par la parole,eſpanché & ſemé en beaucoup
de propos,il perd ſa force & ſa vertu:au contraire retenu il ſe recueille, ſe renforce,& ſe
remplit de prudence, & de ſageſſe. L'vſage
de la parole, quand l'occaſion ſ'en preſente-

ra, doit eftre d'ayder à la verité, & luy porter
le flambeau pour la faire voir, & au contraire de defcouurir & refuter le menfonge, dōner loüange à ce qui eft bon, & blafme à ce
qui eft mauuais. Il ne la faut pas accompa-
gner de vehemence ny de contention, car
cela monftre qu'il y a quelque paffion. Il ne
faut pas f'amufer à difcourir de ce qui fe fait
à la place, ou aux theatres, & f'entretenir de
femblables difcours, car cela mōftre vn grād
& inutil loifir. Il n'eft pas bon non plus, de
beaucoup conter de vos actions, ou des fortunes que vous auez couruës: car il y a en cela de la vanité : les autres ne prennent pas
tant de plaifir à les ouïr, que vous à les conter. De parler de celles d'autruy, c'eft vn pas
fort gliffant, il arriue le plus fouuent ou que
lon les loüe fans raifon, ou que lon les blafme fans fçauoir leur intention. Sur tout fe
faut-il garder d'vfer de fornettes & rifees: car
cela tient trop du bouffon, & fait perdre l'o-
pinion que lon pourroit auoir de nous. Auffi
que telles plaifanteries font ordinairement
meflees de fales propos que nous deuons euiter : la licence des paroles deshonneftes tire
apres foy de femblables effects. Il faut, f'il eft
poffible, que vos paroles profitent toufiours
à ceux qui vous efcoutent, qu'elles foient
pleines de bons & fages confeils, qu'elles fer-

uent à ramener à la vertu ceux qui en sont
esgarez, & à les destourner du vice. Il faut
euiter en propos communs les questiõs sub-
tiles & aiguës: elles ressemblent aux escreui-
ces, il y a plus à esplucher qu'à manger : la fin
n'en est que cris & contention : & aduient ordinairement à ceux qui les aiment le mesme
qu'aux mauais estomacs, qui vomissent ce
qu'ils ne peuuent digerer. Comme nous desirons d'estre ouys quand nous parlons, ainsi
deuons-nous donner audience aux autres, &
les ouyr sans les interrompre. Il y en a qui
s'accordent à tout ce que les autres disent,
les autres contredisent à tout, les vns sont
flateurs, les autres temeraires : nous deuons
consentir à ce que nous voyons euidemmẽt
vray, nier ce qui est euidemment faux, & en
choses douteuses surseoir nostre iugement,
iusques à ce que nous trouuions quelque raison, qui nous en asseure. Pource que les paroles & les contenances se forment ordinairement par l'accoustumance, & à l'imitation
des autres, nous ne deuons pas nous mesler
souuent auec le vulgaire, ny beaucoup han-
ter les theatres & lieux publics, ny les festins
ou banquets. Car lon tire beaucoup de l'humeur du vulgaire en tous ces endroits-là.
Si par honneur nous nous y deuons trouuer, il nous faut auoir tousiours l'esprit

f ij

bandé à ne rien relafcher de noftre refolution, qui eft de fe gouuerner comme ie vous
ay dit. Et pour nous y fortifier, nous reprefenter en toutes chofes l'exemple des fages,
& nous imaginer ce qu'vn Socrates ou Zenon euffent fait, s'ils euffent efté en noftre
place: leur vertu nous fuggerera incontinét
vn exemple de bien-faire. Le plus profitable enfeignement que vous puiffe donner
la philofophie pour toutes vos actions, c'eft
d'examiner foigneufement quel doit eftre le
progrés & la fin de ce que vous entreprenez ; & mefurer vos forces, & voir comme
elles font proportionnees à vos deffeings.
Celuy qui fe confeille fagement, arriue au
port qu'il f'eft propofé. Celuy qui vit fans
confeil, reffemble à ce qui flotte fur les riuieres, il ne va pas, mais il eft porté, & fe laiffant toufiours aller, en fin arriue à la mer, qui
eft à dire en vne vafte & turbulente incertitude. Donques en toutes chofes que nous
entreprendrons, preuoyons fagement quelle en doit eftre la fin, puis confiderons les
moyens que nous auons d'y paruenir, &
preuenons de penfee toutes les mauuaifes rencontres que nous y pourrons a-
uoir. Vous voulez-vous prefenter aux
jeux Olympiques, penfez combien il y
faut de peine. Il faut viure de reigle, ne

manger que de certaines viandes à certaines
heures, s'accouftumer au chaud & au froid,
s'oindre d'huile, fe couurir de poudre, entrer
en lice, eftre blecé, & peut-eftre vaincu &
deshonoré. Apres auoir preueu tout cela,
confiderez de quelle habitude vous eftes, ce
que voftre corps peut porter, & puis entreprenez-le fi vous voulez. Si vous auez enuie
de faire profeffion de la Philofophie, repre-
fentez vous incontinent qu'il faut beaucoup
endurer, fe priuer de beaucoup de plaifirs
& commoditez, & auecques vne grande patience, eftre mocqué & gauffé de tout le
monde. Si vous auez affez de courage pour
l'endurer, entreprenez-le: mais quand vous
l'aurez vne fois entrepris, perfeuerez y con-
ftamment, & fuiuez voftre refolution, comme vne loy inuiolable : car outre que le
changement de deffein nous rend l'efprit
flottant & incertain, il nous faict trouuer ri-
dicules : où au contraire, la conftance nous
rend à la fin admirables à ceux qui au commencement fe mocquoient de nous. Et
pour ce ne vous eftonnez pas du iugement
que les autres feront de vos actions, mettez
feulemét peine qu'elles foient telles qu'elles
doiuent. Ne vous mettez non plus en peine
de les tenir cachees à ceux à qui elles ne plai-
fent pas; fi elles ne sõt pas bõnes, il ne les faut

point faire du tout; si elles sont bonnes, plus elles seront cogneües, plus seront-elles asseurees. Non que ie vueille que vous affectiez d'estre veus en bié-faisant, & faciez du bruit autour de la vertu, comme font ceux qui embrassent les statuës, pour se mettre en Asyle. Comme la couleur reluit bien au iour, mais elle ne va pas pour cela rechercher le soleil, ains seulement se tient preste pour receuoir sa lumiere quand il esclaire: aussi la vertu ne doit-elle pas chercher la gloire, mais seulement estre disposee à la receuoir, par le tesmoignage de ceux qui iugent sincerement de son merite. Celuy qui aime la loüange & l'ostentation, quitte l'obeissance de la raison, pour suiure celle de l'opinion : car il se propose de plustost plaire à autruy qu'à soy-mesme. Rien ne peut tant à faire bien reüssir ce que nous entreprenons, que de se bien seruir de l'occasion. Le temps porte auec soy de certains moments, qui sont les saisons des affaires, si vous les perdez, vostre peine demeure sans fruict. Si à l'occasion bien prise vous adioustez encores la diligence, rarement manquerez vous d'vn bon succés. Et pour ce faut-il que ce qui a esté meurement deliberé, soit diligemment executé, sans s'accoustumer à remettre au lendemain, ce que lon peut faire le mesme iour,

Mais quelque chose que nous fassions, auec quelque sagesse que nous l'entreprenions, quelque bonne occasion que nous choisissions, quelque diligence que nous y apportions, si deuons nous tousiours sçauoir que la fortune a la plus grand part à l'euenement. Nous ne sommes maistres que de nos conseils, & de nos mouuemens, tout le reste depend d'ailleurs. C'est pourquoy tout ce que nous pouuons faire, est d'entreprendre auec prudence, poursuiure auec esperance, & supporter ce qui en arriue auec patience. Si les bonnes entreprises ont de mauuais succez, la response de ce satrape de Perse seruira d'excuse à tous les sages malheureux. On luy demandoit pourquoy veu qu'il estoit si prudent & si vaillant, ses affaires ne reüssissoient mieux, pour-ce, dit il, que de mes affaires, il n'y a que les conseils qui dependent de moy ; les succés dependent du Roy & de la fortune. Il suffit que nous garentissions ce qui est de nostre faict, que nous n'entreprenions rien qu'à bonne fin, & ne le poursuiuions que par honnestes moyens. Voila les principales loix, par lesquelles le Stoique estime qu'il faut policer nostre vie : mais pource que les loix sans iugemens sont inutiles, & comme paroles mortes, il faut pour en tirer profit, clo-

re toutes nos iournees par vne censure &
examen de nos actions les espluchans tous
les soirs, pour voir ce qui en est conforme
aux reigles que ié vous ay proposées, passant
l'ongle dessus voir ce qui est raboteux, ce qui
entrebaille, ce qui est cambré, & le raiuster à
la droicte raison. Si nous trouuons que tout
aille comme il doit, & que tout y soit conforme à ces sainctes loix-là, nous receurons vne
secrette resiouïssance en nostre ame, que
nous cueillerons comme le doux fruict de
nostre innocence. Ce sera là, à mon aduis, vn
cantique nocturne le plus melodieux, & le
plus agreable que nous puissions chanter à
Dieu: car ie croy qu'il ne reçoit point de plaisir plus grand de ce bas monde, que quand il
voit l'homme qui est son plus cher & precieux ouurage, conseruer la beauté & perfection en laquelle il l'a creé. Mais pource que
la nature des choses creées, porte par son infirmité, que le bié dont Dieu les doüe à leur
naissance se define & consume de soy-mesmes iournellement, sinon qu'il soit continuellement reparé & soustenu par le flux ordinaire de sa bonté qui se repand sur nous, &
que partát nos forces ne seroiét pas suffisan-
tes d'elles-mesmes à nous conseruer en ceste
perfection; adioustons à ce premier câtique
vn Epode & sacré enchantement, pour in-

uoquer fa diuine faueur, & finiffons par là
tous les iours de noftre vie, & à ceft'heure la
prefente inftruction luy difant: O Dieu tout
bon, tout fage & tout puiffant, qui nous auez
donné vn entendement pour gouuerner le
cours de noftre vie, faictes luy cognoiftre &
aimer l'excellence dont vous l'auez orné, &
l'aidez tellement que quand il viendra donner mouuement aux puiffances de noftre a-
me, il trouue nos membres & nos fens pur-
gez de toutes paffions, & prompts à obeïr.
Oftez des yeux de noftre efprit les troubles
nuages que l'ignorance & la cupidité y efleuent, afin que noftre raifon efclairee par la
lumiere de voftre diuine verité, nous dreffe
toufiours vers ce qui eft vrayement & fera
eternellement bien.

Fin de la Philofophie Morale,

LE MANVEL
D'EPICTETE.

I L y a des choses qui font en noftre puiſſance, les autres n'y font
pas. Approuuer, entreprendre, defirer & fuir, & pour dire en vn mot,
ce qui ne depend que de nous feuls, eſt en
noſtre puiſſance. Le corps, les biens, la reputation, l'authorité, & pour abreger, ce qui ne
depend point de noſtre faict, n'eſt point en
noſtre puiſſance. Ce qui eſt en noſtre puiſ-
fance eſt naturellement libre, & ne ſe peut
defendre ny empeſcher. Ce qui n'y eſt pas,
eſt infirme, ſerf, aiſé à empeſcher, & depend
d'autruy. Souuenez-vous donc que ſi vous
eſtimez libre, ce qui eſt naturellement ſerf,
& voſtre ce qui depend d'autruy, vous aurez
des empeſchemens & des faſcheries, vous
ferez troublez, vous accuſerez les hómes &
les Dieux. Que ſi vous n'eſtimez voſtre que
ce qui l'eſt, & d'autruy ce qui en depend, perſonne ne vous pourra forcer, perſonne ne

vous pourra empéscher, vous ne blasmerez
ny n'accuserez personne, vous ne ferez rien
malgré vous, personne ne vous nuira. Vous
n'aurez point d'ennemy, car vous vous per-
suaderez que rien ne vous sçauroit endom-
mager. Or de tant que vous desirez cela, deuez vous prendre garde de ne vous passion-
ner pour si peu que ce soit des choses qui se
presentent, laissant les vnes du tout, surseant
les autres pour le present, & ayant principalement soing de vous mesmes. Que si outre
cela, vous vous deliberez d'auoir des dignitez & des richesses, peut-estre ne les pourrez
vous pas obtenir, & ainsi pour vouloir cecy,
vous perdrez cela où consistoit vostre bon-
heur, & vostre liberté. Incontinent dõcques
qu'il vous viendra quelque chose de fascheux en fantasie, ayez soing de discourir en
vous mesmes, que ce n'est qu'vne imagination, & que ce n'est pas ce qu'il semble: & puis
l'examinez par les reigles que vous auez, &
principalement par ceste-là. Si c'est des choses qui sont en nostre puissance ou non. Si elle n'y est point, ayez incontinent ce mot à la
bouche: Cela ne me touche point.

2. Le desir se promet d'acquerir ce qu'il recherche, la fuitte se promet d'euiter ce qu'elle fuit. Celuy qui n'obtient pas ce qu'il desire est infortuné, & celuy qui tombe en ce

qu'il fuit, malheureux. Doncques si vous ne
fuyez que ce qui est naturellement contraire à ce qui est en nostre puissance, vous ne
tomberez iamais en ce que vous fuyez. Que
si vous fuyez la maladie, la mort, la pauureté, vous serez malheureux. Ne fuyez donc
point les choses qui ne sont point en nostre
puissance, mais seulement ce qui est naturellement contraire à ce qui est en nous. Et
quant au desir, ostez-le du tout pour le present : car de desirer les choses qui ne sont
point en nostre puissance, il seroit force que
vous en fussiez frustré : de desirer ce qui est
en nostre puissance, bien qu'il soit honneste,
toutesfois pour le commencement vous ne
le sçauriez pas bien faire, ne sçachant pas encore bien borner vostre desir. Mais recher-
chez & reiettez les choses doucement & pai-
siblement, & auec discretion.

3. En chasque chose qui vous plaist, qui profite, ou que vous aimez, considerez quelle elle est, commençant des plus petites iusques
aux plus grandes. Si vous aimez vn pot de
terre, faictes estat que c'est vn pot de terre:
car quand il sera cassé, vous ne vous en pas-
sionnerez point. Si vous aimez vostre enfant
ou vostre femme, pensez que vous aimez vn
homme; & s'ils viennent à mourir, vous n'en
serez point troublé.

4. Quand vous voudrez vous mettre à quelque besongne, ramenteuez-vous qu'elle elle est. Si vous allez au bain, representez vous
ce qui s'y faict : les vns qui se iettent de l'eau,
les autres qui s'entrepoussent, les autres qui
frappent, les autres qui desrobent, & ainsi
vous trouuerezvous bien plus asseurez, quád
vous viendrez à faire ce que vous auez entrepris : Comme si vous disiez, ie m'enuois aux
estuues, mais ie suis resolu de ne faire que ce
que la nature de la chose desire. Et ainsi en
toutes autres. Car de ceste façon s'il vous
suruient quelque empeschement en vous
baignant, vous direz aussi tost, ie n'entédois
pas seulement faire cela, mais garder ma resolution, qui est ne me comporter selon la
nature de la chose, or ne m'y comporteroy-
je pas ainsi, si ie me faschois de ce qui s'y faict.
5. Ce ne sont pas les choses qui troublent
les hommes, mais l'opinion qu'ils en prennent. Par exemple, la mort n'a rien de fascheux, autrement Socrates l'eust trouué telle; mais c'est l'opinion que l'on en a qui en est
fascheuse. Donques quand nous serons empeschez & troublez, n'accusons personne que
nous mesmes, c'est à dire nostre opinion.
6. C'est le faict d'vn ignorant d'accuser vn
autre de sa faute : c'est le faict d'vn qui commence à apprendre de s'accuser de soy-mes-

me, c'eſt le faict de celuy qui eſt deſia bien inſtruit de n'accuſer ny ſoy ny autruy.

7. Ne vous glorifiez point pour ce qui eſt
d'excellent en autre choſe qu'en vous meſmes. Si vn cheual ſe brauoit, diſant ie ſuis
beau, il ſeroit ſupportable; mais quand vous
vous glorifiez, diſant, i'ay vn beau cheual,
vous deuez ſçauoir que c'eſt à cauſe de la
bonté de voſtre cheual que vous eſtes ainſi
glorieux. Qui a-il donc que vous puiſſiez dire voſtre? l'vſage des imaginations, c'eſt à dire, iuger ſainement de ce qui ſe preſente.
Donques quand vous ſçaurez iuger des choſes ſelon leur nature, alors glorifiez vous en,
car vous vous vanterez lors d'vn bien qui eſt
vrayement voſtre.

8. Comme ſi vous eſtiez dans vn nauire qui
euſt pris terre, & que vous fuſſiez deſcendu
pour prendre de l'eau, vous pourriez en y al-
lant ramaſſer des coquilles, & des ſquilles ſur la greue: mais ſi faudroit-il auoir touſiours l'œil au nauire, & ſe retourner de moment en moment vers le parron, pour voir
s'il ne vous rappelle point, & auſſi toſt quitter tout cela, de peur qu'il ne vous fiſt trainer comme vne beſte, pieds & poings liez
dans le nauire. Ainſi en ceſte vie, ſi au lieu de
coquilles, & de ſquilles, voꝰ venez à auoir vne
femme & des enfans, rien n'empeſche que

vous n'en iouïssiez, mais si le Gouuerneur vous rappelle, il faut courir au vaisseau & abandonner tout cela, sans regarder derriere vous. Que si vous estes desia vieil, il ne vous faut pas eslongner du vaisseau, de peur qu'apres vous auoir appellé, on ne vous laisse sur la greue.

9. Ne desirez pas que les choses vous arriuét selon que vous voudriez bien, mais trouuez les bonnes ainsi qu'elles aduiennent, & vous serez heureux. La maladie est vn empeschement à vostre corps, mais non pas à vostre resolution, sinon que vous le permettiez. Si vous estes boiteux, vostre iambe en est incommodee, mais non pas la resolution de vostre esprit. Dites en autant de tout ce qui vous arriue, & vous trouuerez que ce n'est point vous qui en est incommodé, mais quelque autre chose que vous.

10. En tout ce qui vous suruient retournez vous vers vous-mesmes, pour chercher quel moyen vous auez de vous en seruir. Si vous voyez vne belle personne, ayez recours à la continence; s'il s'offre du trauail & de la peine, vous trouuerez à vostre aide la patience; si l'on vous faict vne iniure, vous vous seruirez de la clemence : vous estant accoustumé à cela, vous n'aurez point l'esprit dechiré de fascheuses imaginations.

11. Ne

11. Ne dites iamais de quelque chose que
ce soit,i'ay perdu cela,mais bié ie l'ay rendu:
mon enfant eſt mort, ie l'ay rendu: on m'a o-
ſté ma terre, eſt-ce pas que ie l'aye renduë?
ouy mais c'eſt vn meſchant hôme qui me l'a
rauie:de quoy vous ſouciez vous, par qui celuy qui vous l'auoit preſtee vous la redemande. Toutesfois iuſques à ce que l'on vous la
redemande ayez-en ſoing,comme de la choſe d'autruy,& comme les paſſans ont de leur
hoſtellerie.

12. Si vo°voulez profiter en la Philoſophie
laiſſez moy tous ces diſours là: ſi ie n'ay ſoing
de mes affaires, ie n'auray pas dequoy me
nourrir ſi ie ne chaſtie ceſt enfant-là, il deuiendra vicieux:car il vaut mieux mourir de
faim ſans crainte & ſans faſcherie, que de viure auec abôdance de biés,en tourmens deſ-
prit : & vaut mieux que ceſt enfant ſoit vicieux, que vous miſerable.

13. Commencez donques par les plus petites choſes. Voyla vn peu d'huyle reſpandu,
vn peu de vin derobé,penſez que ceſte perte
là eſt le prix de la tranquilité de voſtre eſprit.
On n'a rien pour rien. Si vous appellez voſtre garçon en colere, penſez que peut eſtre
il ne vous a pas ouy,ou que vous ayant ouy il
n'a pas peu faire ce que vous luy cômandiez.
Mais pour cela faut-il qu'il ſoit en ſa puiſſan-

ce de vous troubler l'esprit?

14. Si vous voulez bien profiter, ne vous faschez point que l'on vous estime niaiz & mal entendu és choses qui ne font point en vous. Ne desirez point de sembler sçauant en quelque chose que ce soit : que si quelqu'vn fait cas de vous ; desirez-vous de vous-mesmes. Car il vous faut sçauoir, qu'il n'est pas ayfé de pouuoir garder la resolutiõ que vous auez prise de vous gouuerner felõ la nature des choses, en vous amusant à ce qui est hors de vous, il est de necessité que celuy qui veut auoir soin de l'vn, mesprise l'autre.

15. Si vous desirez que vos enfans & vostre femme viuent toufiours, vous estes bien simple: car vous voulez que ce qui n'est point en vostre puissance y soit, & que ce qui est à autruy deuiéne vostre: de mesme si vous voulez que vostre garçon ne face point de fautes, vous n'estes pas sage: car vous voulez que le vice ne soit pas vice, ains quelque autre chose. Mais si vous voulez n'estre point frustré de vos desirs, cela pouuez-vous bien. Exercez-vous donc en ce que vous pouuez faire.

16. Celuy-là est maistre d'autruy qui luy peut donner ou oster ce qu'il desire, & ce qu'il ne desire pas. Il faut doncques que celuy qui veut estre libre, ne recherche ny ne

fuye rien de ce qui depend d'autruy, finon il
faut qu'il fafse eftat d'eftre ferf.

17. Souuenez-vous qu'il faut conuerfer au
monde cõmeà vn feftin. Si l'on fert quelque
chofe deuant vous, vous y pouuez mettre la
main , & en prendre honneftement: il pafse
outre, ne l'arreftez point ; il n'eft pas encore
venu iufquesà vous n'allez point au deuant,
mais ayez patience qu'on vous le prefente:
Faites en autât de vos enfans , de voftre femme & de vos dignitez , & vous vous rendrez
digne de la table des Dieux. Que fi vo⁹ vous
abftenez mefme de ce qui vo⁹ eft ferui , vous
ne mangerez pas feulement auec les Dieux,
mais vous commãderez auec eux. Car par ce
moyen Diogenes & Heraclite ont efté à bon
droict tenus & reputez perfonnes diuines.

18. Si vous voyez quelqu'vn en dueil , qui
pleure , ou pour ce que fon fils s'en eft allé
voyager, ou bié eft mort, ou peut-eftre a dif-
fipé tout fon bien, gardez vous qu'il ne vous
prenne quelque apprehenfion que celuy-là a
du mal, à caufe de ce qui luy eft ainfi arriué de
dehors ; mais difcourez incontinét en voftre
efprit , & ayez ce mot en main : Ce n'eft pas
ceft accident-là qui l'afflige , mais l'opinion
qu'il en a, car en voylà vn autre à qui le mefme eft aduenu, qui ne s'en afflige pas. Ne dif-
ferez point d'en cõferer auec luy, ny mefme

de vous en côdouloir s'il vient à propos: toutesfois prenez garde que ceste doleance ne
penetre pas iufques dedans de vous.

16. Penfez que vous ioüez icy vne comedie, où il vous faut faire le perfonnage qu'il
plaift au maiftre. Si court, court, fi long, long.
S'il veut que vous contre-faifiez le gueux, il
le faut faire le plus naifuement que vous
pourrez, le boyteux, le prince, le particulier,
en fin ce qu'il voudra : car voftre faict c'eft
de bien iouër le perfonnage qui vous eft
donné, de le choifir c'eft le fait d'vn autre.

20. Si quelque corbeau craille quelque
mauuais augure, n'en prenez point d'apprehenfion, mais fongez incontinent à part vous
& dites, cela ne fignifie riē qui me touche: s'il
fignifie quelque mal c'eft à mō corps, c'eft à
quelque metairie, c'eft à vn peu de gloire, c'eft
à ma fēme, c'eft à mes enfans, mais pour moy
pour tout ce qu'il m'annonce ne me peut
eftre que heureux, fi ie le veux: car il eft en
ma puiffance de tirer profit de tout ce qui me
peut arriuer.

21. Vous vous pouuez rendre inuincible
en ne combatant, iamais, que contre ce que
vous pouuez vaincre.

22. Prenez garde de ne vous laiffer pas tellement emporter par l'apparence que vous

iugiez heureux celuy qui eſt eſleué en dignité, ou autrement bien fortuné. Car ſi le vray
bien ne conſiſte qu'és choſes qui ſont en
noſtre puiſſance, il n'y a rien en cela dont
nous deuions eſtre ialoux ou enuieux. Vous
ne deuez deſirer ny d'eſtre General d'armee,
ny d'eſtre Senateur, ny Conſul, mais ſeulement d'eſtre libre : or le ſeul moyen d'y paruenir, c'eſt de meſpriſer tout ce qui eſt hors
de noſtre puiſſance.

23. Retenez-bien que ce n'eſt pas celuy
lequel vous dit iniure ou vous frappe, qui
vous offenſe, mais l'opinion que vous en a-
uez. Si donc quelqu'vn vous irrite, ſçachez
que cela viét de voſtre opinió. Eſſayez donc
principalemét de n'eſtre point ſurpris par l'i-
magination : car pourueu que vous ayez
vne fois le loiſir de penſer à vous, vous ſerez
ayſément maiſtre de vous.

24. Ayez touſiours deuant les yeux la mort,
le banniſſement, & tout ce qui ſemble de
plus facheux, mais principalement la mort,
& vous n'entreprendrez iamais rien baſſe-
ment, ny ne deſirerez iamais rien trop ar-
demment.

25. Deſirez-vous d'eſtre Philoſophe? pre-
parez-vous dés l'heure meſme à eſtre gauſ-
ſé & mocqué par beaucoup de gens, qui diront d'où nous eſt venu ſi ſoudainement ce

Philofophe ? où a-il ainfi appris à fe renfro-
gner ? Non pas que ie vous confeille pour
tant de faire de ces mines là:bien faut-il que
vous gardiez foigneufemét ce qui vous fem-
blera eftre de mieux, & que vous teniez le
rang où vous eftes, comme Dieu vous y ayât
placé. Et vous fouuenez que fi vous tenez
ferme à cela, que ceux qui fe gauffoient au-
parauât de vous, vous admireront puis apres:
que fi vous quittez la partie,la rifee en redou-
blera.

26. S'il vous aduient de vous addonner à ce
qui eft hors de noftre puiffance:afin de complaire à autruy, fçachez que vous auez perdu
voftre rang. C'eft donc affez d'eftre Philofophe en effect. Si vous voulez sébler tel, c'eft
affez qu'il vous femble que vous le foyez.

27. Ne vous affligez point de telles penfees,ie viuray fans honneur,ie feray vn homme de neant. Car fi c'eftoit mal que de n'a-
uoir point d'honneurs, il faudroit que cela
ne defpédift point d'autruy, non plus que ce
qui eft defhonnefte. Ie vous prie dites moy,
eft-ce chofe qui depend de vous, d'auoir des
honneurs,ou d'eftre inuité aux feftins? Non
de verité. Qui vous fait donc dire que c'eft
eftre fans honneur,à caufe dequoy ditesvous
que vous ferez vn homme de neant? Veu que
vous ne deuez defirer d'eftre eftimé finon és

choſes qui depend̄et de vous, eſquelles vous
pouuez vous rendre excellēt. Mais mes amis
ne tireront aucun ſecours de moy: qu'enten-
dez-vous par là ? vous ne les ayderez point
d'argēt, vous ne leur dōnerez point le droict
de bourgeoiſie Romaine. Et qui eſt-ce qui
vous a dit que cela dependoit de voſtre faict
& non pas de celuy d'autruy ? Qui eſt-ce qui
peut bailler à vn autre ce qu'il n'a pas luy-
meſme. Acquerez des moyēs, diſent-ils, afin
que nous y participions. S'il y a moyen d'en
acquerir en me conſeruāt modeſte, fidele &
courageux, mōſtrez-moy comme il faut faire, & i'en acquerray: que ſi vous eſtimez que
ie doiue perdre le bien qui m'eſt propre, afin
que vous obteniez ce qui n'eſt point vrayement bien, conſiderez combien vous eſtes
deſraiſonnables & ingrats. Aimez-vous
mieux de l'argent, qu'vn bon & fidele amy?
Aydez moy donc à me conſeruer, & ne m'ex-
citez point de faire choſe par laquelle ie ne
ſois plus tel. Ouy mais ie n'ayderay pas à mon
païs comme ie pourrois bien. Ie vous demande encore vn coup quel ayde entēdez-vous?
C'eſt qu'il ne ſera pas embelly de portiques,
ny accommodé de bains. Et bien qu'eſt-ce
que cela? ce ne ſont pas les charpentiers qui
fourniſſent de ſouïlliers à la ville, ny les tail-
leurs d'habits qui fourniſſent d'armes, il

g iiij

fuffit que chacun ſerue de ſon meſtier. Que
ſi vous acquerez vn bõ & fidele citoyen à voſtre ville , ne luy faites vous point de profit?
oüy vrayement. Vous ne luy ſerez donc pas
inutil. Mais quel rang dictes vous tiendray-je
en ma ville?tel que voꝰ pourrez, vous cõſer-
üant touſiours fidele & modeſte. Que ſi vous
perdez ces deux vertus-là , en penſant profiter d'auantage au public, à quoy luy pourrez
vous plus eſtre vtil , quand vous ſerez deue-
ṇu impudent & infidele?

   28. Quelqu'vn a-il eſté mis au deſſus de
vous à table , a-on pris pluſtoſt conſeil d'vn
autre que de vous? Si vous penſez que ce ſoit
ſon bien, vousvous deuez reſiouïr de ce qu'il
luy eſt arriué. Si voꝰ pẽſez que ce ſoit ſonmal,
vous ne deuez pas vous plaindre, qu'il nevous
ſoit pas aduenu. Au reſte ſouuenez-vous que
ne faiſant pas ce que font les autres,pour obtenir les choſes qui ne dependent point
de nous, vous ne pouuez pas eſtre égal à eux.
Pourquoy aura autant celuy qui ne veut
point attendre à la porte d'vn Monſieur, que
celuy qui n'en bouge, celuy qui ne l'accom-
pagne point , que celuy qui le ſuit par tout,
celuy qui ne le loüe point , que celuy qui le
flatte. Vous ſeriez iniuſte & inſatiable, ſi ſans
debourſer le prix pour lequel les choſes ſe
vendent, le vouliez auoir pour rien. Cõbiẽ

ſe vendent les laiĉtues? vn obole peut-eſtre.
Celuy qui tire vn obole de ſa bource prend
vne laiĉtue, vous qui ne baillez pas voſtre
obole n'en aurez point: mais pour cela vous
ne profitez pas moins que luy : comme il a
emporté ſa laiĉtue, ainſi auez-vous voſtre o-
bole. De meſme en eſt-il en ce fait. Vous n'a-
uez pas eſté appellé au feſtin, mais auſſi vous
n'auez pas payé voſtre eſcot. Or l'eſcot c'eſt
qu'il faut loüer le maiſtre de la maiſon , il le
faut reuerer. Doncques ſi vous péſez y auoir
de l'acqueſt, venez & payez ce qu'il appartiét
pour voſtre eſcot. Que ſi vous ne voulez rien
payer, & neantmoins auoir la choſe, vous e-
ſtes iniuſte, vous eſtes inſatiable, & indiſcret.
Quoy doncques, n'auez vous rien au lieu du
ſouper que vous euſſiez eu? ſi auez: vous auez
que vous n'eſtes point tenu de loüer ceſt hõme là contre voſtre gré, que vous n'eſtes pas
ſubjeĉt de l'attendre à ſa porte.

29. Nous apprenons ce que la nature deſire, par les choſes dont nous ne ſommes
point en different entre nous , comme ſi le
garçon de noſtre voiſin caſſe, vn verre , nous
auons incontinent ce mot en la bouche,
voyla comme il en aduient. Sçachez donc
que quand le voſtre ſera caſſé, il vous faut
eſtre tel, que quand celuy d'vn autre l'a eſté.
Accommodez cela à plus grandes choſes;

l'enfant d'vn autre ou sa femme sont morts, il n'y a personne qui ne die, que c'est vn accident humain. Que si quelqu'vn de nous perd le sien , incontinent c'est à crier: Helas ! miserable que ie suis. Il nous faudroit lors souuenir, comme nous sommes touchez de cest accident-là, quand il arriue à vn autre.

30. Comme on ne plante pas vn but pour en esloigner son coup: ainsi la nature n'a-elle pas ordonné le mal,duquel en toutes choses elle s'esloigne.

31. Si quelqu'vn vous liuroit au premier venu, vous vous fascheriez contre luy. N'auez-vous point de honte d'abandonner vostre ame à l'auenture , pour estre troublee & renduë confuse à la premiere iniure qu'on vous dira? Doncques de tout ce que vous entreprenez , considerez quel en doit estre le commencement & la fin , & puis employez-vous y:que si indiscretement vous vous y mettez , sans auoir bien pensé ce qui se peut arriuer , quand il s'y trouuera quelque chose de des-honneste , vous en receurez de la honte.

32. Voulez-vous emporter le prix és jeux Olympiques ? aussi voudrois-ie bien moy vrayement,car cela est magnifique. Mais re-

gardez par où il faut commencer , & comment il faut pourfuyure, & puis vous mettez à la befongne. Il fe faut regler, ne manger que de certaines viandes, s'abftenir de patifferie, s'exercer autant qu'il eft befoing, & aux heures ordonnees, tantoft au chaud, tantoft au froid, ne boire point d'eau froide, ne boire pas du vin à tout propos. Bref il vous faut commettre à celuy qui a la charge de vous dreffer, comme vous feriez à voftre Medecin : apres cela vous pourrez vous prefenter en lice, où il pourra arriuer que vous ferez bleffé à la main, que vous aurez vn pied demis, que vous boirez force poudre, que vous aurez de bonnes eftrillades, & apres tout cela, peut-eftre demeurerez-vous vaincu. Si lors que vous aurez confideré tout cela, vous eftes refolu d'aller à ce combat, allez-y. Si vous y allez autrement, vous en reuiendrez femblable aux enfans, qui tantoft s'exercent à la lutte, tantoft joüent des cornets à bouquin, tantoft combattent en duel, tantoft fonnent la trompette, tantoft joüent vne tragedie. Car à cefte heure vous voudrez faire le champion du lutte, le tenant de duel, puis apres le Rethoricien, & en fin le Philofophe ; d'employer voftre efprit du tout à quelque

chofe point de nouuelles : mais comme les
Singes vous voudrez imiter tout ce que vous
verrez, & vous plairez tantoft à l'vn, tantoft à
l'autre. Vous n'entreprédrez ny n'achemine-
rez rien auec refolution, ains lafchement &
froidement. Il y a de ces gens-là qui voyans
vn Philofophe ou oyás vn autre qui dit, Que
Socrates parle bien, qui eft-ce qui pourroit fi
bien dire que cela ? veulent deuenir Philofophes, comme les autres. O l'homme, confiderez vn peu deuát quelle befongne c'eft-
là, & puis fçachez vn peu de voftre naturel,
s'il en pourra porter le trauail. Vous voulez
eftre athlete, ou luteur, regardez vn peu vos
bras & vos cuiffes, fondez vos reins. L'vn eft
nay pour vne chofe, l'autre pour vne autre.
Auez-vous opinion, que vous addonnant à
telles chofes, vous puiffiez vfer des mefmes
viandes, de mefmes bruuages, & fupporter les mefmes difgraces que celuy-là ? Il
faut veiller pour en venir à bout, trauailler,
abandonner ce qui vous eft plus familier,
eftre mocqué par les valets, & mefprifé de
tout le monde. Soit donc qu'il foit queftion
d'honneur, de Magiftrat, de iugement, bref
en toutes chofes, regardez fi vous voulez
vous affujetir à tout cela, pour acquerir
en contr'efchange vne conftance, liberté,
& tranquillité d'efprit. Si vous ne le vou-

lez faire , ne vous meſlez plus de la Philoſophie, de peur que côme vn enfant, vous ne
ſoyez tantoſt Philoſophe, tantoſt Maltoſtier,
puis Rethoricien , & en fin, receueur de Ce-
ſar: ce ſont choſes qui ne s'accordent pas. Il
vous faut reſoudre,ſi vous voulez eſtre homme de bien ou non, vous appliquer à ce qui
eſt de principal en vous , ou à ce qui eſt de
l'exterieur, & à eſtre du tout Philoſophe, ou
du tout plebee.

33. Le deuoir ſe meſure pour la plus part,
par la qualité des perſonnes. Eſt-ce voſtre
pere, il vous eſt enjoint d'en auoir ſoing, luy
ayder en tout,en endurer,ſoit qu'il vous iniu-
rie, ſoit qu'il vous frappe. Ouy : mais c'eſt vn
mauuais pere. La nature ne vous a pas voulu
conjoindre auec vn bon pere , mais ſeulement auecques vn pere. Voſtre frere vous
offenſe , ne regardez-pas à ce qu'il fait , mais
conſiderez quelles doiuent eſtre vos actions
en ſon endroit , pour faire que vous ne vous
departiez point de la reſolution que vous a-
uez pris de ſuyure la nature. Perſonne ne
vous peut offenſer ſi vous ne voulez. Vous
ſerez offenſé quand vous le penſerez eſtre.
Ainſi doncques trouuerez-vous le deuoir du
bourgeois à l'endroit du bourgeois, du voiſin
à l'endroit du voiſin, & du chef d'armee à

à l'endroict de celuy qui est sous luy, si vous vous accoustumez à considerer leur qualité.

34. Quant à la pieté qui est deuë à Dieu, sçachez que le principal est d'en auoir bóne opinion, comme de celuy qui gouuerne toutes choses, le mieux & le plus iustement qu'il est possible, se disposer à luy obeïr & ceder à tout ce qu'il a faict, & suiure volontairement tout ce qu'il ordonne, comme procedant d'vn tres-sage conseil. Car faisant ainsi vous ne le blasmerez iamais, iamais vous ne l'accuserez de n'auoir pas soin de vous. Ce que vous ne sçauriez faire sinon en vous destournant des choses qui ne sont point en nostre puissance, & constituant le bien & le mal en celles qui dependent de nous. Car il est de necessité, qu'estant frustré de ce que vous desirez en tombant en ce que vous ne voulez pas, vous vous despitiez, & haïssiez ce qui en est cause. D'autant que tous les animaux sont nez auec cest instinct naturel, de fuïr tout ce qui semble leur nuire, ou estre cause de leur mal, & admirer & reuerer au contraire, ce qui leur est profitable, ou qui est la cause de leur biē. Il ne se peut donc faire, que celuy qui pense auoir receu dommage, ait agreable ce qu'il estime en estre cause. Car il ne se peut faire, que le dommage nous

plaise. De là vient, que l'enfant mesme dict
iniures à son pere, quãd il ne luy fait pas part
de ce que lon estime biens. C'est ce qui rédit
ennemis, Pollinice & Etheocles, ils auoient
opinion que la tyrannie estoit vn grãd bien.
C'est ce qui faict que le laboureur, le marinier, le marchant, celuy qui perd ses enfans
ou sa femme, blasphement contre Dieu. Car
où est le profit là est la reuerence. De sorte
qu'on peut dire, que celuy qui met peine à
ne desirer que ce qu'il doit, estudier vrayement à la pieté. Quant aux sacrifices & offrandes, il faut que chacun les fasse selon la
coustume de son païs, le plus purement qu'il
est possible, sans negligence, ny trop chiche-
ment, ny plus somptueusement que nos
moyens ne peuuent porter.

35. Quand vous irez à l'oracle, souuenez-
vous que vous ne sçauez pas ce qui doit arriuer, mais que vous y allez pour le luy demander. Que si vous estiez Philosophe, vous
le sçauriez deuant que d'y aller. Car si c'est
chose qui soit hors de vostre puissance, elle
ne peut nullement estre ny bonne ny mauuaise. Partant ne portez point vos desirs, ny
vos craintes à l'oracle, sinon vous y entre-
rez tout en transe. Mais considerez, que tout
ce qui vous peut arriuer est indifferent, & ne
vo⁹ touche point. Car de quelque façõ qu'il

arriue, vous en pouuez bien vſer, & rien ne
vous en ſçauroit empeſcher. Allez dõc auec
aſſeurance ou conſeil à Dieu, & quãd il vous
aura cõſeillé quelque choſe, regardez de qui
vous auez pris conſeil, & qui vous negligez
en ne ſuyuant pas ſon aduis. Allez à l'oracle,
ſuyuant ce que diſoit Socrates, touchant les
choſes qui dependent entierement de l'euenement, & dõt on ne peut auoir cognoiſſance, ny par diſcours ny par ſcience. Partant s'il
eſt queſtion de courir fortune pour voſtre
païs, ou pour voſtre amy, n'allez point à l'oracle pour cela.

Car bien que le deuin vous rapporte qu'il
trouue faute aux entrailles, & que c'eſt
vn ſigne que vous deuez mourir, eſtre eſtro-
pié ou banny, la raiſon neantmoins vous
perſuadera, que quand tout cela deuroit e-
ſtre, vous ne deuez point abandonner voſtre païs, ny voſtre amy. Et pour ceſt effect,
ayez deuant les yeux ce grand Oracle Py-
thien, qui chaſſa du Temple, celuy qui n'a-
uoit pas ſecouru ſõ amy, que lon aſſaſſinoit.

36. Propoſez vous certaine façon que
vous gardiez touſiours, ſoit que vous ſoyez
ſeul, ou en compagnie. Parlez-peu, & quand
il en ſera beſoin, & de peu de choſes: car rarement ſe preſente-il occaſion que nous deuions parler: & ne vous amuſez point à cõter

des chofes vulgaires, comme des combats,
des courfes de cheuaux, des luteurs, des viandes, du vin, qui font chofes dont tout le monde s'entretient, mais principalement ne deuons nous parler des hommes, les loüer, les
blafmer, ou en faire comparaifon. Et pour ce
redreffez par vos propos autant qu'il vous
fera poffible, ceux auec lefquels vous viuez, à
ce qui eft le plus feant. Que fi vous vous
trouuez parmy des eftrangers, taifez vous.

37. Ne riez pas beaucoup, ny de beaucoup
de chofes, ny diffolument.

38. Ne iurez point du tout s'il eft poffible,
finon iurez verité.

39. N'allez point manger auec perfonnes
eftranges, mefmes plebees: Que fi l'occafion
vous y conduit, tenez voftre efprit ferme, de
peur de gliffer és façons du vulgaire. Car
vous deuez fçauoir que fi voftre compagnon
eft fouillé, il ne fe peut faire qu'approchant
de luy vous ne vous gaftiez, bien que vous
fuffiez net auparauant.

40. Pour ce qui concerne le corps, comme viandes, breuuages, habits, maifons, fer-
uiteurs, il en faut vfer autant que l'ame en a
de befoing, & retrancher tout ce qui n'eft
que pour la pompe & les delices.

41. Quant au plaifir des femmes, il faut autant qu'on peut s'en tenir pur, auant que d'e-

h

ftre marié : en tout cas en faut-il vfer felon
les loix. Mais pour cela il ne faut pas fe rédre
cenfeur de ceux qui y font fujets, ny leur reprocher que vous ne vous en feruez point.

42. Si quelqu'vn vous rapporte, que l'on
mefdit de vous, ne vous amufez pas à refuter
ce dont il vous blafme : mais dites, à ce que ie
voy, il ne fçait pas encore tout le mal qui eft
en moy, puis qu'il n'en dict que cela.

43. Il ne faut pas fouuent aller au theatre ;
que fi quelquefois l'occafion s'en prefente,
ne faictes point paroiftre d'auoir plus de
foing d'aucun autre, que de vous mefmes.
C'eft à dire, ne defirez point qu'il s'y faffe autre chofe que ce qui s'y fait, ny qu'vn autre
ait le prix, que celuy qui l'a gaigné. Car par
ce moyen vous ne ferez point troublé. Sur
tout abftenez vous de crier, de rire, & de vous
beaucoup remüer. Et quand vous ferez de
retour, ne vous amufez point à difcourir de
ce qui s'y eft fait. Car cela ne fert de rien à a-
mender voftre vie, au contraire cela monftre
que vous vous eftes laiffé tranfporter à la
veuë de tout cela.

44. Ne vous ingerez point d'aller ouïr
ceux qui recitent, ne vous y trouuez pas
fouuent, encores que vous en foyez prié. Si
vous vous y trouuez, monftrez vous y mode-
fte & pofé, de façon toutesfois que vous ne

ſoyez point à charge à la compagnie.

45. Quand il vous faudra aller trouuer
quelqu'vn principalement des grands, propoſez vous ce qu'y euſt fait Socrates, ou Zenon s'il euſt eſté en voſtre place, & vous né
ſerez point en peine de ſçauoir ce que vous
auez affaire.

46. S'il vous faut aller vers quelqu'vn lequel ait beaucoup d'authorité, repreſentez-
vous, que vous ne le trouuerez pas à la maiſon, qu'il ſera retiré, que l'on vous fermera la
porte au nez, ou qu'il ne fera pas ſemblant
de vous voir: ſi apres cela vous y allez, endu-
rez ce qui vous y arriuera, & ne diĉtes plus à
part vous, cela ne valoit pas que i'en priſſe la
peine. Car cela ſent ſon plebee, & ſon hôme
qui ſe laiſſe tranſporter aux choſes externes.

47. Quand vous ſerez en compagnie ne
vous amuſez pas beaucoup à conter ce que
vous auez faiĉt, ou les dangers que vous auez
couru: car les autres ne prennent pas tant de
plaiſir à ouïr telles choſes, que vous à les conter. Ne vous accouſtumez pas non plus à faire rire ceux auec leſquels vous eſtes. C'eſt vn
pas bien gliſſant, qui meine aiſément aux façons de faire du vulgaire, & qui vous feroit
perdre le reſpeĉt, que vous portent ceux qui
approchent de vous: outre qu'il y a dãger que
pour ce faire, nous n'vſions de ſales paroles,

à quoy nous ne nous deuons pas accouſtumer, ains ſi nous nous trouuons en lieu ou
l'on en vſe, reprendre s'il vient à propos ceux
qui le font, ou pour le moins nous taire, &
rougir pour eux, & en nous renfrognant
monſtrer que nous n'y prenons pas plaiſir.

48. S'il vous vient en l'eſprit quelque imagination de volupté, gardez qu'elle ne vous
emporte : conſiderez bien que c'eſt, & prenez le loiſir d'y penſer en vous-meſmes, &
regardez combien vous aurez de contentement, ſi vous vous en abſtenez, & comme
vous vous en loüerez vous meſmes. Que ſi
vous iugez à propos d'en vſer, prenez garde
que vous ne ſoyez vaincu par ſes douceurs
& allechemens. Et oppoſez luy ceſte penſee,
qu'il vaut bien mieux auoir ce contentement en l'ame, d'auoir vaincu le plaiſir que
d'en auoir ioüy.

49. Quand vous aurez deliberé de faire
quelque choſe, faictes-la ſans vous ſoucier
que les autres vous voyent, quelque opinion
qu'ils en puiſſent auoir: car quand vne choſe
n'eſt pas bonne, il ne la faut point faire du
tout ; ſi elle eſt bonne, il ne faut point craindre ceux qui vous en reprénét mal à propos.

50. Comme en ces termes-cy : il eſt iour,
ou il eſt nuict, propoſez par forme de diſ-
iunctiue, vous formez vn axiome, par lequel

vous cognoissez lequel des deux est veritable. Ce que vous ne feriez, si vous disiez simplement, il est iour, & il est nuict. Ainsi quãd
vous vous proposerez en vn festin de prendre la meilleure part de ce qu'on vous seruira, ou de la laisser à celuy qui est assis pres de
vous, ce que l'appetit sensuel vous eust faict
trouuer bon, l'honnesteté publique vous
monstre qu'il ne le faut pas faire. Quand
vous serez donc à vn festin auec quelqu'vn,
ne regardez pas simplement à vser des viandes selon que le corps le pourroit desirer,
mais selon que l'honneur que vous deuez à
vostre compagnon le requiert.

51. Si vous entreprenez de ioüer vn personnage, que vous ne sçauez pas, vous vous
deshonorez, & outre cela perdez l'occasion
de bien faire en quelque autre chose dont
vous fussiez bien venu à bout.

52. Comme en vous promenant vous
prenez garde de ne pas marcher sur vn clou
ou de ne vous detordre le pied, ainsi deuez-
vous auoir l'œil de ne blesser la raison qui est
la guide de vos actions. Et si nous prenons
garde à cela en chaque chose que no⁹ entreprenons, nous irons bien plus seurement en
besongne.

53. Le pied est la mesure du soulier, aussi
le corps doit estre la mesure de nos biens, si

vous vous arreſtez-là, vous garderez meſure,
ſi vous paſſez cela, il eſt neceſſaire que vous
tombiez en vn grand precipice. Par exéple ſi
vous ne faictes pas voſtre ſoulier pour ſeruir à
voſtre pied, mais pour eſtre braue, vous le ſerez de cuir doré, puis apres de pourpre, & en
fin de broderie: car depuis que vous auez vne
fois paſſé les bornes, il n'y a plus de meſure.

54. Depuis que les femmes ont paſſé qua-
torze ans, les hommes les appellét Madame.
C'eſt pourquoy penſant n'eſtre propres qu'à
coucher auec les hommes, elles mettét tout
leur eſtude à s'embellir, & toute leur eſperã-
ce en leur beauté, pour ce nous leur deuons
faire entédre, que nous ne les voulons honorer, ſinon entant qu'elles ſe monſtrent reſpe-
ctueuſes, modeſtes & ſages.

55. C'eſt le ſigne d'vn eſprit mal né d'eſtre
trop curieux de ce qui eſt du corps, cóme de
faire beaucoup d'exercice, de beaucoup mãger, de beaucoup boire, de s'aller promener,
de ſe faire trainer en coche. Il faut faire tout
cela comme en paſſant, & tourner tout noſtre ſoing à traiter noſtre eſprit.

56. Quand quelqu'vn vous mesfaict ou
meſdit, eſtimez qu'il penſe faire ou dire ce
qu'il doit. Or ne ſe pourra-il faire qu'il s'accó-
mode à ce que vous trouuez bon, mais bien à
ce qui luy ſemble tel. Que ſi il iuge mal, il eſt

le premier puny, puis qu'il est le premier
trompé. Car la verité est embroüillee parmy
le faux. Si quelqu'vn choisit le faux, la verité
n'est pas pour cela offensee, mais celuy qui se
trompe à choisir. Si vous n'estes donc poussé
d'autre raison, vous ne vous courroucerez
point contre celuy qui vous faict vne iniure,
d'autant que vous direz tousiours : Il a pensé
bien faire.

57. Chaque chose a deux anses, par l'vne
elle est aisee à supporter, par l'autre elle est
fascheuse. Si vostre frere vous fait tort, ne le
considerez pas du costé dont il vous fait tort,
car cela n'est pas aisé à supporter; mais du costé qu'il est vostre frere, que vous auez esté
nourris ensemble, & le prenant par ce costé
là, vous le trouuerez tolerable.

58. Ceste consequêce-là n'est pas bonne, ie
suis plus riche que vous, ie suis donc plus hôme de bien que vous, ie suis plus eloquêt que
vous, ie vaux donc mieux que vous. Mais il
est bien plus à propos de dire, ie suis plus riche que vous, mon bien vaut donc d'auantage que le vostre : ie suis plus eloquent que
vous, mon langage vaut donc mieux que le
vostre. Il y a difference entre vostre bien &
vous, entre vostre langage & vous.

59. Si quelqu'vn se laue hastiuemêt, ne dites pas qu'il se laue mal, mais hastiuement:
h iiij

boit-il beaucoup? ne dictes pas mal, mais
beaucoup. Car si vous ne sçauez son dessein,
comme pouuez-vous sçauoirs'il fait bien ou
mal? autrement en voyant vne chose, nous
en ferons vn tout diuers iugement, de ce que
nous en pouuons comprendre.

60. Ne dites iamais que vous estes Philosophe, & ne parlez pas beaucoup des choses
speculatiues parmy le vulgaire. Comme si
vous vous trouuez en vn festin, n'allez pas
discourir de la façon dont il faut manger,
mais mangez comme il faut. Car Socrates a
voulu en toutes choses oster l'ostentation. Il
y en auoit qui alloient vers luy pour le prier
de les mener chez les Philosophes, & il les y
menoit, tant il se soucioit peu que l'on ne fist
cas de luy. Si vous vous trouuez entre personnes vulgaires, où l'on vienne à parler de
quelque poinct de Philosophie, taisez vous,
car il y auroit danger de vomir ce que vous
n'auriez pas encore digeré. Si quelqu'vn vous
dit que vous ne sçauez rien, & que vous ne
vous en faschiez point, voila bon commencement. Encores que les brebis ne reuomissent pas l'herbe qu'elles ont mangee, elles ne laissent pas de faire cognoistre à leur
maistre qu'elles sont biē nourries. Car apres
auoir fait leur digestiõ de ce qu'elles ont mã-
gé, elles rendent force laict, & portent force

laine. Ne faites pas parade de paroles à l'endroit du vulgaire, mais bien des belles actiõs qui en procedent.

61. Pour auoir le corps mince & delicat, ne vous en glorifiez pas, & si vous ne beuuez que de l'eau, n'allez pas dire pour cela à tout propos quevous ne beuuez que de l'eau: Et si vous voulezvous exercer au trauail, faites-le à part vous, & nõ à la veüe des autres, n'allez point embrasser les statuës, à fin que le peuple s'y assemble : mais quand vous aurez soif, prenez de l'eau en vostre bouche, & la rejettez sans l'aualler, & ne le dites à personne.

62. La marque d'vn hõme idiot, c'est de ne pas attendre le profit & le dommage de soy-mesme, mais de dehors, & la marque du Philosophe au contraire.

63. Les marques de celuy qui profite en la Philosophie, c'est qu'il ne blasme, ny ne loüe personne, il ne se plaint de rien ; il ne parle point de soy, comme s'il estoit, ou qu'il sceust quelque chose. Quand il est troublé ou empesché en quelque chose, il ne s'en prend qu'à soy-mesme, & si quelqu'vn le loüe, il se rit en soy-mesmes de celuy qui le loüe: si lon mesdit de luy, il ne respond rien : Il se gouuerne comme vn malade qui prend garde de ne rien esmouuoir en son corps, iusques à ce

que sa santé soit cõfirmee. Il se priue de tout
desir, & se propose d'euiter seulement, ce qui
n'est point selõ la nature des choses qui sont
en nostre puissance. Il est poussé en toutes
choses d'vne affection moderee, il ne se donne pas peine qu'on le tienne pour simple &
ignorant : & pour dire en vn mot, il se des-
fie de soy-mesme, comme de son plus grand
ennemy, qui est en embuscade contre luy.

64. Quand quelqu'vn se glorifiera de bien
entendre & interpreter les liures de Chrysippus, le sage dira en soy-mesme : Donc si
Chrysippus n'eust escrit obscurement, celuy
là n'eust point eu de sujet de se faire paroistre. Et moy que veux-ie?cognoistre la nature & la suiure. Ie demãde, qui me l'apprédra?
ayant entendu que c'est Chrysippus, ie vay à
luy : mais ie trouue que ie n'entends pas ce
qu'il a escrit, ie cherche quelqu'vn qui me
l'explique: & iusques à là ie ne voy rien dont
il faille faire si grand cas. Mais quand i'auray trouué qui me l'ait interpreté, il me reste
encor de mettre ses preceptes en vsage. Cela seul merite d'estre loüé. Que si i'admire de
bien interpreter seulement, que deuiens-ie
autre chose que simple Grammarien au
lieu de Philosophe? Ie n'ay rien en cela dauantage, sinon qu'au lieu d'Homere i'explique Chrysippus. I'ay bien plus de hõte quãd
ie ne sçay pas conformer mes actiõs aux pre-

ceptes de Chryſippus, que quand on me dit,
interpretez-moy ce paſſage de ſes liures.

65. Obſeruez les reſolutions que vous
auez priſes, comme loix, & comme eſtãt vne
eſpece d'impieté que de les outrepaſſer.
Quant à ce que lon dira de vous, ne vous y
amuſez pas, car cela ne depéd point de vous.

66. A quelle ſaiſon reſeruez-vous de vous
rédre digne de biẽ-faire, & de ne point outrepaſſer les bornes que vous a planté la raiſon.
Vous auez appris les preceptes qui eſtoient
neceſſaires pour vous addreſſer au biẽ, vous
vous y eſtes inſtruict: quel autre precepteur
attendez-vous pour améder voſtre vie? vous
n'eſtes plus enfant, ains homme parfait. Si
vous eſtes negligent ou pareſſeux à le faire,
& que vous mettiez deſſein ſur deſſein, & vn
terme ſur l'autre, pour ſonger à vous, vous
n'auancerez rien, viurez, & mourrez igno-
rãt. Il eſt donc temps que vous vous reſou-
diez de viure vne vie parfaite, que vous vous
amédiez touſiours en quelque choſe, & que
ce que vous iugez de meilleur, voˢ ſoit comme vne loy inuiolable. S'il ſe preſente quelque choſe de laborieux, de plaiſant, d'honorable, ou d'abject, faites eſtat que ce ſont les
ieux Olympiques; qu'il faut entrer en lice ſãs
plus perdre temps, & que ſi voˢ eſtes vne fois
vaincu, ou que voˢ voˢ rédiez, voˢ perdez tout

ce que vous auez iamais acquis, si vous vain-
quez vous le conseruez. Socrates deuint
tres-excellent par ce moyen, se presentant à
tout, & n'ayant autre pensee que de suiure
la raison. Que si vous n'estes pas encores Socrates, si deuez-vous viure comme desirant
de le deuenir.

67. Le premier & plus necessaire traicté de
la Philosophie, c'est de la façon dont il faut
mettre les preceptes en vsage. Comme celuy-là, De ne point mentir. Le second,
c'est celuy qui rend raison. Pourquoy cela
est, comme pourquoy il ne faut point mentir. Le troisiesme qui confirme les autres, par
lequel on examine si la preuue en est bien
faite, c'est à dire qui monstre que c'est que
demonstration, consequence, repugnan-
ce, verité, fausseté. Le dernier est necessaire
pour le second, le second pour le premier. Le
premier est celuy qui est necessaire de soy, &
auquel il se faut arrester. Mais nous faisons
tout au rebours : car nous nous amusons au
troisiesme, & y mettons tout nostre estude,
ne nous soucians en façon quelconque du
premier : car nous mentons, bien que nous
ayons tousiours en main des raisons pour
monstrer qu'il ne faut point mentir.

68. Nous deuons auoir perpetuellement
ceste priere en la bouche.

Mon Dieu conduisez-moy par la voye ordonnee,
Ie suiuray volontiers, de peur qu'vn fort lien
Ne m'entraine, meschant, où en homme de bien,
Ie pourrois arriuer suiuant la destinee.

Et puis ce mot.
Cil qui cede à propos à la neceßité,
Est sage, & sçait que c'est que la Diuinité.
Et encores cestui-cy pour le troisiesme. O
Criton, soit fait, si c'est le plaisir de Dieu.
Anitus & Melitus me peuuent faire mourir,
mais ils ne me sçauroient mal-faire.

I'ay estimé ceste piece-cy bien propre pour remplir
ce qui restoit de ceste fueille. Mais i'eusse bien desiré
l'auoir plus parfaicte: Car il y a beaucoup de choses
qui ne m'y plaisent pas. Ie ne sçay si ce sont les der-
niers temps par lesquels elle a paßé, qui l'ont gastee,
ou si c'est que les anciens ayent leurs tares außi bien
que nous, & qu'il se trouue des ronces parmy leurs
roses. I'y ay peut estre amendé quelque chose, peut
estre außi empiré. Ie n'auray point de regret à mes
fautes, pourueu qu'elles facent enuie à quelque autre
de mieux faire.

LES RESPONSES
D'EPICTETE AVX
DEMANDES DE L'EMPEreur Adrian.

QVI est la chose que vous ne descouurez pas pour l'auoir desliee, mais regardez-en le corps & vous la cognoistrez? Vne missiue. Qu'est-ce qu'vne missiue? Vn messager muët. Qu'est ce que la peinture? Vne fausse verité. Pourquoy le dites-vous ainsi? Pource que nous voyons des pommes, des fleurs, des herbes, des animaux, de l'or, de l'argent peints, où il n'y a rien de tout cela. Qu'est-ce que l'or? La proye de la mort. Qu'est-ce que l'argent? Le giste de l'enuie. Qu'est-ce que le fer? L'instrument commun de tous les mestiers. Qu'est-ce que l'espee? Ce qui gouuerne les armees. Qu'est-ce qu'vn gladiateur? Vn meurtrier sans crime. Qui sont ceux qui sont malades en santé? Ceux qui se chargent des

affaires d'autruy . Dequoy est-ce que les
hômes ne se laisset point? De gaigner. Qu'est-
ce que l'amitié ? Concorde. Qu'est-ce qui
nous semble plus long à venir ? Ce que nous
esperons. Qu'est-ce que l'esperance? Le son-
ge d'vn homme esueillé, vn incertain euenement à celuy qui l'attend . Qu'est-ce que
l'homme ne sçauroit apperceuoir? La volonté d'autruy. En quoy pechent les hommes?
A desirer. Qu'est-ce que liberté? Innocence.
Qu'est-ce qui est commun aux pauures &
aux Rois ? Le naistre & le mourir. Qu'est-ce
qui est tres-bon & tres-mauuais ? La parole.
Qu'est-ce qui plaist à l'vn & desplaist à l'autre? La vie. Quelle est la meilleure vie ? La
plus courte . Qui est la chose plus certaine?
La mort. Qu'est-ce que la mort? Vne seureté
pour iamais. Qu'est-ce que la mort ? Ce que
personne ne doit craindre s'il est sage, l'ennemie de la vie, ce qui a puissance sur tous les
animaux, ce que les peres craignent, ce qui
nous rauit nos enfans, ce qui donne lieu aux
testamens, ce qui fait parler de nous apres
que nous n'y sommes plus, ce qui nous donne les dernieres larmes, ce qui fait qu'on
nous met en oubly : c'est le brandon du bucher funebre, la charge du sepulchre, le ti-
tre du monument, & la fin de tous maux.
Pourquoy couronne-lon les morts? Pour
monstrer

monftrer qu'ils ont paffé par le combat de
cefte vie. Pourquoy leur lie-on les pouffes?
Pour monftrer qu'ils ne fçauroient plus faire
de refiftãce. Qu'eft-ce qu'vn crieur de corps?
Celuy que chacun fuit, & perfonne ne peut
euiter. Qu'eft-ce que le bucher funebre? La
demande & le payement de ce qui eft deu.
Qu'eft-ce que la trompette? Ce qui nous ex-
horte au combat, le fignal du camp, le fignal
des tournois, l'entree des jeux, la deploratiõ
des obfeques. Qu'eft-ce qu'vn monument?
Des pierres grauees, l'amufemét des paffans
qui font de loifir. Qu'eft-ce qu'vn pauure
homme? Vn puits defert où chacun regarde
en paffãt, & le laiffe cõme il le trouue. Qu'eft
ce que l'homme? C'eft cõme vne eftuùe: La
premiere chãbre en eft tiede, où lon f'oingt.
Car on oingt les hommes quand ils naiffent.
La deuxiefme, où lon fuë, c'eft l'enfance. La
troifiefme, l'eftuue feiche, où lon endure de
fafcheufes vapeurs, c'eft la ieuneffe. La qua-
triefme où lon préd l'eau froide, c'eft la vieilleffe, qui nous prononce à tous vne mefme
fentence. Qu'eft-ce que l'homme? C'eft
comme vne pomme.

Nos corps comme les fruicts aux arbres attachez,
Ou meurs tombent en terre, ou verds font arra-
  chez.

Qu'eft-ce que l'homme? Vne chandelle expoſee au vêt. Qu’eſt-ce que l’homme? L’hoſte du lieu où il eſt, l’image de la loy, vne fable de calamité, la proye de la mort, vn paſſage de vie, & la plus part du temps le jouët de la fortune. Qu’eſt-ce que la fortune? Vne femme de bône maiſon, qui s’abâdône à des valets. Qu’eſt-ce que la fortune? Vn but que lõ touche sâs y viſer, vne eſchouëtte des biês d’autruy. Elle fait lumiere où elle viêt, & ombre d’où elle s’enva. Cõbien y a-il de ſortes de fortunes? Trois: vne aueugle qui ſe fourre par tout, vne folle qui dône & oſte auſſi toſt, vne ſourde qui n’oit point les prieres des miſerables. Qu’eſt-ce que les Dieux? C’eſt cõme les images qui ſe voyent en nos yeux, vne diuinité qui reluit en noſtre entendement. Si nous les craignons, c’eſt frayeur; ſi nous nous contenons de mal faire pour leur reſpect, c’eſt religion. Qu’eſt-ce que le Soleil? La lumiere du monde, qui apporte & emporte le iour, auec laquelle nous meſurõs les heures. Qu’eſt-ce que la Lune? Le ſecours du iour, l’œil de la nuict, le flambeau des tenebres. Qu’eſt-ce que le ciel? Vn cõble ſans meſure. Qu’eſt-ce que le ciel? Vn air pur. Qu’eſt-ce que les eſtoiles? Le deſtin des hommes. Qu’eſt-ce que les eſtoiles? Le liure des pilotes. Qu’eſt-ce que la terre? Le grenier de Ceres. Qu’eſt-ce que la terre? Le reſeruoir

de la vie. Qu'eft-ce que la mer? Vn chemin incertain. Qu'eft-ce qu'vn nauire? Vne
maifon errante. Qu'eft-ce qu'vn nauire? Vne
hoftellerie qui va par tout. Qu'eft-ce qu'vn
nauire? Vne chofe qui eft en la puiffance de
Neptune, vn tableau des faifons de l'annee.
Qu'eft-ce qu'vn marinier? Vn amoureux de
la mer, vn deferteur de la terre, vn qui mef-
prife & la vie & la mort, vn vaffal des ondes.
Qu'eft-ce que le fommeil? L'image de la
mort. Qu'eft-ce que la nuict? Le repos des
laffez, & le gain des brigands. Qu'eft-ce que
le lict? Le lieu où fe veautrent ceux qui ne
peuuent dormir. Pourquoy peint-on Venus
toute nuë?

Bien a lon peint Venus, & les Amours tous nus:
Car ceux qui s'y font pleuz, tels en font reuenus.
Pourquoy Venus eft-elle mariee à Vulcain?
Pour môftrer que l'amour f'enfláme d'vn ardeur. Pourquoy Venus eft-elle louche? Pource que l'amour voit tout de trauers. Qu'eft-
ce que l'amour? Le tourment d'vn cœur oifif.
Es enfans c'eft pudeur, és filles c'eft honte, és
femmes c'eft fureur, és ieunes hommes,
c'eft ardeur, és vieillards c'eft rifee, en ceux
qui aiment pour f'en moquer, c'eft malice. Qu'eft-ce que Dieu? Ce qui embraffe
tout. Qu'eft-ce que facrifice? Offrande de
portion de nos biens. Qu'eft-ce qui ne

reçoit point de compagnon ? La Royauté.
Qu'eſt-ce que regner? Le partage des Dieux.
Qu'eſt-ce que l'Empereur ? Le chef de la lumiere publique. Qu'eſt-ce que le Senat?
L'ornement de la ville, & la ſplendeur des
citoyens. Qu'eſt-ce que le ſoldat? Le mur de
l'Eſtat, la defenſe du païs, vne glorieuſe ſer-
uitude, la marque de la puiſſance. Qu'eſt-ce
que Rome? La ſource de l'Empire du monde, la mere des nations, celle qui poſſede
tout, le domicile commun des Romains, la
conſecration de la paix eternelle. Qu'eſt-ce
que la victoire? La fin de la guerre, & le deſir
de la paix. Qu'eſt-ce que la paix? Vne trãquil-
le liberté. Qu'eſt-ce que le Palais ? Le temple de liberté, la lice des plaideurs. Qu'eſt-ce
que les amis? Des ſtatuës d'or. Qu'eſt-ce que
des amis des grands ? Ce ſont des citrõs dont
l'eſcorce eſt belle & agreable, mais il y a bien
de l'amer au dedans. Qu'eſt-ce que des flat-
teurs? Ce ſont des poiſſons qui ſuiuent l'a-
morce.

Fin des reſponſes d'Epictete.

EXHORTATION
A LA VIE CIVILE,
A MONSIEVR DE L.

IE suis bien aife qu'il foit party de ma main quelque chofe qui vous ait pleu, ie n'eftimeray iamais mes veilles mieux employees, que quád elles feruiront au contentement de ceux qui m'honorent de leur amitié, & à qui i'ay voüé feruice comme à vous. Mais fi l'Epiftre de S. Bafile que i'ay mife en François vous a donné quelque plaifir, ce n'eft pas à moy à qui vous en deuez la grace; à moy dy-ie qui ay pluftoft empiré qu'amendé l'ouurage de ce grand homme-là, le faifant changer de langue, & parler noftre François. Certainemét de tous les Peres Grecs il n'y en a point qui me reuienne plus que celuy là. Chacun a fon gouft, ie laifferay loüer aux autres ce qu'ils voudront, mais pour moy i'vferay plus volontiers de ce qui me plaift, celuy-cy me plaift grandement. Toutesfois

voſtre lettre a fait qu'il m'a deſpleu quand
vous m'auez eſcrit que la frequente lecture
de ceſte epiſtre, que vous dites que vous reli-
ſez quaſi tous les iours, vous a fait venir enuie
de vous retirer en quelque Monaſtere, & y
paſſer le reſte de vos iours, pour diuertir vos
yeux de la veüe de tant de miſeres, que produit ceſte miſerable guerre ciuile, & côuertir
entierement voſtre eſprit & vos penſees, à
l'honneur & au ſeruice de Dieu. Ce deſſein,
ie le confeſſe, procede d'vn cœur plein de
pieté, & projette bien vn moyen qui vous
pourroit apporter en voſtre particulier quelque tranquillité d'eſprit, & repos de conſciê-
ca, que i'eſtime vn des plus grands biens que
nous puiſſions eſperer; mais qui m'apporte-
roit vn extreme regret, d'eſtre priué d'vne ſi
douce & ſi chere compagnie, & au public vn
dommage tres-grand. Vous feriez, croyez-
moy, iniure à voſtre païs & à vos amis, il faut
chercher ſon bien, mais ſans le dommage
d'autruy. Nous ne ſommes pas nez en ce môde pour nous-meſmes, nous ne ſommes que
la moindre parcelle de l'vniuers, liez toutesfois & attachez aux grandes & principales
parties d'iceluy par de tres-eſtroites obliga-
tions, qui ne nous permettent point de nous
en retirer en ceſte ſaiſon, ſans violer la cha-

rité & pieté. Ne penſez pas pour cela que ie
me vueille deſdire, ny rien diminuer de la
loüange que ſainct Baſile, & tant de Peres
anciens,& moy apres eux auons donné à la
vie ſolitaire. Ie la priſe beaucoup, ie l'aime, & peut-eſtre par trop. Mais ie deſire
que vous l'aimiez comme eux, & auec les
meſmes conſiderations qu'eux, & non par
vn deſcouragement, pluſtoſt pour euiter
les trauerſes & faſcheries de la vie ciuile,
que pour ſuiure le plaiſir qui eſt en la contemplation. Suiuez, ſi vous voulez, l'exemple des Peres anciens, máis ſuiuez-le auec
la meſme prudence & moderation qu'eux.
Ce n'eſt pas, & me croyez, en telle ſaiſon
que celle-cy, que leur exemple & exhortation appelle à la ſolitude telles gens que
vous. La vie Monaſtique n'a pas eſté in-
troduicte, ny en vne ſaiſon troublee, ny pour
ceux dont & la prudence, & la fidelité eſtoit
neceſſaire à la conduite & gouuernemét des
affaires publiques. Auſſi ne voyons-nous pas
qu'en la naiſſance de l'Egliſe Chreſtien-
ne, lors qu'elle eſtoit agitee de toutes ſortes de tourmens & afflictions, les Peres ſe
ſoient retirez aux deſerts & aux ſolitu-
des, pour y ſeruir Dieu en repos. Leur vie
a eſté pleine d'action, & action publique,

i iiij

empefchee à ordonner les Eglifes , difci-
plincr les peuples, conferuer la paix & l'v-
nió aux villes & prouinces, & feruir d'exemple de modeftie & de temperance à tout le
monde. Mais quand les Chreftiens ont efté
en pleine feureté, que les Empereurs ont em-
braffé la Religion, & mis à couuert fous leurs
armes & faueur, ceux qui en faifoient profeffion, alors le repos eftant eftably , & la chofe
publique fe pouuât quafi maintenir de foy-
mefmes fur les bós & affeurez fondemés, que
tant de fages & faincts perfonnages y auóient
jetté auparauát, il a efté permis aux grâds hómes de iouïr de la douceur de la folitude.
Maisencores en quel âge l'ont-il fait? apres a-
uoir cófumé leurs pl' vigoureufes annees en
la conduite de la vie ciuile, parmy les hómes,
& les affaires. A ceſt âge & de cefte façon S.
Bafile, fainct Hierofme, & les autres fe retire-
rent. Et toutesfois quand la neceffité f'eft
prefentee, en a-lon rappellé quelques vns, &
les a-on cótraints de rétrer aux charges, & venir trauailler pour le public. D'autres fót demeurez toute leur vie en la folitude, ç'a efté
qu'ils n'ont pas efté iugez eftre neceffaires aux
affaires qui fe prefentoient. Et de verité, qui
pourroit fupporter de voir pendát la tépefte,
lors que les flots bondiffent plus haut, que la
mer efcume plus furieufement, que les vents

soufflent plus tempeſtueuſemẽt, les plus en-
tédus pilotes quitter le gouuernail aux paſſa-
gers, pour aller prendre le ſommeil? Pendant
le calme chacun peut manier le timon, l'art
ſert de peu, & l'ignorance ne nuit pas beaucoup. Mais pendant l'orage, paroiſt l'adreſſe
& la prudence de celuy qui gouuerne, de laquelle ſeule depend le ſalut de ceux qui ſont
embarquez auec luy. L'eſtude, l'âge & l'experience vous ont apporté vne grande ſuffi-
ſance & meureté de conſeil, voſtre preu-
d'hommie & ſincerité vous ont donné l'affection au bien public, telle que vous la deuez
auoir, & acquis creance parmy vos concitoyens telle que le temps permet aux gens
de bien de l'auoir, auec quel pretexte aban-
donnerez-vous le public? Ie ne puis, dictes-
vous, ſupporter les fureurs qui regnent parmy les peuples, ie ne ſçaurois voir le deſordre
& confuſion où toutes choſes ſont tombees.
Dites-moy ie vous prie, eſt-ce pas de vous
que i'ay entendu ſi ſouuent que le païs nous
tient lieu de pere & de mere, & que pour ceſt
effect on l'a appellé patrie par vn nom dont
la deriuation ſignifie le pere, & la terminai-
ſon feminine ſignifie la mere, comme les
conioignant tous deux en meſme mot, & ſi-
gnifiant patrie & matrie tout enſemble? Si
vn pere eſtoit deuenu furieux & infenſé, à

qui en donneriez-vous le soing, la garde & la
tutelle? Ne respondrez-vous pas aux enfans?
si les enfans s'en vouloient excuser pour dire
qu'ils en reçoiuent de la peine, des iniures, &
des coups, ne les blasmeriez-vous pas, & auec
conuices ne les contraindriez-vous pas à faire l'office que la nature & la charité leur cõmande? Il y a, dictes-vous, deux choses qui
vous destournent, & semblent vous excuser
de ne vous point mesler d'affaires. L'vne, que
c'est peine perduë, que les contentions des
gens de bien sont entierement inutiles, & ne
font autre chose que leur apporter de l'enuie
sans aucun fruit au public. La playe n'est plus
curable, la licence a trop gaigné sur la raison.
Les gens de bien ne sont tenus de trauailler
pour le public, sinon autant que leur labeur
peut profiter, & qu'il y a quelque esperance
de salut. En l'Estat comme en la Medecine,
il ne faut point mettre la main aux maladies
desesperees, qui le fait n'en rapporte que du
deshonneur. L'autre, que vous dictes qu'il y
a des choses qu'vn homme de bien ne peut
en façon quelconque supporter ny dissimu-
ler, la patience est bien vne grande vertu,
fort seante & necessaire à la vie des hommes,
mais si a-elle ses bornes: le mal vient quelquesfois à tel poinct, qu'il ne se peut plus endurer, par ceux qui ont l'amour & la crainte

de Dieu deuāt les yeux. Quant au premier ie
vous diray, que c'eſt vne excuſe recherchee
pour la laſcheté & la pareſſe, pluſtoſt fondee
ſur noſtre puſillanimité, que ſur la prudence
dōt elle ſe vāte. Car qui eſt-ce qui peut auoir
iuſte occaſion de deſeſperer du ſalut d'vn e-
ſtat, ou d'vne ville, veu que nous voyons par
le cours des hiſtoires quelle incertitude il y a,
& en leur ruïne, & en leur cōſeruatiō? Combien s'eſt-il veu, & d'eſtats, & de villes cheoir
en leur fleur par vn ſubit mouuement, cōme
par vn grand vent, & d'autres tout pāchans,
& à demy tombez ſe releuer miraculeuſe-
ment, & redreſſer au milieu de leurs ruïnes?
La fortune, c'eſt à dire, ceſte puiſſance de
Dieu impreuoyable aux hommes, les a pendus entre la crainte & l'eſperance, il n'y a iamais riē de ſi aſſeuré qu'il n'y faille craindre,
ny rien de ſi eſbranlé qu'il n'y faille eſperer.
Il eſt certainemēt biē vray que ſi noſtre ſalut
eſtoit entierement entre nos mains, pieça
nous fuſſions peris: mais Dieu combat pour
nous cōtre nous, & nous veut ſauuer par force. Or quand noſtre ruïne ſeroit aſſeuree,
& que nous verrions auſſi clair à l'aduenir,
cōme nous n'y voyons goutte, eſt-ce pas vne
partie du deuoir de bons enfans, & de bons a-
mis d'aſſiſter les malades, meſmes deſeſperez
iuſqu'à la mort, & la leur rendre douce, puis

que l'on ne les en peut garentir? Vous ne
pouuez, dictes-vous, supporter l'effrenee licence que prennent quelques particuliers,
l'oppression de la Iustice, le desordre & la
confusion en laquelle nous viuõs. Que voudriez-vous donc voir? toutes choses comme
elles doiuent estre, les bons en authorité, les
mauuais reprimez par les loix, la Iustice regner? Ce sont des souhaits dignes de vous,
dignes d'vn homme de bien : mais le monde
ne se gouuerne pas par souhaits. Il est bien
permis de desirer les choses bonnes, mais
quelles qu'elles soient, il les faut supporter. Il
y aura des vices au monde, tant qu'il y aura
des hommes. C'est à guerir & à soulager ces
desordres là, que la Republique & vostre deuoir vous appellent, il ne faut pas seulement
apporter vos vœux, mais vos mains & trauailler à guerir vostre païs de si fascheuses playes.
Vous n'y ferez pas ce que vous voudrez, le
mal n'est pas traictable, ie le sçay bien: vous
y ferez ce que vous pourrez, & ce que la condition du mal vous permettra. C'est vn mestier, où nous ne choisissons pas la matiere,
on nous la donne : bien souuent vn bon ouurier est contraint de trauailler en bois pourry, il ne faut pas qu'il quitte tout pour cela,
ains regarde ce que l'on peut faire de mieux,
d'vn si mauuais sujet. Solon enquis s'il auoit

donné aux Atheniens les meilleures loix
qu'il pourroit, non, respondit-il, mais bien les
meilleures qu'ils pouuoient endurer. Il faut
proportionner les remedes à la force & nature du malade. Bref, nous ne sommes ga-
rends és affaires que de nos conseils, lesquels
estans les meilleurs qu'ils puissent estre, pour
ce qui est faisable, nous en sommes deschar-
gez enuers Dieu, & enuers les hômes. Quant
aux iniures particulieres que nous en receuons, où pouuons-nous mieux employer la
charité & la patience ? Où sera l'exercice de
ce que l'eschole Chrestienne nous sonne, &
nous apprend, si les iniures & les calomnies
des peuples, auec lesquels nous viuons, nous
sont insupportables ? Quand mesmes nous
esperons que par nostre patience, nous ap-
paiserons les fureurs populaires, ramenerons
les peuples esmeus à vn droit iugement, oste-
rons aux meschans l'authorité, & la rendrons
aux bons ? Ces maladies-là certainement se
guerissent plus par le temps que par les remedes, c'est beaucoup par prudence de les
entretenir, qu'elles n'empirent point, car en
fin la longueur meurit, & guerit. La santé
reuient auec l'experience aux peuples, & lors
ils recherchent les gens de bien, & abhorrêt
ceux qu'ils cherissoient auparauant. Ils sont
comme les filles qui ont les pasles couleurs,

elles mãgent toutes les plus mauuaises viandes qu'elles puissent trouuer, mais puis apres
elles les reuomissent: car lors qu'ils sont esmeus, ils se seruét des plus perdus & vicieux,
mais quand ils viennent à se rasseoir, & à es-
bouïllir ceste ardeur inconsideree, ils les re-
iettent, ils les punissent. Le public n'a-il pas
donc bien intereft que les gẽs de bien se con-
seruét pour ceste saison-là? & n'abandõnent
pas par despit, ou desespoir le vaisseau où ils
voyent les passagers pourvn temps, enyurez,
rager & tẽpester? Il y faut, ie le confesse, courir mille hazards, souffrir mille indignitez.
Mais où est la peine, là est le merite: du labeur naist la gloire. Principalement entre
nous Chrestiens qui faisons profession d'endurer, & qui nous enroollõs sous vn Capitaine qui nous denonce vne dure & fascheuse
milice, ne nous propose la couronne sinon
apres d'estrãges trauaux & innumerables labeurs. Il ne vante ses victoires, ny des soldats
qui l'ont suiuy, que par la patience. Par ceste
seule vertu, ils ont cõquis tant de Prouinces,
tant de Royaumes, tant d'Empires, & ne sont
glorieux que des iniures qu'ils ont receuës.
Où voulons-nous donques mieux l'imiter,
que parmy les hazards, les opprobres & les
iniures? Et tout cela en quelle autre plus digne & plus reçõmandable occasion les pou-

tions nous endurer, que pour seruir au salut &
côseruation de nostre pays? Si la charité que
Dieu nous a tant recommandee, peut tant
sur nous que de nous faire exposer nos biens
& nos vies, pour le salut de nostre prochain,
que deuons nous faire pour tant d'hommes,
tant de villes, tât de Prouinces, ausquelles la
nature nous a conioints & alliez par mesmes
Loix, par mesme lägue, par mesmes mœurs,
& par vne secrette affection, qu'elle a imprimé en nous, de laquelle quicôque se despart,
est iugé de toutes les nations du monde, indigne de voir le iour & de viure entre les hômes, comme vn inhumain & cruel parricide?
Dieu n'est pas venu en ce monde pour dis-
soudre ceste obligation naturelle-là, au contraire pour en estreindre plus serré le nœud,
par ceste charité qu'il nous a tant & tant recommandee. Aussi voyons nous que quand
vne fois nous venons à coupper ce lien de
commune affection à nostre pays, toute sorte non seulement de desordres, mais de crimes & meschancetez les plus abominables
en arriuent: les larcins, brigandages, meurtres, violemens, sacrileges regnent incontinent. Or qu'y a-il au monde qui luy soit
plus des-agreable, qu'il abhorre plus &
qui plus embrase sa fureur, & l'incite d'a-
uantage à ruïner & confondre les peuples?

Quoy donques, pendant que tant de gens
trauaillent à dreſſer des precipices pour ſe
ruïner eux & leur païs, voulez-vous, vous qui
auez touſiours veſcu en charge, & que voſtre
office oblige à trauailler au ſalut public, demeurer en ſolitude comme à l'eſcart, pour
voir en ſeureté le feu embraſer voſtre païs, &
vous reſeruer à contempler ſes cédres? Quel
regret aurez vous de n'y auoir pas apporté le
ſecours que vous pouuiez, au moins de ne l'a-
uoir pas tenté? Ne voyez vous pas tous les
iours, comme apres que nos amis ſont morts,
nous diſons en ſouſpirant, Si on euſt faict telle choſe, peut eſtre l'euſt-on ſauué. Venez
donques & contribuez auec nous voſtre prudence, & vos ſalutaires conſeils, pour ſauuer
ce qui nous eſt au monde de plus cher. Re-
ſeruez ce deſſein de viure en ſolitude, & vous
retirer au repos, lors, ou que tous enſemble
nous aurons amené le nauire à port, ou que
vaincus par l'opiniaſtre imprudence de ceux
qui ſe veulent perdre, nous nous ferons ſau-
uez ſur quelque table du naufrage. Si nous y
periſſons, la mort de quelque façon qu'elle
nous puiſſe arriuer, ne nous aura pas peu fa-
uoriſez de nous auoir oſté hors de la veuë
d'vn ſi faſcheux ſpectacle.

Fin de l'Exhortation à M. de L.

DE LA CONSTANCE ET
CONSOLATION ES CALA-
MITEZ PVBLIQVES.
LIVRE I.

VN iour, pendant ce siege, que Paris a enduré auec tant de miseres,
ie me promenois tout seul en mon
iardin, pleurant du cœur & des
yeux la fortune de mon pays. Et comme la
passion croist demesurément quand elle est
trop flattee, ie commençois à accuser le
ciel, d'auoir respandu sur nous de si cruelles
influences, & eusse volontiers disputé côtre
Dieu mesme, si vne crainte secrette n'eust
refrené ma douleur. Comme mon esprit
flottoit parmy telles pensees, arriua vn de
mes meilleurs amis, personnage fort con-
sommé és bonnes lettres, mesmes és scien-
ces Mathematiques ; mais plus recomman-
dable beaucoup pour sa singuliere probité
& fidelité (rares vertus en ce siecle.) Son
nom pour ceste heure sera Musee, puis que
sa modestie ne me permet pas d'autrement

A

le vous nommer. Nous estans entre-salüez,
& recueillis de quelques propos communs,
& luy m'ayant enuisagé plusieurs fois,& veu
sur mes ioües les traces de mes larmes, encores toutes fresches, Ie ne vous demande
point (dit-il) de quels discours vous vous
entretenez icy, ie le recognois assez à vostre
visage : les gens de bien n'en ont maintenant gueres d'autre, que l'apprehension de
la calamité publique. Ceste playe nous cuit
si fort, que nous ne pouuons que nous n'y
portions souuent la main. Mais quoy ? hier
quand ie vous veins voir, ie vous trouuay en
mesme estat : pour le premier coup ie ne fey
semblant de rien, voyant auiourd'huy que
vous continuez, & que la tristesse vous mai-
strise de ceste façon , ie ne me puis tenir que
ie ne vous demande ce que vous auez faict
de la Philosophie. Ie vous cherche en vous-
mesmes , & ne puis croire que celuy duquel
i'ay receu tant de consolation , en manque
tant à soy-mesme. Il n'y a rien si equitable,
que de souffrir pour soy ce que l'on a ordonné pour autruy : ou restituez moy à la liberté
de pleurer, que vos discours m'ont ostee, ou
obeïssez vous-mesmes à la loy que vous a-
uez autrefois prescrit à ma douleur. O mon
cher Musee, dy-je lors, i'appren maintenant
par experience combien il est plus aisé de

parler que de faire, & combien font foibles
les argumens de la Philofophie à l'efchole
de la Fortune. Voulez-vous que ie vous die
tout franchement ce que i'en penfe? Noftre
philofophie eft vne brauache & vne ventar-
de: elle triomphe à l'ombre d'vne falle les
brettes à la main: c'eft vn plaifir de la voir
mettre en garde, faire fes demarches, parer
des armes ou du corps, vous diriez qu'il n'y a
rien au monde qui luy peuft donner atrein-
te: mais quád il faut fortir dehors, qu'il faut
combatre à l'efpee blanche, & que la Fortune luy tire vn reuers de toute fa force; elle
eft bien toft enfoncee, & les armes luy tombent incontinent des poings. La douleur
que nous combatons de paroles, eft vne
feinte, femblable aux hommes de bois, contre lefquels on tire à la quintaine, qui fe laif-
fent vifer à l'aife, & reçoiuent le coup fans fe
defendre. La vraye douleur eft bien autre:
elle eft viue, elle eft remuante, elle nous af-
faut la premiere, elle nous furpréd, elle nous
faifift & ferre de fi prés, que nous ne nous
pouuons aider. Nous a elle touchez? faifons
fi bonne mine que nous voudrons, fi nous
cuift-il. Et bien que pour vn temps nous
grincions les dents, endurát opiniaftremét
le mal, de peur de le confeffer, fi eft-ce qu'à
la fin il fe fera recognoiftre pour ce qu'il eft,

& arrachera violément de noftre eftomach
les plaintes & les foufpirs, que nous ne luy
aurons pas volóntairemét accordez. Non,
croyez qu'en tels accez que ceux-cy, la nature & noftre philofophie ne peuuent com-
patir enfemble : il faut choifir laquelle des
deux vous voulez retenir. Voudriez-vous,
ou pourriez vous chaffer la nature qui eft
legitime maiftreffe de nos paffions, & laquelle fe doutant bien que nous nous pourrions laiffer fuborner à des paroles emmiel-
lees & difcours affetez, pour nous fouftraire
de fon obeïffance ; tient fes affections en
garnifon chez nous, qui nous efpiét & nous
veillent, & à toutes les occafions qui fe prefentent, exigent de nous l'hommage & le
tribut que nous luy deuons? Ou les larmes
ne font point chofes naturelles & marques
d'vne iufte douleur, ou nous les deuons rendre au mal auquel la nature eft plus offen-
fee, qui eft en la ruine & fubuerfion de noftre païs. Car par ce coup font bleffez tous
ceux que la nature nous a conioint de fang,
d'amitié, de bien-vueillance, de communauté. Que fi nous n'auons reffentiment de leur mal, & compaffion de leur
mifere, ie dy que nous violons & les loix ciuiles, & la pieté naturelle, & la Majefté
mefme de ce grand Dieu, l'Efprit duquel

conuerſe parmy nous, comme garde & patron des droicts de la ſocieté humaine. I'e-
ſtois deſia offenſé de voſtre importune &
auſtere philoſophie, qui nous defend les larmes : mais liſant auiourd'huy dãs vn ancien,
il m'eſt venu enuie de la chaſſer auec iniures, tãt m'a pleu vn paſſage ſur lequel ie ſuis
tombé, où il eſcrit, Qu'il y auoit à Cumes
vne image d'Apollon qui auoit eſté appor-
tee de Grece, laquelle plora viſiblement,
voire auec grande abondance de larmes,
lors que les Romains deſtruiſoient la ville
dont elle auoit eſté tiree, comme regretant
que ſon pays ſe ruinaſt ſans qu'elle peuſt le
ſecourir : pource que la ruine en eſtoit fatale, & Apollon meſme l'auoit predicte auparauant. Hé quoy? vne ſtatuë de marbre aura
trouué des larmes pour pleurer ſon pays, &
ie n'en trouueray point pour deplorer le
mien? Eſloignee de tant de lieuës, elle aura
compati au mal de ſes concitoyens : & moy
à la veuë des miens, & au milieu de leurs
miſeres, ie ne ſouſpireray point? Non, non,
ie ſuis Frãçois, ie ſuis natif de la ville que ie
voy perir. Croyez que pour auoir à ceſte
heure les yeux ſecs, il faudroit auoir le cœur
de pierre : encore eſtime-je que ſi la pieté
n'eſt du tout eſteinte au monde, nous pleu-
rerions auſſi bien que l'Apollon de Cumes:

car nous en auons bien plus de ſujet qu'il
n'auoit. Ceſte belle ville capitale du plus
beau Royaume de la terre, le domicile de
nos Rois, le thrône de la iuſtice de ceſt Eſtat,
& comme le temple commun de toute la
France perit à noſtre veuë, & quaſi par nos
mains: les richeſſes de ſes citoyens, la magnificence de ſes baſtimens, l'erudition de tant
de celebres & ſçauans perſonnages qu'elle
a eleuez ne l'ont peu garantir ny aider. O
que cet ancien parloit bien de la puiſſance
de Dieu ſous le nom de la Fortune, quand il
diſoit, Que lors qu'elle a reſolu quelque
choſe, elle aueugle les eſprits des hommes,
de peur qu'ils ne luy rompent ſon coup.
Voyez vn peu, comme ſans y penſer, nous
auōs quaſi tous aidé à noſtre ruine, & preſté
nos mains pour réuerſer nos maiſons deſſus
nous. Car, mon Muſee, vous ſçauez quel
grand nombre d'hommes, voire de ceux
qu'on eſtimoit des plus ſages, ſe ſont aſſo-
ciez à dreſſer cet equipage, & nous ietter en
ceſte tempeſtueuſe mer de guerres plus que
ciuiles. Nous y voicy, puis qu'il a pleu à
Dieu, à la veille d'vn grand naufrage, où
nous auons egalement à craindre la rage de
nos zelez de dedans, alterez du ſang de ceux
qui deſirent le bien public : & la violence,
qui peut arriuer de dehors, qui ſeuiroit con-

fuſément contre les bons & les mauuais : &
vous voulez en ce triſte & lugubre office me
defendre les larmes? A ce que ie voy, me reſ-
pondit-il, le temps porte que chacun cháge
de party, c'eſt peut eſtre le vice du ſiecle. I'ay
tenu toute ma vie pour la nature contre voſtre philoſophie: pource qu'il me ſébloit que
vous la faiſiez trop puiſſante, & luy vouliez
attribuer vn commandement trop violent
& tyrannique. Mais il aduient ordinairement que l'iniure, qui eſt faite à vne perſonne à qui nous ne voulons pas beaucoup de
bien, nous reconcilie auec elle, & nous fait
par pitié entreprédre ſa defenſe. Ie voy auiourd'huy que vous deshonorez & diffamez
la philoſophie, laquelle vous a ſi tendremét
& cherement eleué: & que vous permettez
que les paſſions luy mettent le pied ſur la
gorge, ſans qu'elle ſoſe defendre. Vous la
ſurnommiez auparauant roine de la vie,
maiſtreſſe de nos affectiós, tutrice de noſtre
felicité : maintenant vous la voulez tenir
cóme vne petite plaiſante, qui ne ſerue qu'à
vous faire paſſer le temps, & vous entretenir
pendant que vous ſerez à voſtre aiſe. Trait-
tez-la au moins en fille de bonne maiſon,
vous n'auez point de ſujet de la repudier : ſi
vous voulez faire diuorce auec elle, rendez-
luy la liberté qu'elle a apporté chez vous,

A iiij

qu'elle se retire son honneur sauue, & auecques ses droicts. Quant à moy, ie la maintien
franche, & me rens asserteur de sa liberté: ie
ne luy veux pas attribuer ceste puissance
d'oster au corps, ny à l'esprit, le sentiment du
mal. Car ie croy qu'elle doit passage aux affections naturelles: mais ie maintien qu'elle
peut contenir & reserrer la douleur & la paf-
sion dans leurs bornes, empescher qu'elles
n'occupét plus de lieu & d'authorité en nostre ame qu'elles ne doiuent, & les amollir &
adoucir, voire mesmes auec le téps du tout
estoufer & amortir. Ie voy bien à vostre visage, que vous estes trop aigry, & que vous
ne m'accorderez rié de vous-mesmes: voicy
tout à propos deux de nos meilleurs amis,
que vous n'oseriez refuser pour arbitres, &
pour moy i'offre de les en croire. Or c'estoiét
deux personnages signalez, deux perles de
nostre siecle: desquels le premier, que nous
nommerons pour ceste heure Orphee, outre la cognoissance qu'il a des arts & sciéces,
s'est acquis vne grande experience & admirable prudence par ses longs & perilleux
voyages: L'autre qui aura nom Linus, est re-
cognu pour vn des plus sçauans hommes de
l'Europe, & qui a le plus de iugement & de
preud'hómie au maniemét des bons liures,
& de pieté en toutes ses actions. Vous auez,

dy-je, Mufee choifi des iuges que ie n'ay
garde de recufer:nõ pas choifi, mais pluftoft
(croy-je) nous ont-ils efté enuoyez miracu-
leufement, comme les Dieux qu'on faifoit
defcédre par engins aux tragedies, pour venir faire quelque grand exploict furpaffant
la puiffance des hommes. Car pour vous
dire, i'eftime mon opinion veritable : que fi
elle ne l'eft, aumoins eft elle fi auant enraci-
nee auec mon ennuy, en mon cœur, qu'autres mains que celles de fi fainct perfonnages ne l'en fçauroient arracher. Sur ce propos nous les ioignifmes & faluafmes. Nous
rompons, nous dirent-ils, voftre difcours,
auquel il nous fembloit bien en venant que
vous eftiez fort auant; & à voir vos contenances, que vous n'eftiez pas bien d'accord.
Vous auez, dit Mufee, bien deuiné, & eftes
venus fort à propos pour nous y mettre : car
nous vous auons nõmé pour iuges de noftre
different. Le precepte du Sage, dirent-ils,
nous defend d'eftre iuges entre nos amis:
bien, fi nous pouuons nous aduifer de quelque moyen pour vous accorder, vous en dirons-nous volõtiers noftre aduis. Mais pour
vous dire priuément, nous venons de loin,
ie vous prie trouuer bon que nous nous feõs.
Comme nous nous fufmes affis, Linus commença à nous dire, qu'il venoit d'entendre

vne piteuſe hiſtoire d'vne pauure femme,
qui n'ayant peu trouuer de pain pour dõner
à ſes enfans, s'eſtoit penduë à ſon plancher.
Et moy, ce dit Orphee, ie vien de voir tout
à ceſte heure vne pauure fille, qui eſt tõbee
toute roide morte de male-faim: & à trois
pas de là i'ay trouué de pauures gens qui
mangeoient vn chien tout ſanglant, qu'ils
auoient vn peu grillé auec de vieille paille.
Et comme i'ay eu paſſé le plus viſte que i'ay
peu ce triſte ſpectacle, i'ay rencontré des
femmes qui crioient & diſoient, que les
Lanſquenets auoient mangé des enfans aupres du Temple, ce que ie ne puis croire.
Oyans cela nous commençaſmes tous à
ſouſpirer, & lors prenant la parole: Et bien,
dy-je, voila ma cauſe gaignee, puis que tant
que nous ſommes n'auons peu au recit de
ceſte piteuſe hiſtoire retenir noſtre cœur,
qu'il n'aye teſmoigné le reſſentiment qu'il
a de la miſere publique. Ie vous laiſſe donc
à penſer, cõme nous deuons fremir & trãſir,
quand nous nous repreſentons toutes les
ſortes de pauuretez qui ſont reſpanduës par
ceſte grande & vaſte ville. Helas combien
y a-il de playes ſecretes que la hõte couure!
& puis quelles & cõbien effroyables ſont les
calamitez que nous preuoyons, attendons,
& ne pouuons quaſi euiter? Vous me repro-

chez, Mufee, mes larmes, mais plus de raifon auriez-vous de me reprocher ma dureté
de cœur, qui feule empefche qu'vne fi viue
& poignâte douleur ne finiffe enfemble ma
trifteffe & ma vie. Et lors me retournât vers
Orphee & Linus, ie leur fey entendre les
difcours que Mufee m'auoit tenus,& le dif-
ferend fur lequel nous eftiôs demeurez. Ce
qu'ayans oüy, Noftre bon-heur, dit Orphee,
nous a biê amenez icy pour oüir vne fi belle
difpute. Mais, Mufee, puis que vous nous
faites ceft honneur de nous croire, permettez qu'en vne chofe feulement nous vfions
de l'authorité que vous nous donnez. Au
lieu de nous difcourir & demonftrer voftre
propofitiô,mettez-la ie vous prie en œuure,
& faites experience fur nous de ce que peut
le remede, dont vous vous vantez, contre
cefte fafcheufe maladie d'efprit, qui eft la
trifteffe que nous receuons tous de cefte mifere & affliction publique : vous auez vn bel
& ample fujet. Car ie croy qu'il n'y en a pas
vn de nous,duquel l'efprit ne foit touché de
cefte maladie. Ie m'affeure que fi l'antiquité a rien inuenté qui puiffe feruir à la guari-
fon de l'efprit offenfé, vous en deuez auoir
recueilli les plus belles & plus vtiles recet-
tes. Mais ie crain qu'il ne vous arriue en
cela, comme il fait en vos demonftrations

de Mathematique, où vous prouuez par raisons mille belles propositions, que l'artizan
ne sçauroit puis apres mettre en œuure sur
la pierre ny sur le bois. Poursuiuez donques
& faites estat, que si vous nous pouuez ac-
coiser l'esprit, & nous deliurer de l'ennuy &
de la crainte qui nous gesnent, que vous
auez cause gaignee. Car en nostre endroit
les effects preuuent bien mieux que les paroles: outre que vous nous aurez corrompus,
par vn grand bien, de nous auoir deliurez
d'vn grãd mal. Et en ce cas ie m'asseure que
nostre hoste mesme sera bien aise d'estre
vaincu: car il gaignera beaucoup en perdãt.
Le feray, dit Musee, ce qui me sera possible
pour vous contenter : mais souuenez vous,
s'il vous plaist, que nous trauaillõs à vne besongne cõmune. Et pource, si d'auanture és
discours où ce sujet me pourra porter, i'ou-
blie quelques raisons qui vous viennent en
memoire, vous serez tenus de les suppléer,
puis que nous ne combatons que pour la verité, & faire vaincre la raison: & que le prix
de la victoire est cõmun entre tous, vous deuez tous ce me semble, fauoriser son party.

Il n'y a rien qui serue tant à la guarison du
mal, que d'en bien cognoistre la cause. C'est
pourquoy si nous desirons deliurer nostre a-
me de fascherie, & la remettre en vn estat

paisible, il faut, à mon aduis, examiner d'où
procede le mal qui la tourmente. La nature
de l'hôme a beaucoup de proportion & cor-
respondance à tout ce grand vniuers : mais
aussi a elle à chacune de ses parties, & principalement me semble elle se rapporter à vn
estat Royal ; estant l'vn & l'autre quasi de
mesme condition, & sujet à de mesmes accidens. Le Prince souuerain qui a à gouuerner
vn grand nombre d'hômes, vne gráde quantité de prouinces & de villes, establit des
Gouuerneurs & Magistrats sous luy : Et
pour les instruire & adresser en l'exercice de
leurs charges, leur donne ses loix, comme la
regle de leurs actions : & outre les aduertit
en choses douteuses & importantes de luy
en faire rapport , & en attendre son commandement. Certainement tant que cet
ordre est obserué, que les subjets obeïssent
aux Magistrats , & les Magistrats à la loy
& au Prince souuerain, l'Estat se maintient
en grande paix, florit & prospere merueilleusement. Mais au contraire , quand
ceux qui iugent & commandent sous le
Prince, se laissent tromper par leur facilité, ou corrompre par faueur au iugement
des affaires qui se presentent, & que sans
deferer à leur souuerain ils employent
leur authorité à l'execution de ce qu'ils

ont temerairemēt ordonné, ils remplissent
tout de desordre & confusion. En l'homme,
la plus haute & souueraine puissance de
l'ame, qui est l'entendement, estant posee
au plus haut lieu, cōme en vn thrône, pour
conduire & gouuerner toute sa vie & toutes
ses actions, a disposé & ordonné sous soy vne
puissance que nous appellons Estimatiue,
pour cognoistre & iuger par le rapport des
sens la qualité & condition des choses qui
se presentent, auec authorité de mouuoir
nos affections pour l'execution de ses iugemens. Et à fin que ceste puissance-la, comme elle est grande & importante, ne feist
rien mal à propos, il luy a proposé comme
vne loy la lumiere de la nature qui reluit en
tous les objets : & outre luy a donné moyen
en toutes choses de doute & de conséquēce
de recourir au discours, raison & conseil de
celuy qui commande par dessus. Il n'y a
point de doute que tant que cet ordre est
obserué à la conduite de la vie de l'homme,
que son estat ne soit tres-heureux : & que ce
grand & genereux animal ne se monstre digne ouurage de ce parfaict & souuerain Architecte qui l'a creé : mais ie ne sçay par quel
malheur rarement l'homme iouist-il de
ce bien. Car ceste puissance-la qui est
& au dessous de l'entendement, & au des-

sus des sens, à qui appartient le premier iugement des choses & de leur qualité, se laisse
la plus part du temps ou corrõpre, ou tromper, & puis iuge mal ou temerairement : &
apres auoir ainsi iugé, elle manie & remuë
nos affections mal à propos, & nous remplic
de trouble & d'inquietude. Les sens, vrayes
sentinelles de l'ame, disposez au dehors
pour obseruer tout ce qui se presente, sont
comme vne cire molle, sur laquelle s'imprime, non la vraye & interieure nature, mais
seulement la face & forme exterieure des
choses. Ils en rapportét les images en l'ame,
auec vn tesmoignage & recommandation
de faueur, & quasi auec vn preiugé de leur
qualité, selon qu'ils les trouuent plaisantes
& agreables à leur particulier, & non vtiles
& necessaires au bien vniuersel de l'hõme:
& outre introduisent encore auec les images des choses, l'indiscret iugement que le
vulgaire en fait. De tout cela se forme en
nostre ame ceste inconsideree opinion que
nous prenõs des choses, qu'elles sont bõnes
ou mauuaises, vtiles ou dõmageables à suiure ou à fuïr: qui est certainemét vne dange-
reuse guide, & temeraire maistresse, & vrayement telle que nostre Belleau la depeint,

L'opinion qui n'a rien de certain,
Qui tousiours bruit & se trauaille en vain,

Qui se bastit vne ferme asseurance
Sur le sablon de legere inconstance.

Mais qui voudra soigneusement obseruer
ses effects, la cognoistra bien encore pire
qu'il ne la descrit. Car aussi tost qu'elle est
conceuë, sans plus rien deferer au discours
& à l'entendement, elle s'empare de nostre
imagination, & comme dans vne citadelle
elle y tient fort contre la droite raison. Et
puis de mesme façon qu'vn tyran, qui a occupé vne ville par force, fait dresser des
rouës & des gibets pour ceux qui ne veulent
pas obeïr, & propose des prix & des recom-
penses à ceux qui prendront son party : ainsi
si elle nous veut faire fuïr quelque chose,
elle nous la peint hideuse & espouuantable;
si elle nous la veut faire aimer, elle luy farde
le visage, luy fait la bouche & les yeux rians.
Puis elle descend en nostre cœur, & remuë
nos affections auec des mouuemens violens
d'esperance ou de crainte, de tristesse ou de
plaisir : & pour troubler nostre repos, sousleue en nous les passions, qui sont les vrais seditieux de nostre ame. Mais entre toutes les
autres & plus que toutes les autres, ceste tristesse, dont ie vous voy saisi (laquelle n'est
autre chose qu'vne langueur d'esprit, & decouragement engendré par l'opinion que
nous auons, que nous sommes affligez de
grands

grands maux) eſt vne dangereuſe ennemie
de noſtre repos. Car on ne ſçauroit croire,
combien ceſte roüille & moiſiſſure, qui s'ac-
cueille en l'ame par tels accidens, eſt contraire à la nature, & combien elle ruine & dif-
forme ſon ouurage, abaſtardiſant ſa puiſſance, endormant & aſſoupiſſant ſa vertu, lors
qu'il les faudroit eſueiller pour s'oppoſer au
mal qui nous menace & nous preſſe, & in-
troduiſant bien auant en noſtre cœur la cauſe de noſtre douleur. Or puis qu'elle nous eſt
ſi dommageable, nous nous en deuons, ce
me ſemble, bien garder. Et à fin qu'elle ne
nous trompe, la bien deſcouurir, & diligemment recognoiſtre : puis auant qu'elle prenne pied ſur nous, la combattre à la frontiere.
Elle ſe veut couler ſous le nom de la nature,
monſtrons luy qu'elle luy eſt ennemie : elle
fait ſemblât de vouloir ſoulager noſtre mal,
cognoiſſons comme elle l'augmente, tant
qu'elle peut: elle fait mine d'eſtre pie & reli-
gieuſe, faiſons luy paroiſtre qu'elle eſt pleine
de tromperie & d'impieté, comme elle ſe
veut introduire en nous ſous la faueur de
l'erreur, chaſſons-la par l'authorité de la raiſon, & de la verité. Premierement, pour
monſtrer qu'elle ne ſe peut appuyer de la nature, qu'elle n'en procede point, & que ce
n'eſt point vne affection commune à tous

B

les hommes, qui les touche egalement: Ne
voyons nous pas que les mefmes chofes qui
attriftent les vns, refiouiffent les autres? qu'v-
ne prouince pleure de ce, dôt l'autre rit? que
ceux qui font pres des autres qui fe lamentent, les exhortent à fe refoudre, & à quitter
leurs larmes? Oyez la plus-part de ceux qui
fe tourmentent, quãd vous auez parlé à eux,
ou qu'eux-mefmes ont pris le loifir de difcourir fur leurs paffions, ils confeffent que
c'eft folie que de s'attrifter ainfi : & loüeront
à trois heures de-là ceux qui en leurs aduerfitez auront fait tefte à la fortune, & oppofé
vn courage mafle & genereux à leurs afflictions. Tellemét qu'en tout cela il n'y a rien
d'egal, rien de certain, côme font les effects
de la nature:& voit-on par là, que les hômes
n'accômodent pas leur dueil à leur douleur,
mais à l'opinion de ceux auec lefquels ils viuent. Souuenez-vous, ie vous prie, de ce dueil
public, que les anciens affectoient tant. Que
direz-vous de ceux-là que lon loüoit pour
venir pleurer aux enterremés? Leurs larmes,
qui dependoient des yeux d'autruy, qui n'e-
ftoient jettees que pour eftre veües, qui ta-
riffoient fi toft qu'elles n'eftoient plus regar-
dees, eftoiét-elles naturelles ou artificielles?
Que vouloient faire ceux qui fe loüoient, &
ceux qui les loüoient, finon feruir à cefte ty-

tannique opinion, que l'on s'estoit forgee en
ces lieux-là, qu'en tels accidents il falloit
pleurer:&que ceux qui ne pouuoiét trouuer
de tristesse chez eux, en deuoient acheter à
beaux deniers comptans chez leurs voisins?
Ces gens-là ne trahissoient-ils pas volótaire-
ment la raison, & prostituoient-ils pas de gayeté de cœur leur virilité? Voudriós-nous bié
croire, qu'ils eussent appris de si mauuaises
mœurs à l'escole de la nature? Non certainement, mais bien à l'escole de l'opinion, qui
appréd cóme il faut corrópre la nature, pour
complaire au vulgaire,& qui ne produit rien
qui ne soit fardé & deguisé. Qu'ainsi ne soit,
voulez-vous voir auec cóbien de vanité, de
tróperie,& d'artifice elle engédre,elle nourrit, elle eleue ceste tristesse, qui nous tourmente tant? Ie vous prie remarquez maintenant en vous, & en tous ceux qui s'affligét,si
tout ce qu'elle nous represente pour nous
ennuyer, ne sont pas choses qui nous tourmentent, ou plustost qu'elles ne doiuent, ou
plus qu'elles ne doiuét? Ses plus forts instru-
ments, & dont elle nous gesne plus cruellement,ce sont les maux à venir. Cóme elle ne
peut rien sur nóus, qu'en nous trópant & se-
duisant : elle cognoist bien que nous voyons
plus clair en ce qui est present, & sentons
bien que les accidens mesmes que nous

auons craint, se trouuét tousiours plus doux
quand ils arriuent, que nous ne les auions
pensé, & s'adouciffent mefmes par l'vfage, &
par l'accouftumance. C'eft pourquoy elle fe
iette toute fur l'aduenir, comme entre des
tenebres efpeffes, & choifit ce temps, comme on fait l'heure de la nuict, pour donner
quelque grand effroy auecque peu de fujet.
Elle nous fait lors des maux, comme on fait
des Fees aux petits enfans, on les leur fait
hauffer, baiffer, croiftre & appetiffer comme on veut : pource qu'on leur parle de chofe qu'ils n'ont iamais veuë. Elle nous tourmente auec des maux, qui ne font tels qu'en
ce que nous les penfons, ou bien que nous
les craignons, & qui ne nous offenfent
pas tant par leur nature, que par noftre apprehenfion. Combien en auons nous veu,
qui ont rendu leur mal vrayment mal, à force de s'en affliger; qui en craignant d'eftre
miferables, le font deuenus, & ont tourné
leurs vaines peurs en certaines miferes ? Tel
a tellement apprehendé la pauureté, qu'il en
eft deuenu malade. Tel a tellement apprehendé que fa femme ne luy fauffaft la foy,
qu'il en eft feiché de langueur. Et ainfi peut-
on dire quafi de tout ce que nous craignons,
où la plus-part du temps la crainte ne fert
qu'à nous faire trouuer ce que nous fuyons.

Ne craignons plus, nous n'aurons point de
mal, au-moins ne l'aurons-nous point iufques à ce qu'il foit aduenu : & quand il ad-
uiendra, il ne fera iamais fi fafcheux que
nous le craignons. Ie croy quant à moy,
que de tous les maux, la crainte eft le plus
grand & le plus fafcheux. Car les autres ne
font maux que tant qu'ils font, & la peine
n'en dure non plus que la caufe : mais la
crainte eft de ce qui eft, de ce qui n'eft pas, de
ce que parauenture ne fera pas, voire quelquesfois de ce qui ne peut eftre. O tyrannique paffion, qui pour trauailler les hommes
outrepaffe la nature, & tire par noftre mal-
heur vne peine de ce qui n'eft point ! qui
pour fatisfaire à l'opinion d'vne feinte &
imaginaire mifere, tire de nous de viues &
poignantes douleurs! Comme le peintre
Parrhafius, lequel mettoit fes efclaues à la
gefne, pour pouuoir mieux exprimer les
tourmens fabuleux de Promethee. Pourquoy faut-il que nous foyons fi ambicieux à
noftre mal, & que nous courions au deuant?
Donnons nous patience, & laiffons-le venir : peut eftre que le temps que nous eftimons nous deuoir apporter de l'affliction,
nous amenera de la confolation. Combien
peut-il furuenir de rencontres, qui pareront
au coup que nous craignons ? Le foudre fe

deſtourne auec le vent d'vn chapeau, & les
fortunes des grands eſtats auec vn petit moment. Vn tour de rouë met en haut ce qui
eſtoit en bas: & bien ſouuét d'où nous attendons noſtre ruine, nous receuôs noſtre ſalut.
Il n'y a rien ſi ſujet à eſtre trompé, que la prudence humaine: ce qu'elle eſpere luy máque,
ce qu'elle craint s'eſcoule, ce qu'elle n'attéd
point luy arriue. Dieu tient ſon cõſeil à part:
ce que les hómes ont deliberé d'vne façon, il
le reſout d'vne autre. Ne nous rédons point
mal-heureux deuát le téps, & (peut eſtre) ne
le ſerons-nous point du tout. L'aduenir, qui
trõpe tant de gens, nous trõpera auſſi toſt en
nos craintes, qu'en nos eſperances. C'eſt vne
maxime fort celebre en la Medecine, Qu'és
maladies aigues les predictiõs ne ſont iamais
certaines. Si le mouuemét violent de la chaleur d'vn corps naturel, fait perdre le iugement au Medecin, qui ſera le ſage qui oſera
rien aſſeurer du ſuccés de nos fureurs ciuiles,
que lon voit euidément eſmeuës & entrete-
nues par vne puiſſance plus qu'humaine? Il
eſt mal aiſé de promettre le ſalut de noſtre
eſtat, mais auſſi eſt il incertain d'en predire
la ruine. Combien y a-il eu de villes, d'eſtats,
d'empires, qui ont eſté croullez & eſbranlez
par de grans & horribles accidens, & tels que
ceux qui les voyoient en attédoient la fin aſ-

feurce:&neantmoins qui fe sõt raffermis par
leur efbranlemét, & reuenus plus puiſſans &
plus floriſſans, qu'ils n'auoient iamais eſté.

Ceux qu'en paſſant la fortune renuerſe,
A ſon retour ſouuent elle redreſſe.

Il veut que ceux meſmes qui ſont renuerſez,
eſperent : & nous qui ne ſommes encores
qu'en pente, n'eſpererons pas? Les Romains
que i'appelle volontiers à teſmoins és belles
& genereuſes actions, cõme le plus vaillant
& courageux peuple qui fut iamais au monde, auoient bien occaſion de deſeſperer de
leurs affaires, apres que les Gaulois eurét ſac-
cagé leur ville, & auec le fer & le feu deraci-
né le plan de leur eſtat. Toutesfois ils ne ra-
batirent rien pour cela de leur eſperance, &
de l'affection qu'ils auoiét à leur païs:au contraire le cœur leur creut en l'aduerſité,& eu-
rent le courage de retenter la fortune,qui ſe
monſtra ſi fauorable,qu'ils tirerent de beaux
triomphes de leurs propres ruines. Apres a-
uoir perdu tant de batailles contre Annibal,
& eſpuiſé toute la ieuneſſe de leur ville en
tant de rencontres &mal-encontres, ne de-
uoient-ils pas eſtre fort troublez ? Au contraire,il ſe trouua des citoyens,qui meirent à
l'enchere le champ ſur lequel Annibal eſtoit
campé: eſperant touſiours bien de l'eſtat &
du ſalut public. Et pour paſſer aux guerres

ciuiles (qui font ordinairement les fatales &
mortelles maladies des grans eftats) qui
n'euft penfé fous Sylla & Marius, que la republique Romaine eftoit frapee au cœur?
Et fous Cefar & Pompee, que Rome mefme euft efté portee au champ de Pharfale,
pour à communs frais de toutes les nations
eftre là defchiree & enfeuelie par tous les
peuples du monde? Et neantmoins elle ne
fut iamais fi puiffante, ny fi triomphante
qu'apres le temps de Marius & Sylla: & les
guerres de Cefar & Pompee ne furent que
les trenchees de l'enfantemét du plus grand,
du plus beau, & du plus floriffant empire du
monde. Et pour des nations eftranges reuenir à nous mefmes: qui euft iamais creu que
noftre pauure Eftat, couché tout de fon long
par terre à l'aduenement de Charles feptief-
me, n'ayant quafi plus ny poulx ny haleine, fe
fuft releué en fi peu de temps, & euft eftendu
fes bras fur toutes les prouinces voifines,
comme il feit incontinent apres fous fes pro-
chains fucceffeurs? Il faut dire des fortunes
des villes & des Royaumes, ce qu'on dit ordinairement des maladies des hommes: Tant
qu'il y a vie, il y a efperance. L'efperance demeure au corps auffi long temps que l'efprit.
Mais bien, n'efperons plus rien, tenons nos
maux pour certains, encore qu'ils foient in-

certains : tenons-les pour prefens, encore
qu'ils foient à aduenir : eftimez-vous que
quand ils arriueroient, ils fuffent fi fafcheux
&intolerables que nous nous les imaginons?
Il s'en faudroit beaucoup. Le banniffe-
ment, la pauureté, la perte d'honneurs, la
perte de nos enfans, la perte de nos amis,
la perte de noftre vie, voila dequoy eft compofé ceft oft de maux que nous redoutons
tant. Le nombre n'en eft pas tel que
nous penfons : encor qui les confiderera
l'vn apres l'autre, trouuera que ce ne font
que valets de bagage, que l'on a mis en bataille pour nous eftonner. Si nous fommes
armez, comme nous deuons, rien de tout cela ne rendra combat; à voir feulement noftre
contenance affeuree, ils s'efcarteront. N'e-
ftimez-vous rien (direz-vous) de perdre fon
païs, & eftre contraint de cháger de demeure? Que faites-vous de cet amour naturel
que nous deuons à la patrie? I'en fay ce que
Platon en a fait, quand il a quitté Athenes
pour aller demeurer en Sicile & en Egypte.
I'en fay ce que vous-mefmes euffiez fait, s'il
fe fuft prefenté vne honorable occafion de
vous en aller dix ou douze ans en ambaffade
en quelque païs eftranger : non feulement
vous euffiez abandonné voftre ville, mais (fi
vous voulez dire la verité) vous euffiez à vn

beſoin abandonné la terre, pour elire voſtre
domicile en vn nauire, & attacher voſtre vie
aux cordages d'vn vaiſſeau. Ce qu'vn peu
d'honneur vous euſt perſuadé, que la raiſon
vous le perſuade: le cõmandemẽt d'vn Prince qui vous en euſt chargé, vous l'euſt fait
trouuer bon: que la neceſſité & le deſtin, auſ-
quels vous deuez dauantage d'obeïſſance, en
facent autant. Combien y a-il auiourd'huy
d'hõmes, qui ſe ſont bãnis volontairemẽt de
l'Europe, pour aller peupler les extremitez
de l'Aſie? Voyez-les, ils loüent leur fortune,
cõme aſſeuree & pleine de biens: & deplorẽt
la noſtre, cõme miſerable, pleine de pauureté, & de trouble tout enſemble. C'eſt faire
tort à l'homme, qui eſt nay pour tout voir, &
tout cognoiſtre, de l'attacher à vn endroit de
la terre. C'eſt le ciel qui eſt le vray païs, & le
cõmun païs des hõmes, d'où ils ont tiré leur
origine, & où ils doiuent retourner : & pour
cette occaſion ſe voit-il par les hommes, & ſe
monſtre-il à chacũ d'eux, quaſi tout en tous
les endroits de la terre, en vn iour & en vne
nuiƈt, où au contraire la terre, qui n'eſt qu'vn
petit poinƈt au prix, & qui auec tout ce qu'elle embraſſe de ſes mers, & arrouſe de ſes fleuues, n'eſt pas vne cent-ſoixãtieſme partie de
la grãdeur du Soleil, ne ſe mõſtre à nous qu'à
l'endroit où nous l'habitõs. Voudrions-nous

attacher les affectiõs de l'hõme à vn si vil obiect, qu'est vn coin de la terre? & le contrain-
dre, pour estre heureux, de demeurer tou-
iours en vn mesme lieu, dont la demeure ne
luy est agreable qu'en tãt qu'il la peut quitter
quand il veut? Forcez-le de n'en bouger, ce
païs où vous trouuez tant de plaisir, luy sera
aussi tost ennuyeux. Celuy qui auoit toute sa
vie vescu enfermé dãs les murailles de sa ville iusques à l'âge de quatre vingts ans, quand
on luy eust fait defése d'en sortir, mourut de
regret; & cõmença à haïr ce dont il iouïssoit
par force, & à aimer ce que lon luy defédoit.
Et ce genereux Romain Rutilius, estant rappellé d'exil par Sylla, ne voulut pas reuenir:
& estima plus douce la solitude de son isle,
que la grandeur & magnificence de sa ville.
Voyez en cõbien peu de tẽps il auoit appris à
faire peu de cas de son païs: il aimoit mieux
en perdre la veuë, que supporter celle de celuy qui en auoit opprimé la liberté: il pouuoit bien endurer l'exil, & il ne pouuoit pas
endurer le tyran. Mais interrogez-le, il ne
vous dira pas seulement que son exil fut tolerable, il vous le depeindra doux & volu-
ptueux, il vous monstrera que toutes ses vertus l'auoient suiuy, qu'outre cela mesme il
y auoit acquis l'amitié de la philosophie:
& vous dira d'auantage, qu'il ne pense a-
uoir vescu, que le temps qu'il a esté banny.

Ce n'eſt donc qu'vn amour imaginaire, que celuy que vous regrettez, lequel n'a racine qu'en l'opinion, que peu de choſe peut arracher. Toute terre eſt païs à celuy qui eſt ſage: ou pour le moins (comme diſoit Pompee) il doit eſtimer que ſon païs eſt, où eſt ſa liberté. Toutes ſortes d'hómes luy ſont cócitoyens, il les recognoiſt pour alliez, pour parens, ſortis d'vne meſme tige, qui eſt la main de ce grand pere, qui les a tous creez. Vous voyez meſmes que la bonne fortune en tire quelques-vns par la main dehors de leur païs, pour les faire grands & puiſſans en vne terre eſtrange. Ie vous prie contez-moy des Empereurs qui ont regné à Rome depuis Trajan, cóbien il y en a eu natifs de la ville? Direz-vous que ces gens-là qui ont quitté, qui l'Eſpagne, qui l'Eſclauonie, qui les Gaules, qui l'Afrique, pour venir au plus grand empire du monde ayét regretté, ny deu regretter leur pais? Ouy, mais noſtre condition ne ſera pas ſemblable, nous ſortirons d'vn ſac de ville, nuds cóme d'vn naufrage, & perdrons tous nos biens. C'eſt donc la pauureté que nous craignons: voila parler franchemét. Et qu'eſt-ce à dire craindre la pauureté? C'eſt à dire, perdre tát de beaux meubles que nous auons amaſſez, la commodité d'vne maiſon bien paree, vn lict bien mollet, la viáde bien

appreſtee. Leuōs le maſque à noſtre plainte,
& voila la vraye cauſe de noſtre douleur.
Nous ſommes delicats, voila noſtre maladie,
Vn hōme à qui les bras demeurēt de reſte, ſe
doit-il plaindre de la pauureté? Celuy qui a
vn art, la doit-il craindre? Celuy qui eſt nourry aux lettres & aux ſciences, la doit-il fuir?
L'extreme pauureté, qui n'a pas dequoy ſuffire à la nature, n'arriue quaſi iamais: la nature nous eſt fort equitable, elle nous a formé
d'vne façon, que peu de choſes nous ſont neceſſaires. Si nous voulons viure ſelon ſon deſir, nous trouuerons touſiours ce qu'il nous
faut: ſi nous voulōs viure ſelon celuy du vulgaire, nous ne le trouuerōs iamais. Ceſte autre pauureté, qui eſt pluſtoſt mediocrité &
frugalité, eſt deſirable: tant s'en faut qu'elle
ſoit formidable. C'eſt celle qu'Archeſilas diſoit eſtre ſemblable à l'Itaque, qui eſtoit aſpre & rude, mais qui portoit des hommes genereux & temperans. C'eſt le doüaire de la
vertu, & principalemēt en ce temps, où peu
de riches ont eſté vertueux, & peu de vertueux ont eſté riches: & où, pour dire beaucoup de choſes en vn mot, rien n'a tant empeſché les hōneſtes gens d'auoir des biens &
honneurs, que de les meriter. Que penſez-
vous que celuy-là nous deſpoüillera d'eſtranges ſolicitudes, qui nous deſpoüillera de nos

biens? Il nous rendra vrayment maiſtres
de nos vies, dont les affaires, les procés,
les querelles emportent la meilleure partie. Elle ſera lors toute à nous, quand nous
la pourrons employer à ce que nous voudrons. O faux biens, qui vous cognoiſtroit
bien, vous eſtimeroit de vrais maux! Qui
nous rend eſclaues, ſinon vous? Qui nous fait
endurer les iniures, ſinõ vous? Qui nous oſte
la liberté, ſinon vous? Qui nous attache aux
portes des Princes, nous rend ſerfs de leurs
valets, nous fait obſeruer leurs actiõs, flechir
au clin de leurs yeux, ſinon vous? Richeſſes,
perſonne ne vous peut loüer qui ne blaſme
la liberté. Richeſſes, aucun ne vous peut acquerir ny garder, qui ne renonce au repos de
ſon eſprit: & toutesfois on vous appelle biés.
Ouy, comme inſtrumens vtiles, & quelquesfois neceſſaires aux belles actions: dont l'vſage eſt toutesfois ſi chatoüilleux & ſi difficile,
que peu ſouuét ſe rencõtre-il que vous pro-
fitiez plus que vous ne nuiſez. Or ie veux,
qu'auoir des commoditez en ce monde, ce
ſoit bien: n'en n'auoir point, n'eſt pas mal
pour cela. Car la pauureté & les richeſſes ſõt
bien choſes diuerſes, mais non cõtraires. Ce
ſont diuers biens, diuers inſtrumés de la vertu. Auec l'vn elle opere plus aiſément, mais
auec l'autre plus parfaitement. Mais quelque choſe qu'il en ſoit, la pauureté profite

plus qu'elle ne nuiſt , pour paruenir à ce ſouuerain bien, auquel tout le monde doit aſpi-
rer, qui eſt le repos de l'ame, & la tranquillité
de l'eſprit. Combien en auons nous encor
auiourd'huy, qui pour ceſte meſme occaſion
renoncent à leurs richeſſes, & embraſſent la
pauureté? Combien qui n'eſtiment eſtre libres que du iour qu'ils ſe ſont faits pauures?
Qui ne penſent viure, que du iour qu'ils ſont
morts au monde? Puis que noſtre vie eſt ſi
courte, & qu'il nous faut partir d'icy ſans
rien emporter de ce que nous y auons amaſ-
ſé , noſtre aiſance eſt-elle pas d'y eſtre le
moins chargez & embaraſſez de bagage
que nous pourrons? La vie des pauures eſt
ſemblable à ceux , qui nauigent terre à terre : celle des riches à ceux, qui ſe iettent en
pleine mer. Ceux-cy ne peuuent prendre terre quelque enuie qu'ils en ayent, il
faut attendre le vent & la maree : ceux-là
viennent à bord quand ils veulent, il ne
faut que ietter vn petit cordeau, on ameine
incontinent leur barque au riuage. O pauureté, à combien de choſes tu es propre,
qui te cognoiſtroit bien ne te blaſmeroit
pas! Helas ſi nous voyons auſſi à clair les
ſoupçons, les ialouſies, les craintes, les fra-
yeurs, les deſirs, les cupiditez des grans, que
nous voyons les couuertures de leurs maiſons, & frontiſpices de leurs palais, la lueur

de leurs meubles, la splendeur de leurs veste-
mens, nous n'enuirions pas leur fortune.
Quãd on nous diroit, Voila il faut tout prendre, ou tout laisser, aduisez si vous voulez les
biens de cet hõme-la, auec ses incõmoditez:
nous nous retirerions sans marché faire, &
nous estimeriõs bié-heureux de nostre pauureté. Si elle estoit si mauuaise, qu'on nous la
fait, nous ne loüerions pas si hautement les
Fabrices, les Serrans, les Curies. Car ceste
frugalité, auec laquelle ils reiettoient l'or &
l'argẽt, pour cultiuer la terre: les delices, pour
embrasser le trauail: les friandises, pour se
nourrir de pain & d'oignons; qu'estoit-ce autre chose qu'vne pauureté volontaire? C'est
vn grand cas, quand nous iugeons de la pauureté entre personnes estrãges, elle gaigne sa
cause, elle s'en va loüee & estimee: qu'est-ce
cela sinon declarer que nostre interest particulier nous corrompt, & nous empesche de
iuger droitement lors qu'il y va du nostre?
Certainemẽt entre personnes non passion-
nees elle est loüable; mais entre quelques
personnes que ce soit, elle est supportable.
Or si nous nous pouuons persuader de supporter la pauureté, combien plus aisément
la perte de nos dignitez & honneurs? Dignitez, qui ne sont qu'vne seruitude volontaire, par laquelle nous nous priuons de nous-
mesmes,

mefmes, pour nous donner au public. Honneurs, qui en toutes faifons ont apporté aux
grans hommes qui les ont dignement ma-
niez, l'exil & la pauureté. Repaffez en voftre
memoire l'hiftoire de toute l'antiquité, &
quand vous trouuerez vn Magiftrat qui aura
eu grand credit enuers vn peuple, ou aupres
d'vn Prince & qui fe fera voulu comporter
vertueufement, dites hardiment, Ie gaige
que ceftui-cy a efté bány, que ceftui-cy a efté
tué, que ceftui-cy a efté empoifonné. A A-
thenes, Ariftides, Themiftocle & Phocion, à
Rome infinis, defquels ie laiffe les noms pour
n'emplir le papier, me contentât de Camille,
Scipion, & Ciceron, pour l'antiquité : de
Papinian pour le temps des Emperurs Romains: & de Boëce, fous le Gots. Mais pourquoy le prenons-nous fi haut ? Qui auons-
nous veu de noftre fiecle tenir les Seaux de
Frãce, qui n'ait efté mis en cefte charge, pour
en eftre dejetté auec contumelie? Celuy qui
auroit veu monfieur le Chancelier Oli-
uier, ou monfieur le Chancelier de l'Hof-
pital, partir de la Cour pour fe retirer en leurs
maifons, diroit fans doute incontinent, que
tels honneurs font autât d'efcueils à la vertu.
Imaginez vous ces braues & venerables
vieillars, efquels reluifoit toute forte de vertus, & efquels entre vne infinité de grandes

parties vous n'euſſiez ſceu que choiſir, réplis
d'erudition, côſommez és affaires, amateurs
de leur patrie, & vrayement dignes de telles
charges ſi le ſiecle n'euſt eſté indigne d'eux.
Apres auoir longuemét & fidelement ſeruy
le public, on leur dreſſe des querelles d'Alle-
man, & de faulſes accuſations pour les bánir
des affaires, ou pluſtoſt pour priuer les affaires: comme vn nauire agité de la conduite de
ſi ſages & experts pilotes, à fin de le faire plus
aiſément briſer. En toutes faiſons c'eſt ambition que de deſirer les charges publiques,
& foibleſſe de courage de les regretter: en ceſte-cy c'ſt fureur, en ceſte-cy, dy-ie, où l'authorité du magiſtrat ſert humblement, voire
honteuſement aux paſſions de ceux qui ont
la force en la main : en vn temps où la liberté eſt capitale, & la verité crimineuſe : en vn
temps où la miſere publique implore voſtre
aide, & la violence des mechans vous ferme
la bouche. Ce n'eſtoit pas vn conſeil que
Caton donnoit à ſon fils, mais c'eſtoit vn oracle qu'il prononçoit aux hommes de noſtre
temps, quand il luy diſſuadoit de ne ſe point
meſler du gouuernement : Pource (diſoit-il)
que la licence du temps ne te peut permettre
de rien faire digne du nom de Caton, ny le
nom de Catõ de riẽ faire indigne de ſa gene-
roſité. l'accuſe quant à moy, ceux qui ont en-

ēorès des charges publiques . Et croy que s'il
y a rien en quoy la fortune qui nous menace,
nous puiſſe eſtre fauorable,c'eſt à deſcharger
les gés de bien de ce fardeau,qui les gréue il y
a fort long téps.Tant y a que quicõque voudra conter ſes honneurs entre ſes pertes meſmes,celles qui ſont à lamenter, & qu'on peut
mettre en auant,pour eſtre iuſte cauſe d'vne
triſteſſe, ſemblable à celle qui no' tourméte,
ie le iuge pour delicat:& le cenſure dés à preſent comme indigne de la dignité qu'il craint
de perdre.Mais me dira-on,que reſpondrez-
vous à la perte de nos amis,de nos parens, do
nos enfans,qui nous eſt menacee par tels accidens,que ceux que nous craignons?Ie vous
reſpondray que quand cela ſeroit arriué , &
que la ruine de noſtre ville les auroit acca-
blez,nous aurions dequoy nous conſoler:car
la mort leur ſeroit treſ-heureuſe. Nous ne
nous faſchons pas, à mon aduis , de ce qu'ils
ſont naiz mortels , & qu'il faut partant vn
iour qu'ils meurent : mais ſeulement de ce
qu'ils meurent en ce temps-cy. Nous n'i-
gnorons pas, que puis qu'ils ſont naiz hommes , il faut qu'ils ſoient ſeparez de nous ,
qu'ils aillent deuant ou qu'ils nous ſuiuent.
Et ce auſſi bien en la paix comme en la
guerre , auſſi-toſt par maladie que par
glaiue. De quelque façon que ce ſoit , ils

C ij

ne peuuent eschaper le coup de la mort, mais
ou pluſtoſt ou plus tard, vn peu deuant ou
vn peu apres : c'eſt dequoy nous ſommes
tant en peine. En quelle ſaiſon la mort leur
pourroit-elle arriuer plus à propos, que quãd
la vie eſt ennuyeuſe? S'ils auoient à la ſouhai-
ter, ou nous pour eux, quel autre temps pour-
roient-ils choiſir plus propre? A quelle heure
le port eſt-il plus deſirable, que quand on eſt
fort battu de la tempeſte? Le vray vſage de
la mort, c'eſt de mettre fin à nos miſeres. Si
Dieu euſt faiſt noſtre vie plus heureuſe, il
l'euſt faiſte plus longue. Il ne faut donc pas
plaindre leur mort pour leur intereſt, pour le
noſtre il ſeroit mal ſeant. Car c'eſt vne eſpece d'iniure, d'auoir regret au repos de ceux
qui nous aiment, pource que nous en ſommes incommodez. Particulierement, pour
ce qui concerne la perte de nos amis, il nous
demeure touſiours vn remede, que la Fortune, pour ſi rude & cruelle qu'elle ſoit, ne nous
peut arracher. Car ſi nous les ſuruiuons, nous
auons moyen d'en faire d'autres. Comme
l'amitié eſt vn des plus grands biens de la
vie, auſſi eſt-il des plus aiſez à acquerir. Dieu
faiſt les hommes, & les hommes font les a-
mis: à qui la vertu ne manque point, les amis
ne manqueront iamais. C'eſt l'inſtrument,
auec lequel on les faiſt, & auec lequel quand

on a perdu les anciens, on en refaict de nouueaux. Si Phidias eust perdu quelqu'vne de
ses tant estimees statues, quel moyen eust-il
eu de reparer ceste perte? c'eust esté d'en re-
faire vne semblable.   La fortune nous a elle
osté nos amis? faisōs-en de nouueaux: par ce
moyen nous ne les aurons pas perdus, mais
multipliez. Ceux-là nous iront attendre de-
uānt au seiour preparé pour les belles & pures ames, & les derniers nous rendrōt le chemin qui nous reste plus doux par leur compagnie. Peut-estre (me direz-vous) pourrōs
nous prendre patience és aduersitez que
vous nous auez cottees. Car pour dire vray
cela ne frape que sur la robe , & ne touche
que ce qui est à l'entour de nous, les biens, les
honneurs, les amis, les enfans. Mais si le mal
vient plus auant , & qu'il penetre iusques à
nostre propre personne , comment ferons-
nous pour ne le pas sentir, ou le sentant pour
ne nous en pas affliger? Car vous pouuez preuoir, que si la fureur de nos seditieux citoyés
se tourne vne fois sur nous , qui leur sommes
desia suspects, qu'ils nous ietteront dans des
prisons, nous metteront aux tourmens, & se-
uiront contre nous, comme ils ont fait contre tant d'autres, desquels nous n'auons esté
distinguez, que par nostre meilleure fortune
Ou bien, cóme nous en sommes à la veille, si

la ville est prise ou surprise,& passe par vn sac
& pillage, nous tomberons entre les mains
des barbares & inhumains soldats, peut e-
stre mesmes estrangers de nation, qui apres
nous auoir battus & tourmentez, nous tien-
dront en vne miserable captiuité : où nous
demeurerons, parauanture, malades & lan-
guissans sans secours, peut estre adioutera-
on les tourmés aux maladies. Et en fin, nous
verrons-nous mourir en ceste misere : pour
le comble de laquelle nous aurons autour
de nous de pauures petits enfans, destituez
de toute conduite, à la compassion desquels
nous ne pourrons apporter autre chose que
les souspirs. Qui sera l'esprit si affermy,
qui pourra supporter telles atteintes? Et qui
se trouuât en telles angoisses sans remede, ne
maudisse cent fois le iour de sa vie, ne dete-
ste l'heure de sa natiuité, & ne souhaite a-
uoir esté auorté plustost qu'enfanté ? De ce
qui nous peut arriuer, voila ce qui en est le
plus dur & plus fascheux, ie le confesse: mais
qu'il soit insupportable, ie le nie, & soustiens
que la vertu peut soustenir brauement cest
assaut, demeurer victorieuse , & conseruer
sous son bouclier nostre esprit sain & entier,
plein de repos & de contentement. Mais si
nous auons à entrer en ce combat , ne donnons point plus d'auantage à nostre ennemy

qu'il en a, ne le faiſons point plus grand qu'il
eſt, ne le laiſſôs point venir en troupe à nous,
contraignons-le de venir vn à vn à la bre-
che. Ce qui ſe preſente le premier pour nous
faire peur, ce ſont de grandes & faſcheuſes
maladies. Pourquoy pluſtoſt auiourd'huy,
que non pas il y a vingt ans ? Penſons-nous
que les maladies ſoient plus frequentes, ou
plus faſcheuſes en la pauureté qu'en l'abon-
dâce, en la frugalité qu'és delices ? Bon Dieu
que nous ſommes aueugles ! auons nous iamais trouué par les villages des gouttes, des
coliques, des pierres, des migraignes? Quant
à moy ie confeſſe que ie n'y en vey iamais, &
ſi i'y ay pris garde. Toutes ces ſortes de maux-
là, qui ſont maladies aigues & douloureuſes
ne ſont que dans les villes, & encore dans les
palais des grands : c'eſt le ſalaire des feſtins,
des banquets, des jeux, des veilles, des
nuicts paſſées entre les plaiſirs & les voluptez. Tellement que les miſeres que nous-
endurons, entre autres commoditez qu'elles nous apportent, elles nous oſtent la cauſe de ces grans maux-là, & les deracinent,
retranchant les fibres & rameaux des plaiſirs
qui les nouriſſoient & entretenoient. Or
quand bien elles nous deuroient arriuer, où
pourroient-elles eſtre mieux guaries que

chez la pauureté?Que penſez-vous que con-
tiennét tous les liures de Galien & d'Hippo-
crates plus ſalutaire à toutes , ou pour le
moins à la plus part des maladies , que la ſobrieté ? Tous ces autres remedes que la medecine a inuétez auec tát d'art &d'induſtrie:
ne ſont quaſi que pour les delicats,quiveulét
guarir auec volupté,&ſás rié rabatre de leurs
plaiſirs,aimans mieux pour medecin,l'artifice que la nature. Mais encore ieveux bié que
les remedes nous máquent,pour cela le courage nousdoit-il máquer?pour cela voudrós-
nous laiſſer dóter à la douleur,&ſous-mettre
ce qui eſtſouuerain en nous,à cette puiſſance
eſtrangere ? Ce ſeroit vne trop gráde laſcheté,veu le moyen que la raiſon & le diſcours
nous donnent pour y reſiſter. Ou les maladies qui nous peuuent ſuruenir , nous apportent vne violente douleur , ou bien vne
douleur moderee;ſi elle eſt moderee,elle eſt
aiſee à ſupporter : nous qui auons faict ja
couſtume d'endurer , ne nous deuons pas
plaindre des petits maux,&puis que no⁹ craignons & attendons les plus grans, nous deuons remercier noſtre deſtin de nous quitter
à ſi bon marché,& nous rédre moins miſerables que nous ne penſions.Bref, qui pourra
ouïr la voix de celuy quiſe plaint de peu de
choſe,principalement en vne ſaiſon où perſonne n'eſt exépt de mal?ſi le mal eſt violét,il

fera court:la nature ne permet pas que les
grans maux foient durables, & leur a donné
cefte confolation, que la foudaineté en ofte
quafi le fentiment. Cela va comme vn torrent,en vn moment vous le voyez à fec , &
ne fçauez qu'il eft deuenu.   Le mal fi court
ne vous donne pas loifir de vous plaindre , il
eft paffé auãt que vous l'ayez quafi recogneu;
fi vous l'efchapez, il vous laiffe côme vn plaifir d'en eftre hors ; s'il vous emporte, il vous
ofte auffi le fentiment de la douleur. Mais
quoy que ce foit, le mal n'en peut iamais e-
ftre fi grand, que la raifon & le difcours ne le
doiuent furmonter.   Ie vous rapporterois
les exemples des anciens fi frequents que
rien plus, non pas d'hommes , mais des femmes mefmes, qui ont fouftenu de longues
& douloureufes maladies auec tant de conftance, que la douleur leur a pluftoft emporté la vie,que le courage. Mais où les irois-ie
chercher fi loin pour vous, qui en auez vn
domeftique plus fignalé qu'aucun de l'antiquité ? ie dy celuy de voftre bonne & chere
fœur,qui en cefte enragee colique de fix mois
qui en fin l'a emportee , a monftré vn efprit
fi entier , vn courage fi inuincible, que fes
propos,qui ne luy ont point failly iufques à
la fin, n'ont efté que confolations à ceux qui
la voyoient,& loüanges & actions de graces
à Dieu, de la main duquel elle receuoit fi

contente le mal & le recõfort. Or paſſons le-
gerement ſur ceſte cicatrice, car ié craindrois
au lieu de ſouder vne nouuelle playe , renta-
mer ceſte-là qui vous a ſi viuemét & profon-
demét atteint. Quant aux tourmés que nous
pouuõs craindre de ceux, entre les mains deſquels nous pourrions tomber , il ne faut pas
douter que ſi nous pouuõs prendre la reſolu-
tiõ, à laquelle & les raiſons & les exéples que
ie vous ay repreſentez cy deſſus, nous inuitét,
que nous n'en venions aiſémentà bout. Car
ils ne ſont pas plus difficiles à ſupporter , que
les grádes & faſcheuſes maladies: au contraire il ſemble qu'ayans le corps & la ſanté entiere pour y reſiſter, que la nature nous ſecõ-
de en ce cõbat, & nous preſte des forces pour
noũs y rédre victorieux. Il n'eſt pas croyable,
combien en ceſt endroit peuuent le diſcours
& la raiſon, non ſeulemét à nous rendre conſtans, mais meſmes à nous faire trouuer douce & plaiſante la douleur. Ce ſeroit choſe
immenſe de vous citer les exemples de ceux
qui nõ ſeulemét ont courageuſemét attédu
le tourmét: mais perſuadez par la raiſon l'ont
eſté chercher, & l'ont ſupporté auec quelque
plaiſir. Vous ſçauez cõme en Lacedemone
les ieunes enfans s'entrefoüettoient viue-
ment, ſans que l'on apperceuſt en leur viſage
aucune marque ne reſſentiment de douleur.
Quoy donc, eſtoient-ils inſenſibles? non cer-

tainement, mais en ce tendre âge là ils s'e-
ftoient tellement imprimez en l'efprit, que
c'eftoit vne grãde gloire, que de s'accouftumer à endurer pour feruir au païs, qu'ils fur-
montoiét aifémét la douleur par le courage,
& rioient de ce que les autres ont accouftu-
mé plorer. Ne fçauriõs-nous faire pour l'hõneur de la vertu ce que ceux-là faifoiét pour
leur païs: pour le repos de noftre efprit, ce
qu'ils faifoient pour le bien de leur republique? Le page d'Alexãdre fe laiffa brufler par
vn charbon, fans faire frime aucune ne contenance de fe plaindre, de peur de faire en la
prefence de fon maiftre quelque chofe d'in-
decét, & qui troublaft la ceremonie du facrifice: Et nous à la prefence des hõmes, des anges, de la nature, & de Dieu mefme, n'endu-
rerõs-nous point quelque chofe, qui mõftre
que nous nous fçauons accõmoder aux loix
de l'vniuers, & à la volonté du fouuerain? Põpee eftant allé en ambaffade pour le peuple
Romain, fut furpris par le Roy Gétius, qui le
voulut cõtraindre de deceler les affaires publiques: mais pour luy mõftrer qu'il n'y auoit
tourment au monde qui le luy peuft faire dire, il mit luy-mefme fon doigt au feu, & le laiffa brufler iufques à ce que Gentius mefme
l'en retira. Il cherchoit le tourment, pour
faire paroiftre ce que pouuoit fa fidelité: &
nous fi le tourment nous arriue, voulons

nous trahir noſtre ame, & oublier ce que noͤ
deuõs d'hõneur à ce qui eſt de diuin en nous
Voulons-nous(dy-ie)lors abbaiſſer noſtre eſprit,&l'aſſeruir à noſtre corps,pour ſe cõdou-
loir auec luy & cõpatir à ſes maux? Bien plus
genereux eſtoit ce braue Anaxarque, qui demy briſé dãs les mortiers du tyran, ne voulut
iamais confeſſer que ſon eſprit fuſt touché du
tourment.   Pilez, broyez tout voſtre ſaoul
(diſoit-il)le ſac d'Anaxarque:car quant à luy
vous ne le ſçauriez bleſſer. De là, de là venoit
ceſte belle reſolution,de là,comme d'vne viue ſource, decouloit ceſte conſtance , qu'il
auoit appris à meſpriſer le corps comme choſe qui n'eſt point à nous, ny en noſtre puiſsã-
ce:& à en vſer comme d'vne robe enpruntee
pour faire paroiſtre pour vn temps noſtre eſprit ſur ce bas & tumultuaire theatre. Or celuy-là ſeroit il pas trop delicat qui criroit &
huiroit pour ce que lon luy auroit gaſté ſa robe, que quelque eſpine la luy auroit accro-
chee,ou quelqu'vn en paſſant la luy auroit
deſchiree? quelque vil fripier, qui voudroit
faire ſon profit de telle denree s'en plain-
droit; vn Prince, vn grand, vn riche bourgeois s'en riroit,&n'en feroit conte,compa-
rant ceſte perte au reſte des grans biens qu'il
a.Faiſons cas de noſtre ame comme nous deuons,ſoyons curieux de ſon honneur & de
ſon repos , & nous ne ferons aucun cas

de tout ce que noftre corps peut endurer icy
bas. Ouy, mais le mal fera fi grand que nous
y perdrons la vie, & verrons trancher le fil de
nos ans par le fin beau mitan. Qui eft-ce
qui fe peut garantir d'apprehender ce coup,
duquel la nature mefme a horreur ? Car
la mort encore qu'elle vienne à fon terme, fi
eft elle efpouuantable : combien plus le fe-
ra-elle , quand elle s'auancera , & nous
cueillera en verd au fort de noftre ieuneffe?
Nous nous trompons , la mort n'a rien de
foy d'effroyable, non plus que la naiffance: la
nature n'a rien d'eftrange, ny de redoutable.
La mort eft tous les iours parmy nous, & ne
nous fait point de peur : nous mourons
tous les iours, & chaque heure de noftre vie
qui eft paffee eft morte pour nous. La derniere goutte qui fort de la bouteille , n'eft pas
celle qui la vuide, mais qui acheue de la vui-
der: & le dernier moment de noftre vie n'eft
pas celuy qui fait la mort, mais feulement qui
l'acheue. La principale partie de la mort cô-
fifte en ce que nous auons vefcu. Plus nous
defirons viure , plus nous defirôs que la mort
gaigne fur nous. Mais d'où nous viét ce defir?
de l'opiniô du vulgaire, qui veut tout mefurer à l'aune, & n'eftime rié de precieux que ce
qui eft grand : où au contraire les chofes ex-
quifes & excellentes font ordinairemét fub-

tiles & delices. C'eſt vn traict de grand maî-
ſtre, d'enclorre beaucoup en peu d'eſpace : &
peut-on dire , qu'il eſt quaſi fatal aux hommes illuſtres de ne pas viure long temps : La
grande vertu , & la grande vie ne ſe rencontrent gueres enſemble : La vie ſe meſure par la fin, pourueu qu'elle en ſoit belle,
tout le reſte a ſa proportion : la quantité ne
ſert de rié, pour la rendre ou plus , ou moins
heureuſe ; non plus que la grandeur ne rend
pas le grand cercle plus rond que le petit, la
figure y fait tout. Encore (direz-vous) ſou-
haiteroit-on volontiers de mourir en paix
dans ſon lict entre les ſiens, conſolé d'eux en
les conſolant. Cela eſt miſerable d'eſtre
tué en quelque coin, & demeurer ſans ſepul-
ture. Tant de gens qui vont à la guerre , &
prennent la poſte pour ſe trouuer à vne bataille, ne ſont pas de ceſt aduis. Ils vont mourir tout en vie , & s'enſeuelir parmi leurs ennemis. Les petis enfans craignét les hómes
maſquez: deſcouuréz leur le viſage, ils n'en
ont plus de peur. Auſsi, croyez-moy, le feu,
le fér, la flamme nous eſtonnent en la façon
que nous nous les imaginons : leuons leur
maſque, la mort dont ils nous menacét, n'eſt
que la meſme mort , dont meurent les femmes & les petits enfans. Mais ie laiſſeray (me
direz-vous) de petits orfelins , ſans condui-

te, & fans fupport ; comme fi ces enfans-là
eftoient plus à vous qu'à Dieu:comme fi vous
les aimiez dauantage que luy , qui en eft le
premier & plus vray pere:ou comme fi vous
auiez plus de moyé de les conferuer que luy.
Non,non,ils aurót le pere cómun de tout le
móde,qui veillera fur eux,& qui les cóferue-
ra fous l'aile de fa faueur , cóme il fait toutes
fes creatures , depuis les plus grandes iufques
aux plus petites. Les maux dóc ne fót iamais
fi grãs que noftre ambicieufe opinió nous les
propofe:elle nous dóne l'efpouuante par fes
artifices.Mais bien nous perd elle,& corrópt
elle tout à fait,quãd elle nous veut perfuader
qu'en telles occafions il nous faut chémer &
ennuyer.Vrayement quãd la trifteffe qu'elle
nous apporte, n'auroit rien de pire que la de-
formité dót elle eft accópagnee,fi la deuriós-
nous fuïr à voiles & à rames. Obferuez-la fi
toft qu'elle entre chez nous , elle nous remplit d'vne hóte,que nous auons de nous mó-
ftrer en public, voire mefmes en particulier à
nos amis. Depuis que nous fommes vne fois
faifis de cefte paffion, nous ne cherchós que
quelque coin pour nous accroupir, & fuir la
veuë dès hommes. Nous ne voulons plus de
tefmoins de nos actiós, la veüe de nos amis
nous eft à charge. Qu'eft-ce à dire cela,finon
qu'elle fe condãne foy-mefme,&recognoift

combiē elle eſt indecente:ne diriez-vous pas
que c'eſt quelque femme ſurpriſe en deſbau-
che qui ſe cache,& ſe muſſe & a hōte d'eſtre
recognuë?Ou le Chereade Terēce,qui s'eſtāt
habillé en Eunuque,pour faire vne fripōne-
rie,ſe trouue ſurpris au milieu de la ruë,ou en
vne maiſon eſtrāge?C'eſt biē habiller les hōmes en eunuques,voire les chaſtrer du tout,
que de les laiſſer tomber en ceſte triſteſſe-la
qui leur oſte tout ce qu'ils ont de maſle & genereux,& nous dōne toutes les contenāces
& toutes les infirmitez des fēmes. Auſſi les
Thraces habilloient-ils en fēmes les hōmes
qui eſtoiēt en dueil,fuſt pour leur faire hōte
d'eux meſmes à eux-meſmes,ou pour leur
dōner occaſiō de ceſſer biē toſt de ſi mauuaiſes & effeminees contenāces. Mais qu'eſtoit
il beſoin de ces habits-là pour cela? Car il me
ſemble que leurs viſages & toutes leurs actiōs
leurs eſtoiēt vn ſuffiſant aduertiſſemēt qu'ils
n'eſtoiēt plus hommes,C'eſtoit à mon aduis
vn reproche public que les loix leur faiſoiēt
de leur puſillanimité,vne ſemonce de reuenir à eux-meſmes,& reueſtir leur courage
viril. Les loix Romaines,qui ont eſté plus genereuſes,n'ont pas cherché des remedes par
la hōte cōtre ces effeminees lamētatiōs:car
elles les ont defendu tout à fait par leurs premieres & plus pures ordonnāces. Elles n'ont
pas

penſé que la mort ny de pere, ny de mere, ny
d'enfans, ny de parent, ny d'amy, deuſt eſtre
cauſe de nous denaturer, & faire choſe contraire à la virilité. Bien ont elles permis les
premieres larmes qu'eſpreint vne fraiſche
& recente douleur. Ces larmes, dy-ie, qui
peuuent meſmes tomber des yeux des philoſophes, & qui gardent auec l'humanité la dignité, qui peuuent choir de nos yeux ſans
que la vertu choye de noſtre cœur. C'eſtoiét
ie penſe de celles-là qui couloient ſur les
joües de la belle Panthea, quand Araſpes en
deuint amoureux, pour l'auoir veu plorer
fort tendrement & pitoyablement à ſon gré
la mort de ſon mary. Car les premieres pointes de la douleur eleuent en nous des paſſiós
ſi viues & ſi naifues, qu'elles paſſent aiſémét
en l'eſprit de ceux qui nous voyent, & les enflamment de la meſme ardeur. Mais ceſte
triſteſſe enuieillie, qui a penetré iuſques à la
moüelle de nos os, fane noſtre viſage, &
fleſtrit noſtre ame tout enſemble, de telle
façon que rien n'eſt plus agreable en nous.
Et ſi la nature a fait naiſtre quelque choſe
d'aimable en noſtre corps, ou en noſtre
eſprit, il ſe fond en ceſte amere paſſion, comme la beauté d'vne perle ſe diſſout dans le
vinaigre. C'eſt pitié lors que de nous voir:
nous nous en allons la teſte baiſſee, les yeux

D

fichez en terre, la bouche fans parole, les
membres fans mouuemens, les yeux ne nous
feruent que pour pleurer, & diriez que nous
ne fommes rien que des ftatuës fuantes. Ce
n'eft pas fans caufe que les Poëtes nous ont
laiffé par memoire, que Niobé auoit efté cõ-
uertie en vne image de pierre à force de
pleurer. Ils n'ont pas feulement voulu par là,
comme vn ancien a penfé, nous reprefenter
le filence qu'elle auoit gardé en fon dueil,
mais auffi nous apprendre qu'elle auoit perdu tout fentimét pour s'eftre abandonnee à
la trifteffe. Nous la deuriõs donc fuir, quand
ce ne feroit que pour eftre fi indecente &
deshonnefte : mais elle eft auec cela eftrangement dommageable, & en cela d'autant
plus dangereufe, qu'elle nuit fous couleur de
profiter. Elle fait femblant d'accourir pour
nous fecourir, & au contraire elle nous offenfe : elle fait contenance de tirer le fer de
la playe, & elle l'enfonce iufques au cœur: elle nous promet la medecine, & nous donne
le poifon. Ses coups font d'autant plus difficiles à parer, & fes entreprifes à rompre, que
c'eft vn ennemy domeftique, nourry & eleué chez nous, & que nous auons nous-mefmes engendré pour noftre peine. A mon aduis que c'eftoit d'elle de qui parloit le comi-
que Grec, quand il s'efcrioit contre les hom-

mes: O pauures gens, combié endurez-vous
de maux volontaires, outre les neceſſaires
que la nature vous enuoye! Car de qui nous
pouuons-nous plaindre, que de nous, quand
apres le ſentiment des maux paſſez nous en
retenons encor la faſcherie, & nous opinia-
ſtrons à les remaſcher & ramener continuellement en noſtre memoire, ou que par la
crainte de l'aduenir nous languiſſons decou-
ragez? N'eſt-ce pas de nous que nous vient
ce mal-là, duquel nous ne nous deuós pas eſ-
bahir s'il eſt ſi durable, veu qu'il eſt cóme les
fleuues qui ſortent de la mer & y retournét,
& qui pour tirer leur ſource du meſme lieu
où ils ſe deſchargét, ne tariſſent iamais? Pau-
uresſots! pourquoy arrousós-nous ſi ſoigneu-
ſement ceſte plante, dont les fruicts ſont ſi
amers? trouuons-nous quelque gouſt à ces
plaintes, ces ennuis, ces regrets, ces ſouſpirs,
dont elle enfielle noſtre vie, & empoiſonne
toutes nos actions? Car tant qu'elle habite
chez nous, que faiſons-nous digne du nom
d'homme? A quelle heure penſons-nous
à ſeruir la patrie, à faire l'office d'vn bon citoyen, à nous oppoſer aux factions des meſchans, à defendre les loix des aſſauts de
l'ambition & de l'auarice, à ſecourir nos
amis de l'oppreſſion des meſchans? Quelle relaſche nous donne ceſte importune

paſſion, pour leuer les yeux au ciel, & auec
vn eſprit pur remercier ce grãd & ſouuerain
Empereur, qui nous à colloquez icy bas, &
nous a fait tant de graces & de faueurs, que
quand nous n'aurions autre choſe à faire
qu'à luy en rendre graces, ſi n'aurions nous
pas en toute noſtre vie du temps à demy?
Certainement on ne la ſçauroit excuſer, elle eſt ou fort indiſcrette, ou fort maligne: car
ou ſa fin eſt mauuaiſe, ou elle erre & s'eſgare
de ſa fin. Si ſon but eſt d'augmenter noſtre
mal, & que plus elle empiete ſur nous, plus elle rende noſtre vie faſcheuſe & ennuyeuſe,
que ne la repouſsõs-nous à l'abordee, que ne
luy fermons nous la porte au nez, ou pour le
moins que ne la chaſsõs no⁹ par les eſpaules
ſi toſt que no⁹ cognoiſſons ſes deſſeins? Nous
ſommes bié traiſtres à noſtre propre repos, ſi
cognoiſſans ſes ennemis, ſi ſçachans qui ſont
ceux qui le ruinét, nous les receuõs, nous les
ſupportons, nous les choyõs? Si ſon but eſt de
ſoulager noſtre douleur, la diminuer & deſ-
trãper en nos larmes, pourquoy nous ſeruõs-
nous ſi long temps d'vne ſi mauuaiſe & temeraire officiere, qui fait tout le contraire de ce
qu'elle veut? Qui l'a iamais veu paruenir à ce
but-là? en quel eſprit eſt-elle iamais entree
qu'elle ait cõſolé? Au cõtraire ſi elle l'a trouué tremblant, ne l'a elle pas terracé? ſi cheát,

accablé?Il n'en sort pas vn d'entre ses mains,
que gasté, froissé & brisé. Quand elle y a passé,il n'y demeure plus de force ny de resistan-
ce, & deuient comme vn lieu bas & creux,
qui n'est pas seulement saly des ordures qui
y croissent,mais de tous costez les esgouts s'y
deschargent,& l'eau pure s'y corrompt. Car
l'homme saisi de tristesse, s'offense de ses
maux,& de ceux d'autruy,des publics & des
particuliers: les bonnes fortunes mesmes
qui luy arriuent,luy desplaisent,tout s'aigrit
en son esprit, comme les viandes font en vn
estomac desbauché. Mais outre tout cela,ie
dy que la tristesse venant pour le sujet, pour
lequel elle vous arriue, est fort iniuste,& i'o-
serois quasi dire,impie. Car qu'est-elle autre
chose qu'vne plainte temeraire & outrageu-
se contre la nature, & la loy commune du
monde? La premiere voix que prononce la
nature, c'est que toutes choses qui sont sous
le ciel de la Lune, sont perissables : & que
comme elles ont eu commencement, aussi
auront elles fin. Vous en voulez comme par
priuilege exempter vostre ville, & la rendre
immortelle. Les villes, les estats,les royaumes sont de la mesme condition que les autres parties du monde:voire l'estre en est plus
incertain &plus infirme.Car la plus-part des
autres ont leur forme, qui vnit leurs mem-

bres auec vn seul nœud si fort & si estroit, que difficilement les peut-on separer. Mais les villes & les estats sont composez d'infinies choses toutes differentes, qui ne sont alliees & assemblees que par les volontez des hommes, poussees à vne communion & societé par quelque celeste inclination. Et ces volontez-là estant aisees à esbranler, la ruine des villes est tousiours prompte & quasi presente. Car des mouuemens de ces volontez-là viennent les guerres, & les seditions, qui les conduisent à leur fin. Mais quãd il ne leur arriueroit aucunes maladies, c'est à dire, inconueniens de violence, dont elles perissent le plus souuent, si faudroit-il qu'elles definassent de vieillesse, par la loy commune du monde, pource qu'elles ont leur ieunesse, leur virilité, leur vieillesse, comme les hommes : & bien que tous leurs autres âges eussent esté fermes & sains, si faudroit-il en fin que la vieillesse les consõmast. Or si nous auõs preueu cela, pourquoy nous en tourmentons-nous ? Si nous ne l'auons point preueu, dequoy nous plaignons-nous, sinon de nostre imprudence ? La condition de la nature est bien dure & bien miserable, si de toutes les choses que nous ignorons, il faut quand elles arriuent, qu'elle en endure le reproche & les iniures. Tient-il à elle que

nous ne le sçachions? nous l'a-elle celé? y a-il
coin au monde, où elle ne l'ait escrit? C'est
vn grand cas que nous sommes plus iustes à
l'endroit de tous les autres, que de la nature,
qui nous est neantmoins plus gracieuse &
& plus fauorable que tous les autres. Si nous
tenions vne maison à loüage, & qu'il print
fantasie au proprietaire de l'abatre, pource
qu'elle fust vieille, & qu'il la falluft rebaftir,
ou qu'il la vouluft appliquer à sõ vsage, nous
vuideriõs de gré à gré, & en chercheriõs vne
autre sans nous tourmenter ny quereller.
Pourquoy? c'est la loy commune, qui luy permet d'vser ainsi de ce qui est sié. Sçauez-vous
qui sont ceux qui se chagrinét quand il faut
desloger, qui se plaignent & se tourmentent?
ce sont les enfans de ceux qui ont des baux à
longues annees. Car pource qu'ils en ont
tousiours veu iouyr leurs peres, & qu'ils ne
se sont iamais mis en peine de regarder les
tiltres de leur maison, ils ont fait estat que le
fonds leur en appartenoit, & se sont nourris
en ceste opinion: ils ont passé leur ieunesse sans apprédre mestier, sans s'accouftumer
au trauail: comme ils sont deuenus grands, le
bail est expiré, il se faut pouruoir ailleurs : ce
coup non preueu les estonne, ils pleurent, ils
se lamentent, & au lieu de remercier le proprietaire de ce qu'il les a long temps laissé

D iiij

iouïr à si grand marché, ils mesdisent de luy.
Mais nous sommes encores bien plus impru-
dés & plus iniustes enuers la nature, que ceux
là ne sont enuers leurs seigneurs. Car ceux-là
ont peut-estre leur bail à tiltre onereux, ils
ont possible financé au commencement
pour y entrer : nous ne sommes icy que pre-
cairement, tout ce que nous auons, nous le
tenons en bien-faict & à temps.　A ceux-là
encor on a attendu à les aduertir iusques à ce
que le bail fust expiré : à nous la nature denonce tous les iours la conditió, sous laquelle nous sommes icy. Ie vous prie dites-moy,
quand nous venós au monde, y entrós-nous,
ou si nous y sommes introduits? y venós nous
pour y commander, ou pour y seruir, pour y
donner la loy, ou pour la receuoir ?　Ie croy
que sans mot dire, vous me respondez que
nous y venons pour obeïr, & suiure ce que
nous y trouuós desja establi. Il faut que nous
nous accommodions aux saisons, aux iours,
aux nuicts, à la temperature des regions, bref
à tout ce qui arriue au gouuernemét du móde.　Or ceste loy-là est douce, benigne, gracieuse: tout y est, si nous le sçauós bien considerer, en nostre faueur. Et neátmoins s'il s'y
trouuoit quelque chose de dur, le vray moyé
d'adoucir la seruitude necessaire, c'est d'o-
beïr volontairement.　Ne deuons-nous pas

eſtimer que quand nous entrons au monde, nous contractons auec la Nature, & nous
obligeons de garder les loix qu'elle a donné
& publié depuis tāt de ſiecles, aux villes, aux
republiques, aux royaumes? Comme elle eſt
ſage, prouidente & deſireuſe de conſeruer la
beauté de ſon ouurage, elle a donné à chaque choſe la plus longue duree qu'elle a peu:
mais le vice & imperfection de la matiere,
dont les choſes ſont creées, a faict premierement que des terreſtres, il n'y en peut auoir
aucune immortelle : & que des mortelles
meſmes beaucoup ne durēt pas tant que leur
nature deſire, le vice de la matiere preuenāt
la grace de la nature. Le remede qu'elle a
recherché à cet inconuenient, c'eſt vne duree par ſucceſſion qu'elle a donné aux choſes, faiſant qu'en perdant vne forme elles en
reçoiuent vne autre, & que rien ne deperit
du tout, mais ſeulement ſe tranſmüe: la terre
demeurāt cõme de l'argille entre ſes mains,
touſiours molle, laquelle elle repetriſt & re-
moulle diuerſement, luy donnant vne nouuelle face par vne fraiſche figure couurant
la vieille : & par ce moyen imitāt çà bas l'immortalité, qu'elle n'y a peu entierement apporter. De là vient que les villes, les royaumes, les empires ſe changēt ainſi, & naiſſent
de la ruine les vns des autres : le jeu chan-

geant touſiours, & ne demeurant rien ferme
ne ſtable que le theatre. Qu'y a-il plus equitable, puis qu'elle eſt mere cõmune de tous
les hommes, qu'elle ait voulu gratifier toutes les parties de la terre par vn tour de grandeur & magnificence qu'elle fait paſſer de
lieu en lieu? Ce tour en fin eſt venu iuſques à
nous: & auons veu en nos iours noſtre païs ſi
comblé de biẽs, de richeſſe, de gloire, de delices, qu'il ne ſe pouuoit dire plus. Nous ſommes maintenant ſur le retour, noſtre bonne
fortune eſt ſortie de chez nous, comme d'v-
ne maiſõ creuacee de tous coſtez, nous ſommes demeurez attendans la cheute: les vns
crient, les autres regardent, les autres ſ'en-
fuyent, qu'y a-il tant à ſ'eſtonner? vn vieil
homme meurt, vne vieille maiſon tombe,
que faut-il tant crier? Qu'y a-il en cela que
ce que vous voyez tous les iours & par tout?
Les fruicts fleuriſſent, ſe noüẽt, ſe nourriſſẽt,
ſe meuriſſent, ſe pourriſſent: les herbes poin-
dent, ſ'eſtendent, ſe fanent: les arbres croiſ-
ſent, ſ'entretiennent, ſe ſeichent: les animaux naiſſent, viuent, meurent: le temps
meſme qui enuelope tout le monde, eſt enuelopé par ſa ruine, & ſe perd en ſe coulant:
il roule doucement les ſaiſons les vnes ſur les
autres, & toutes celles qui ſe paſſent ſe perdent.   De toutes ces choſes muables, que

voulez-vous faire de conſtant? de toutes ces
choſes mortelles, que voulez-vo⁹ faire d'immortel? Me voulez-vous bien eſtonner, faites moy voir quelque choſe de permanét icy
bas. Mais ie vous fay tort de vous entretenir
de raiſons ſi groſſieres, vous autres, dõt le laborieux eſtude eſt comme le miroir de la
nature, &qui vous pouuez repreſenter en vn
inſtant, & tirer du threſor de voſtre memoire la face du mõde, telle qu'elle a eſté depuis
ſa creation. Repaſſez, ie vous prie, par deſſus,
& conſiderez que ſont deuenuës toutes ces
grandes & admirables villes, baſties auec
tãt d'annees, embellies auec tãt de trauaux,
enrichies auec tant de ſueurs. Elles ont eu
chacune pluſieurs ſiecles entiers, qui n'ont
eſté employez qu'à deſpoüiller le reſte du
mõde, pour les reueſtir & parer. L'Aſie vous
repreſẽte Troye la grãde, la ſuperbe Babylo-
ne, la magnifique Hieruſalem: l'Afrique vo⁹
mõſtre les Thebes aux cent portes, la puiſſante Carthage, l'opuléte Alexandrie: l'Europe vous produit les doctes Athenes, la triõ-
phãte Conſtantinople, & Rome, le miracle
& de toutes les villes, & de tout le monde.
Pourquoy direz-vous que toutes ces belles
citez-là ayent iamais eſté ſi floriſſantes, ſinon
pour eſtre ruinees? Et pourquoy meſmes
ruinees tant de fois, ſinon pource que leur

destin sembloit resister à la nature, & vouloir
flechir la mortalité des choses humaines?
Combié de fois chacune d'elles a elle veu ses
ennemis réuerser ses murs, saccager ses maisons, tuer ses citoyens, & brusler ses temples?
La necessité de perir leur a esté si gráde, que
quand elles n'ont point trouué d'ennemis
estrangers pour trauailler à leur ruine, elles
ont armé leurs propres habitás les vns côtre
les autres, pour executer ce qui estoit ordóné
de leur fin. Il n'y a remede, la loy y est, il en
faut passer par là.   Quand nous voyons, ou
oyons la ruine des autres, voilà vn prejugé
pour nous lors que nostre terme sera escheu.
Ce qui arriue à vn, peut arriuer à vn chacun:
le coup du premier, menace celuy qui le suit.
Scipion, celuy qui ruina Carthage, voyant le
feu dedás, qui deuoroit tát & tát de richesses
& de superbes edifices, qui consommoit la
plus puissante ville d'Afrique, touché de cô-
passion de la fragilité des choses humaines,
se prist à pleurer le mal qu'il faisoit : & pro-
nonça deux vers d'Homere, qui signi-
fioient,

Vn iour fatal viendra que la puissante Troye,
Priam & ses sujets seront tous mis en proye:
entendát de la ville de Rome ce que le Poëte auoit dict de Troye, Mais il se trompa fort
à deuiner.   Car combien de iours & non pas

vn seulement a elle esté mise en proye?com-
bien de fois saccagee? côbien de fois ruinee?
combien de fois bruslee? & neantmoins elle
s'est releuee du milieu de ses cendres, & ob-
stinee contre son malheur semble auoir lassé
sa mauuaise fortune de trauailler dauantage
à sa ruine. Toutesfois la loy commune nous
apprend qu'il faut qu'elle passe encore comme les autres: & quád elle eschaperoit quelques siecles, elle n'eschapera pas au moins la
fin des siecles, & l'embrasemét de l'Vniuers.
Platon s'estoit bien alembiqué le cerueau,
pour trouuer des moyens de fonder tellemét
sa republique, qu'elle fust permanéte & per-
durable. Et neantmoins apres que lon luy a
passé pour verité tous ses songes, & que lon
l'a interrogé si au bout de là ceste belle republique pourroit estre rendüe immortelle, il a
ingenûment confessé que non: luy, dy-ie, qui
affermoit le monde estre immortel. Mais
desirant gratifier son ouurage & flater ses
pensees, il introduit les Muses qui viennent
discourir de la duree des estats, & proposent
certaines proportions de nombres, gardant
lesquelles ils se pourroient conseruer longuement florissans: & confessent toutesfois
rondement, que comme tous estats ont leur
naissance & commencement, aussi faut-il
qu'ils ayent leur fin. C'est la loy commune

de la nature, ſous laquelle il faut flechir, &
ſuiure volontairement, de peur qu'elle ne
nous entraine violemment: l'obeïſſance en
eſt douce, la violence pleine de peine & de
honte. Ce pendant i'enten bien ce que vous
me voulez dire, c'eſt qu'il vous ſemble que
nous haſtons nous-meſmes noſtre ruine, &
que nous auançons de nos mains la fin de ce
pauure Royaume, ſans attendre que la vieilleſſe l'emporte, & que doucement & ſans ſe
debattre il paſſe comme de la vie à la mort.
Vous vous trompez, ces animaux-là ne meurent point autrement, ils n'ont iamais la fin
douce. Car comme ceux qui meurent de
maladies, dont le ſiege eſt és nerfs, ou au cerueau, ont de grandes conuulſions auant que
d'expirer: auſſi ont les republiques, qui pe-
riſſent ordinairement de ce que leurs loix,
qui ſont comme leurs nerfs, ſont offenſees
& violees. Or ſil eſt ainſi, comme lon dit or-
dinairemět, que les coups preueus n'apportent pas tant d'eſtonnement, nous auons, ce
me ſemble, grande occaſion de porter plus
patiemment & auec plus de reſolution la
cheute de noſtre Eſtat: veu le long temps
qu'il y a qu'il branle, & les grands indices &
marques apparentes que nous auõs eu pieça
de ſa ruine. Premierement il eſt fort vieil,
& ſi vieil que iamais il ne ſen eſt veu qui ait

duré si grand âge. Vieillir s'est s'accoustumer à mourir. On demande ordinairement
de ceux qui sont extremement vieux, s'ils viuent encore : il y a plus à s'estonner de leur
vie que de leur mort : quand ils sont morts
on dit, A la fin il s'en est allé : côme si on vouloit dire, il a plus duré qu'on n'eust pensé. Outre son âge, il a eu depuis deux cens
ans de grandes & fascheuses maladies. Les
querelles d'Orleans & de Bourgongne l'ont
mené iusques sur le bord de la fosse. Estant
reuenu de ceste grande cheute, & ayant re-
pris son en-bon-point, il a vescu fort disso-
lument sous François & Henry second : en
ceste vie desbordee & dissoluë a amassé beaucoup de mauuaises humeurs, & encores plus
de mauuaises mœurs. Sous la ieunesse de nos
derniers Rois, il est vrayement reuenu en enfance, & a entierement changé de comple-
xion. Car depuis que les mœurs des estrangers ont commencé à nous plaire, les nostres
se sont tellement peruerties & corrompuës,
que nous pouuons dire, long temps y a que
nous ne sommes plus François. Il n'y a partie en cest Estat que lon n'ait non seulement
gasté, mais mesmes diffamé d'excés. Car
pour le regard de nostre Noblesse, qui est
la principale colomne de ce Royaume,
celle qui l'a eleué en la grandeur où nous

l'auons veu, & tousiours soustenu, & à laquelle est vrayement dëue la gloire que le
nom François a parmy les natiōs lointaines,
lon n'a obmis aucun artifice pour la denaturer & decourager, noyer dans le luxe, la volupté & l'auarice ceste ancienne generosité
qu'elle auoit hereditaire de ses peres ; & luy
faire perdre l'amour & charité qu'elle deuoit
auoir à la grandeur & conseruatiō de l'Estat.
Quant à l'Eglise, qui deuoit estre la mere de
la pieté, l'exemplaire des bonnes mœurs, le
lien de tous les autres ordres, lon l'a desho-
noree & diffamee tant qu'on a peu, rendant
les plus grandes charges & Prelatures, la re-
compése des plus viles, voire sales ministeres
de la Cour. Tellement que l'impieté & l'i-
gnorance se sont en beaucoup d'endroits as-
sises au thrône de la saincteté & verité, & ré-
du l'ordre odieux par le vice de ceux qui y estoient preposez. La Iustice, qui estoit celle
seule qui pouuoit encore aucunemét retenir
les autres parties en office, si elle eust esté sai-
ne & entiere comme elle deuoit, a eu toute
la face changee:sa principale authorité a esté
retiree pardeuers le souuerain, pour estre nō
pas administree, mais peruertie par courti-
sans au gré de ceux qui auoient la faueur.
Et pour couronner tant de desordres, &
combler tout à fait nostre malheur, sont
                              suruenuës

furuenuës les querelles de la religiõ, fur le fujet defquelles fe font dreffez partis & factiõs
par quiconques a voulu, qui ont efté aifémēt
entretenus par la facilité & legereté de noftre peuple, & par les artifices de nos voifins,
qui cherchoiēt à fe mettre à couuert deffous
nos ruines. De ces eftincelles s'eft allumé ce
feu qui nous a quafi deuoré, auquel chacun
eft accouru non pas pour l'efteindre, mais
pour en emporter fa piece, comme d'vn
commun embrafement. Se faudra-il eſtonner fi vn vieil eftat meurt de telles maladies?
bien pluftoft fe faudroit-il efbahir, s'il en
pouuoit releuer. Adiouftez à cela les ancien-
nes predictions, qui auoient efté faictes long
temps y a, de fa defolation : qui fe font trouuees fi veritables à noftre grand mal-heur,
qu'elles en ont acquis gloire à l'art, & foy à
gens que lon auoit toufiours tenus pour pi-
peurs. Ce qui nous monftre bien que les re-
uolutions des grans eftats, font ordonnees
d'enhaut, & fignifiees mefmes auparauant
qu'elles aduiennent. Ie dy donques, que
quand ce que vous craignez arriueroit, ce
feroit chofe ordinaire, naturelle, & preueuë:
& que partant il la faudroit fupporter patiemment, comme nous faifons les viciffitu-
des des faifons, alterations des elemens, &
autres changemens que nous voyons tous

E

les iours en toutes les parties du monde. Ee
ne dy pas pourtant que ce soit chose qui doiue asseurément arriuer, & ne desespere point
encores du salut de ma pauure France, ny de
mon pauure Paris : ains me promets que si la
fin & la ruine en est ineuitable, Dieu differera
à quelque autre saison l'execution de ce qui
en peut estre ordonné. Car encores que les
signes de ceste maladie non seulement con-
tagieuse, mais aussi pestilente, qui a saisi cest
Estat, soient pour la plus-part mortels: si sem-
ble-il maintenant que la nature commence à s'aider, & que les parties nobles monstrent encores de la force & vigueur pour
supporter les remedes. Les peuples qui se
sont laissez esbranler à ce ruineux mouuement par les vents de la crainte & de l'esperance ; crainte de perdre leur religion , & esperance de quelque soulagement, voyent
clairement que par leurs forcenez conseils
ils ont attiré le mal qu'ils fuyoient, & esloigné le bien qu'ils esperoient. Laissons meurir l'humeur , & vous verrez que la nature o-
perera de soy-mesme, & produira de salutaires effets. Puis apres les chefs des peuples
commencent à perdre l'esperance qui les a-
nimoit à ce dessein. Ce rayon de faueur po-
pulaire, qui les a esueillez, est passé comme
vn esclair, & la fortune leur a mostré qu'elle

ne les fauorifoit point tant pour leur bien,
que pour noftre peine. Ils voyent dauātage,
& le voyent euidemment, que les eftrangers,
defquels ils ont penfé eftayer leur grandeur,
ne defirent rien tant que leur ruine, & n'em-
pruntent leurs bras que pour les vfer à faire
leur befongne: n'ayans deliberé de leur faire
autre grace, que celle que le Cyclope d'Homere promettoit à Vlyffe, qui eft de le manger le dernier. Eftimons-nous qu'ils foient fi
inconfiderez à leur propre bien, fi denaturez
à leur propre païs, fi ingrats aux peuples qui
les ont tant aimez, que voyans les chofes en
ceft eftat, ils ne choififfent pluftoft d'obliger
la France en luy rendant la paix & le repos,
& retenans les grades d'honneur grans & fi-
gnalez, comme ils les peuuent auoir, que
rendre leur nom & leur memoire odieufe à
iamais, en fe precipitans en l'honteufe feruitude d'vn ambicieux Efpagnol, pour y faire
trebucher auec foy, ceux qui ont depofé en
leur foy leur falut & leur vie? Non, ie ne croi-
ray iamais qu'ils vueillent fletrir leur renommee d'vn acte fi indigne: & pource veux ie
efperer qu'ils s'accōmoderont aux vœux des
peuples, qui les inuitent au repos. Que s'ils
le font, que ne deuons nous efperer? & quād
ils ne le feront, dequoy deuons-nous defefperer? Puis que Dieu a fait naiftre eu nos

iours, & sur le temps de ce fatal mouuement,
vn Prince pour succeder à ceste couronne,
seul capable au monde pour releuer, ou par
la paix, ou par la guerre, le faix de cest Estat
panchant. Pour la paix, il a le nom de ceste
grande & Royale famille de sainct Loys, qui
rappelle à son obeïssance tous les sujets de
ce Royaume, qui ne peuuent esperer d'estre
gouuernez par plus heureux auspices, que
de la race de ce grãd Roy, qui a eleué iusques
au Ciel nostre sceptre François, & s'est eleué
soy mesme là haut par sa pieté, pour estre
cõme le garde & sainct tutelaire de cetEstat.
Il a vne bonté & clemẽce naturelle si grãde,
qu'elle passe iusques à l'excez : & le feroit
soupçonner de nonchalance, si sa vaillance
& generosité, qui reluisent en toutes les parties de sa vie, n'effaçoient ce soupçon. Car
bien que sa fortune plus trauerse que de
Prince de son temps, l'ait faict naistre entre
les armes ciuiles, & parmy les iniures, on ne
sçauroit remarquer vn seul exemple de vengeance, nõ pas qu'il ait faicte, mais seulemẽt
recherchee : estimant se venger assez de ses
ennemis en les mesprisant, & leur ostant le
moyen de mal faire : de sorte qu'il a rendu
douteux si c'est plus d'heur à luy de vaincre
ses ennemis, qu'à eux d'estre vaincus par luy.
Que si auec cela Dieu, qui tient les cœurs

desRois en sa main, dispose le sien à ce qui est
encores necessaire à la parfaite vnion de ses
sujets, & pour ce faire le reduise à la creance
de l'Eglise Catholique & religion des Rois
ses predecesseurs ; qui est-ce qui pourra empescher nostre heur & nostre repos? Or auós
nous toute occasion d'esperer ce bien-là, à ce
que lon rapporte du naturel de ce Prince,
qui est fort capable de raison, & persuasible à
ce qu'on luy fait cognoistre se deuoir faire.
Nous sçauons ce qu'il en a promis à toute sa
Noblesse : il a tousiours esté recommandé
pour estre Prince de foy, & qui ne máque iamais à sa parole : ie m'asseure que nous aurós
en fin de luy pour ce regard ce que nous en
deuons desirer:& qu'il fera par ce moyé tomber les armes des mains de ceux qui disent ne
les auoir prises que pour ce sujet. Si toutesfois l'obstination de ceux qui cherchent leur
grandeur dans les ruines publiques, le contraint d'essayer par le trenchant de l'espee
ce que le trenchant de la raison deuroit faire, quel autre pouuoit succeder à cest Estat
plus capable de restablir le Royaume, & couurir de l'ombre de son pauois ceste pauure
couronne assaillie de tous costez? Dieu
luy a donné vn cœur plein de vaillance,
vn courage inuincible aux aduersitez : & de
peur que ce courage se relachast par le repos,

il l'a exercé dés son enfance iusques à present par des labeurs & dangers continuels,
auec tel heur neantmoins, que tant de ha-
zardeuses secousses ne luy ont esté qu'vne eschole de vertu , & vne moisson de gloire. Et
semble certainement à voir le progrez de sa
fortune, qu'elle luy ait excité exprez ceste
guerre : & y ait appellé tant de sortes de nations, pour y voir le spectacle d'vn extreme
valeur, & d'vn extreme bon-heur. Non, non,
croyez que vous n'auez onques remarqué en
la suite des temps,& cours des siecles,que les
Estats soient renuersez lors que Dieu a enuoyé de tels Princes pour les commander:
bien ont ils esté rudement secoüez & esbran-
lez, mais puis apres raffermis par la vigueur
de tels chefs. De sorte que ie presume, que
l'alteration & le mouuement que nous sentons, n'est point de l'extirpation de l'Estat;
mais seulement vne incision qui se fait auec
vn douloureux & rude ferrement, pour au
lieu d'vne branche que Dieu a retranchee,
anter la plus prochaine sur la tige Royale. Et
pource, espere-je, que Dieu trouuera lors
que nous l'attendrons le moins, quelque
moyen propre de nous sauuer tous: & principalement ceste tant belle & auguste ville,en
laquelle il y a encores bon nombre d'hommes, qui l'inuoquent en pureté de cœur. Si
toutesfois il aduenoit autremét, si faudroit il

prendre patience. Car ces grans accidens-là
arriuans par la prouidence eternelle, il n'eſt
non plus loiſible que poſſible de s'y oppoſer:
& dy bien dauantage, qu'il n'eſt ny iuſte ny
vtile de s'en faſcher ; eſtant tres-certain que
tout ce qui eſt ordonné de ceſte main ſouueraine, tend à noſtre bien & à ſa gloire. Mais
pource que l'heure de ſouper eſt ſonnee, &
que ce diſcours peut eſtre mieux pourſuiuy
par ceux qui m'eſcoutent que par moy, ie le
leur laiſſeray ſans l'entamer: eſtant raiſonna-
ble que puiſque noſtre miſere eſt commune,
ils contribuent quelque choſe à noſtre commune conſolation. Là finit Muſée, & nous
nous leuaſmes tous auec l'eſprit plus trâquil-
le que nous ne nous eſtions aſſis. Ce n'eſt pas
tout, dy-ie lors, ô Muſée : puiſque vous vous
deſchargez de côtinuer le diſcours que vous
auez commencé, il faut que vous choiſiſſiez
quelcun qui le face. Luy baiſant vn bouquet
fané qu'il tenoit en ſa main, le preſente à Orphee: Ie vo⁹ le baille (luy dit-il) pour demain.
I'accepte, reſpôdit Orphee, le bouquet, mais
non pas la charge de me preſenter (côme dit
le prouerbe Romain) au theatre apres Ro-
ſcius. Et là deſſus nous nous ſeparaſmes, ayâs
promis de nous retrouuer là à la meſme heure le lendemain.

FIN DV PREMIER LIVRE.

E iiij

DE LA CONSTANCE ET
CONSOLATION ES CALA-
MITEZ PVBLIQVES.

LIVRE II.

E lendemain incontinent apres dif-
ner il se donna vne allarme à la ville:
pource que nous estions tous quatre
d'vn mesme quartier, nous nous trouuasmes
ensemble au corps de garde: là nous nous en-
tre-regardions auec mesmes pensees, par-
lans des yeux & du visage, & disans en nous-
mesmes, Quelle pitié qu'il faut que nous
nous trouuions icy armez contre nostre propre bien, & pour empescher, par maniere de
dire, nostre bonne fortune d'entrer chez
nous! Car qui est l'homme de bien qui ne
doiue desirer, voire par le pillage de toute la
ville, plustost sortir de ceste extreme misere,
& en deliurer le royaume, que d'immoler
ainsi nos vies à la rage & mechanceté d'vn
petit nombre de seditieux, qui assouuissent,

leur cruauté & auarice de noftre langueur &
pauureté? Quelle fatale lafcheté, que tout
ce peuple,ou au moins la plus-part que nous
voyons icy armé, cognoiffe fon mal & en
defire le remede, & le puiffe auoir s'il vouloit;n'aye neantmoins le courage feulement
de fe plaindre, & fupporter ceux qui luy
monftrent le chemin de falut?Tant ce venin
de fedition a defuni les volontez,& la crainte que les mauuais ont imprimé aux cœurs
des fimples, leur a gelé le fang & affoupi les
efprits! Or nous eftans accoftez,Et bien(dy-
je)Orphee,noftre affignation eft bien chan-
gee, à ce que ie voy: nous fommes taillez de
n'auoir pas cefte aprefdinee fi douce que
celle d'hier, Si ne vous fera-ce pas excufe de
ce que vous nous deuez, au côtraire la debte
croiftra par la demeure: car côme vo⁹ voyez
que nos maux croiffent,auffi faut-il que vous
augmétiez vos raifons. I'ay bien peur(dit-il)
que cefte iournee ne nous efcarte, & nous
priue, peut eftre, pour iamais d'vne fi douce
& agreable compagnie. Ie vous affeure que
fi la mort m'euft pris partant hier d'auec
vous, elle m'euft trouué fort content, &
euft clos ma vie fort à propos, à mon gré.
Car ie confeffe que le difcours de Mufee a-
doucit tellement ma trifteffe, & calma en
forte mon efprit par le poids de fes raifons,&

par le miel de ſes paroles, que ie deſirerois
d'eſtre tous les iours ennuyé, ſi i'eſtois aſſeuré d'eſtre tous les iours ainſi conſolé. Le mal
eſt heureux, quand il ſe guarit auec plaiſir. O
que i'euſſe ſouhaité qu'il euſt pourſuiuy le
propos qu'il auoit entamé, voire à la charge
de perdre le ſouper, voire à la charge de ne
ſouper de l'annee! Ces diſcours-là ne ſont
que tout nectar & ambroſie: c'eſt vne viande
qui eſt auiourd'huy plus neceſſaire à l'eſprit,
que le pain & le vin ne ſont au corps: c'eſt
nourriture & medecine tout enſemble. Ie
vous iure qu'en l'oyant il me ſembloit, que
ceſte belle Helene d'Homere auec la meſme
main, dont elle deroba le cœur des Grecs &
des Troyẽs, me verſoit en la bouche ce doux
& gracieux Nepenthes, qui endormoit la
douleur des affligez, & leur remettoit le
courage. Il a (dy-je) mis les gages en bonne
main, i'eſpere que ce qu'il a bien cõmencé,
vous l'acheuerez tres-biẽ. Là deſſus on nous
vint dire que la rumeur eſtoit paſſee, & que
nous nous pouuions retirer. Lors ie les pris
tous trois par le manteau, Il faut venir (dy-je)
où vous promiſtes hier : à nous autres qui
ſommes armez, il eſt permis de nous faire
droit à nous meſmes. Si la loy Romaine permet de trainer en iugement celuy qui n'y
veut pas aller, combien pluſtoſt le droit des

armes? Nous n'y allons pas (dit Linus) nous y
courons. Apres que nous fufmes entrez &
defarmez, & que nous eufmes fait vn tour de
iardin pour reprendre vn peu nos efprits, Ie
vous prie (leur dy-je) reprenons nos places &
faifons prouifion de repos : car à mon aduis
nous aurons prou de loifir d'eftre debout. Et
puis que c'eft à vous, feigneur Orphee, à continuer le difcours, ne vous faites point prier,
& n'vfez point d'excufes : car en vn mot nous
ne les receurons pas. Apres quelques femblables femonces, Orphee commença ainfi.

C'eft de verité la plus grande & plus certaine confolation, que puiffent prendre &
receuoir les hommes és calamitez publiques
ou particulieres, que de fe perfuader que
tout ce qui leur arriue eft ordonné par cefte
puiffance eternelle, diftribué par cefte fageffe infinie, qui gouuerne le monde auec la
mefme bonté & iuftice qu'elle l'a creé. Car
quand cefte opinion a vne fois pris racine en
l'efprit des hômes, ie ne fçay pas quels vents
pourroient iamais efbranler leur conftance :
veu que nous deuons croire qu'il ne fort rien
de cefte benigne & gracieufe main, qui ne
tende à noftre bien. Mais combien que cefte
prouidence (que lon peut definir le foin per-
petuel, que Dieu a au gouuernemét de tout
ce qu'il a creé) efclaire iournellement en

toutes les parties du monde, & qu'elle pa-
roiſſe en effects admirables : ſi eſt-ce que la
plus-part des hommes luy fermét malicieu-
ſement les yeux, ou la regardent de trauers,
& prennent peine à ſe tromper ſoy-meſmes,
à fin de n'eſtre point obligez à ceſte ſage
maiſtreſſe, qui preſide à la naiſſance & cõ-
ſeruation de tout ce qui ſe voit en l'Vniuers.
A la verité peu s'en eſt-il trouué, qui ayent
oſé paſſer ſi auant en impieté, que de la nier
du tout : & s'il s'en eſt trouué quelques-vns,
ie ne veux point ſçauoir leur nom, & veux
preſuppoſer qu'ils n'ayent point eſté, puis
qu'ils en ſont ſi indignes. Bien y en a-il grand
nombre, deſquels i'ay ſouuent ouy, & touſiours reietté les opinions, qui aduoüans la
puiſſance & ſageſſe diuine en la premiere
creation du mõde, luy en ont oſté le gouuernement, apres qu'il a eſté creé : les vns l'attri-
buans à cet ordre, qu'ils appellét Nature, les
autres à vne neceſſité fatale, les autres au hazard & à la fortune. En quoy ils ſemblent a-
uoir pluſtoſt changé le nom, que la puiſſance
de la prouidence. Car en expliquant leur o-
pinion, ils monſtrent bien qu'en tous les euenemens de ce monde ils recognoiſſent quelque choſe de grand & diuin, dont ils ne ſçauent pas parfaitement la nature : & neantmoins par ie ne ſçay quelle ialouſie & pre-

fomption, ils veulét que ce peu qu'ils en fça-
uent, paffe pour vne pleine & entiere fciéce,
& la partie pour le tout : aimans mieux mef-
cognoiftre la prouidence, que recognoiftre
leur ignoráce. Il eft, à mon aduis, arriué à ces
gens-là ce qui aduiendroit à trois diuerfes
perfonnes, qui venans par trois diuers che-
mins, verroient de loin vne gráde pyramide
de marbre, telle que vous pourriez imaginer
celle des Rois d'Egypte, grauee de trois coftez de plufieurs caracteres & lettres hiero-
glyphiques. Chacun d'eux remarqueroit du
commencement la face qui feroit de fon cofté, & s'il n'approchoit plus pres il iugeroit
qu'il n'y auroit que celle-là, & s'en retour-
neroit en opinion d'auoir tout veu : & ainfi
rapporteroient tous diuers aduis d'vne mefme chofe, & affeureroient qu'elle eft telle
qu'eftoit le cofté d'où chacun d'eux l'auroit
veuë. Mais s'il en approchoient de plus pres,
& qu'ils vinfent à tourner à l'entour, lors
chacun d'eux verroit toutes les trois faces,
cognoiftroit que toutes trois elles ne font
qu'vn corps, feroient bien informez de l'e-
ftat de la chofe, & en demeureroient en-
tr'eux d'accord. Quand ces gens-cy font
venus à contépler cefte puiffance fouueraine, qui códuit & gouuerne l'Vniuers, & qu'ils
l'ont confideree en fes effets, chacun d'eux

s'est contenté de la regarder de loin, & en conceuoir ce que la premiere veuë luy en a representé. Celuy qui auoit apperceu vn or-dre & suite de causes reiglees, qui se poussent en estre l'vne l'autre, l'a appellé Nature, & a creu que ceste Nature faisoit tout. Celuy qui auoit veu arriuer plusieurs choses qui auoiét esté & preueuës & predictes, que lon n'auoit toutesfois peu euiter, a appellé la puissance qui les produisoit, Destin & fatale necessité: & a iugé que tout dependoit de là. L'autre qui auoit veu vne infinité d'euenemés, dont on ne luy pouuoit rendre raison, & qui sem-bloient arriuer sans cause, a nommé la puis-sance dont tels euenemens procedoient, Fortune:& a estimé que toutes choses se ma-nioient de ceste façon. Que si chacun d'eux eust pris la peine d'approcher de plus pres de la verité, & rapporter en commun ce qu'il auoit veu en particulier, peut estre eussent-ils cogneu au vray quelle estoit la figure de ceste premiere & souueraine puissance, de laquelle deriuent toutes les causes & tous les euenemens du monde. Et compris qu'en ceste Nature,en ce Destin,en ceste Fortune tous assemblez, reluit au trauers de l'igno-rance humaine çeste sage & excellente Pro-uidence diuine, cogneuë toutesfois plus se-lon la proportion de nostre foible entende-

ment, que felon fon incomprehenfible grandeur & maiefté. Car ie ne doute point, qu'en
la creation de l'vniuers Dieu n'ait eftably
vne reigle & vne loy certaine, felon laquelle
toutes chofes doiuent eftre produites, difpo-
fées, & conferuées : laquelle qui voudra appeller Nature, ie n'ay que dire pour l'empefcher, pourueu qu'il n'en face point vne ef-
fence à part hors de Dieu, à laquelle il penfe
qu'il ait commis le gouuernement des chofes creées pour fe mettre en repos. Au contraire, cefte nature ne peut eftre autre chofe,
que cefte premiere puiffance & vertu, qui
dés le commencement fans fortir de luy,
s'eft imprimée en la matiere, & luy a donné
ce mouuement reiglé, par lequel les chofes
fe conferuent en leur eftre, & outre produi-
fent leurs effects. Laquelle puiffance eft par
luy de iour en iour, & d'heure en heure, de
moment en moment infpirée au monde : lequel elle recree & reforme en le conferuant,
& le refait tous les iours par parties tel qu'elle l'a fait au cõmencement. Tellement qu'il
femble que Dieu ne l'ait bafty, que comme
fon officine & boutique pour y ouurer perpetuellement, & y tenir toufiours en action
cefte fienne bonté infinie, qui ne peut durer
fans fe communiquer. Bien eft-il vray que
comme vn grand architecte il a beaucoup

d'ouuriers fous foy, qu'il employe à ce grand
maniment, non tant par neceſſité qu'il en
ait, que pour la decoration de ce ſuperbe at-
telier, parade de ſa ſplendeur & magnificence, pour faire participer ſes creatures à vne
de ſes plus auguſtes & ſouueraines puiſſances, & les faire produire & quaſi creer quelque choſe, auſſi bien que luy. Et pour ce par
vne admirable ſageſſe, il a laiſſé vne partie
des choſes baſſes & terreſtres aucunement
imparfaites, comme pour ſeruir à l'homme
de matiere & de ſujet à pluſieurs beaux ouurages : & luy a quant-&-quant donné l'art
de les pouuoir adapter & accommoder. Il
luy a donné les pierres, & ne luy a pas donné
les baſtimens, mais bien l'art de les faire : il
luy a donné les mines, & ne luy a pas donné
la monnoye, mais bien l'art de la faire : il luy
a donné le bled, & il ne luy a pas donné le
pain, mais bien l'art de le faire : il luy a donné
les laines, & ne luy a pas dõné les draps, mais
bien l'art de les faire. Bref il ſemble qu'apres
auoir creé l'homme à ſon image, qu'il ait par-
tagé auec luy l'honneur de la creation des
choſes, voire meſmes de la creatiõ de l'homme, ayant voulu qu'il cooperaſt à la generation de ſa poſterité : & que comme luy ſouuerain & premier createur auoit fait l'ame à
ſon image; ainſi l'homme comme aſſocié à ſa
gloire,

gloire, feift en la generation vn autre corps
femblable au fien. Et combien mefmes que
Dieu fe foit referué la creation de l'ame humaine, comme d'vn grand chef-d'œuure, qui
ne peut eftre elabouré que de fa propre
main : fi eft-ce qu'en cela il a auffi appellé
l'homme comme à fon aide, luy en ayant referué l'inftitution, la difcipline & poliffure,
pour fe pouuoir comme vanter d'auoir con-
tribué quelque chofe à fa propre perfection.
Mais il ne faut pas dire ny penfer pour cela,
que l'authorité qu'il a donné aux chofes
creées, diminue en rien la fienne. Il ne s'en-
dort pas fur leur foin, & ne fe repofe pas fur
leur vigilance : au contraire plus il leur a
donné de puiffance, plus a-il befoin de les
veiller : & plus il a d'ouuriers en befongne,
plus eft-il neceffaire qu'il ait non feulement
l'œil, mais auffi la main fur eux, pour refor-
mer ce qu'ils font au contraire du parfait patron, qu'il leur a propofé, & pour les guider
& addreffer en leurs œuures, lefquelles fans
fa conduite & affiftance ne peuuent en façon quelconque fe conferuer ny maintenir.
Ie veux donc dire que quelque grande verru
que nous voyons és chofes creées, quelques
grands & reiglez mouuemens que nous re-
cognoiffions és caufes fecondes, nous ne deuons pas eftimer pour cela que la premiere

F

soit oisiue, & que les autres ne facét rien que
par son ordonnance. Et moins encore croire que cet ordre & entresuitte que nous
voyons en toutes choses, soit la cause principale & vniuerselle d'icelles, veu qu'elle
n'en est que l'effect. Non plus qu'en la musi-
que l'harmonie n'est pas la cause, mais l'effect des accords, produicts par l'operation
de l'art, & science du Musicien qui assemble
les tons & les dispose en bonne consonance.
Or comme c'est la prouidence qui par cest
ordre reiglé qu'on appelle Nature, produit &
conserue chaque chose particuliere selon la
loy generale qui est en toutes celles de mesme espece : aussi est-ce elle, qui outre cet ordre reiglé, qu'on appelle Nature, imprime
quelquesfois aux choses du monde des qualitez, & y fait interuenir des accidens, qui
sont tantost differents, tantost contraires à
leur naturel : & puis compasse les rencontres
des choses entre elles, pour leur faire produire l'effect qu'elle a ordonné. Tellement que
noüant & ramassant plusieurs causes differentes, de la liaison & tissure d'icelles tire
non la fin, qui est naturelle, ou proposee à
chacune d'elles, mais vn euenement par elle
designé. De sorte que comme la Nature se
considere principalement en la creation &
production, & entretenement de chaque

chose en foy felon fon efpece & condition;
& par vne reigle ordinaire & toufiours femblable : le Deftin au contraire apparoift és
euenemens qui procedent de la rencontre
de ces chofes ja creées, qui temperees par
vne reigle incogneuë aux hommes, produi-
fent des effects preordonnez, qui femblent
ineuitables, &ne concernent ny ne s'accommodent pas tant à la nature de chaque chofe, qu'à celle de tout l'Vniuers. Certainement il fembleroit que cefte loy n'euft point
efté neceffaire au monde, fi chaque chofe
euft gardé le premier mouuement que Dieu
luy auoit donné à fa creation. Car ayant infus en chacune la forme & le principe d'agir
les plus parfaits qu'il fe pouuoit defirer, per-
feuerant en cefte condition il s'enfuiuoit,
que leur propre nature euft de foy-mefme
conduit leurs actions à de bons effets lesvnes
enuers les autres : & par confequent au bien
de tout l'Vniuers, & gloire de leur createur.
Mais ou par le vice & imbecillité de la matiere, ou par la delicateffe de leur forme, qui
ne fe pouuoit conferuer, fans adherer perpetuellement à leur createur, elles fe font defi-
gurees & detraquees du chemin que la nature leur auoit tracé. Par exemple les Anges &
les hommes ont efté creez comme les plus
parfaites pieces de l'Vniuers, & Dieu en leur

creation leur auoit infus vne viue & pure lumiere, pour cõduire leurs actions à bien vfer
des chofes du monde : & par confequent en
produire des effects à fa gloire. Mais comme
és grans baftimens il aduient ordinairemét,
que ce dont il arriue pluftoft faute fera d'vn
entablement trop enrichi, ou de quelque ef-
calier fufpendu par grand artifice : pource
que plus l'art rend l'œuure excellent, plus le
rend-il delicat : ainfi ces plus parfaites crea-
tures-là fe font elles les premieres lafchees
& forties hors leur allignement, peruerti &
violé l'ordre & la fin de leur creation. Lequel defordre n'eft pas feulement demeuré
en eux-mefmes, mais pour la grande puiffance auec laquelle ils auoient efté creez, ils
l'ont fait paffer és chofes dont ils ont abufé.
Et qui plus eft, il femble que par leur faute
les autres chofes qui eftoient creées pour
eux, fe foient incontinent changees ou par
vn fecret confentement, ou par vn fecret iugement pour feruir à leur peine.
C'eft pourquoy il a fallu que cet œil tout-
voyant, qui paffe au trauers des fiecles comme le Soleil au trauers de l'air, ayant dés le
commencement preueu cefte confufion, ait
auffi dés lors difpofé le remede, pour arrefter
l'infolence & des Anges & des hommes, &
empefcher qu'ils n'eftendiffent leurs mau-

uaiſes actions auſſi loin, que leurs mauuaiſes volontez. Ce remede a eſté ceſte loy inuiolable, par laquelle il a pourueu à tous les
euenemens, & a ordonné que les choſes arriueroient comme nous les voyons aduenir,
non du tout ſelon la puiſſance ordinaire des
cauſes, mais ſelon que Dieu les veut faire o-
perer, tantoſt bandant, tantoſt laſchant leur
force, & quelquefois les faiſant ouurer toūt
au contraire de leur naturel, & ramenant à
ſa volonté ce que les hommes penſent faire à
la leur. Mais me dira quelcun, il ſemble que
ceſte derniere loy ſoit contraire à la premiere: Dieu eſtant immuable en ſon eſſence, le
doit eſtre pareillement en ſes deſſeins. Voulons-nous penſer que luy, à qui toutes choſes
ſont cogneuës de toute eternité, prenne de
nouueaux aduis? Le changement qui eſt en
cecy n'eſt pas en Dieu, mais il eſt en ſes œuures, leſquelles eſtant hors de luy, qui eſt ſeul
immuable, ne pouuoient eſtre ſemblables à
luy, ains ſujettes à empirer & definer par le
vice de la matiere, dont elles ſont cōpoſees.
Et le remede que Dieu a apporté au mal,
n'eſt pas vn nouueau cōſeil, ſi bien il eſt executé depuis la deprauation de la nature, il
n'a pas laiſſé d'eſtre reſolu auparauāt meſme
ſa creation. Car comme l'ouurier qui monte
vn horloge pour aller vingt & quatre heu-

res, auant que leuer les contre-poids, & luy
donner le mouuement, peut preuoir ou que
la roüille alentira son cours, ou que quelque
estourdi viendra remuer l'eguille, toucher
aux roües, & debaucher le balancier, & dés
lors pouruoir à ce qu'il faudra faire, pour la
radiouster & remettre à son poinct : Ainsi
Dieu qui a preueu auant mesmes la creation
du monde, ce qui deuoit manquer au gouuernement & entretenement d'iceluy, au
mesme instant y a destiné les remedes, lesquels encore qu'ils se presentent à nos yeux
par succession de temps, & suitte de siecles,
ne laissent pas d'auoir esté preparez de toute
eternité. Car tout ainsi qu'il faut que le Poëte ait sa comedie toute preste, auparauãt que
personne se presente sur le theatre, & que dés
lors que le prologue commence, celuy qui
doit ioüer le dernier acte, sçache bien son ro-
ollet : aussi des choses qui sont aduenuës, &
qui aduiendront icy bas par tant d'annees, la
derniere qui doit clorre l'âge du mõde, estoit
cogneuë & ordonnee par le Createur auant
que la premiere cõmençast d'estre. C'est, ce
me semble, ce que vouloit signifier Diarchas
en Philostrate, quãd il disoit que Dieu auoit
engendré le Monde tout à la fois, comme les
animaux font leurs petits : nonobstant que
comme eux il l'ait enfanté peu à peu, faisant

fortir vne partie deuant, & l'autre apres. Ce
n'eſt pas le temps qui eſt pere & autheur des
choſes, il n'en eſt que le deſpenſier, &, côme
Tatian remôſtroit aux Grecs, l'introducteur
qui les conduit ſur le theatre. Ouy, mais dira
quelcun, ſi de toute eternité les choſes ont
eſté ordonnees, & que ceſte ordonnance ne
puiſſe eſtre violee, que deuiendra la liberté
de noſtre volonté? faudra-il pas qu'elle ſoit
ſcrue de ceſte loy?& qu'elle ſoit telle ou telle,
bonne ou mauuaiſe, ſelon qu'elle l'aura ordonné? Non. Car ce Deſtin qui a preôrdôné
toutes choſes, a ordonné que noſtre volonté
ſeroit libre, tellement qu'en noſtre volonté
s'il y a quelque neceſſité, elle n'eſt autre ſinô
qu'elle eſt neceſſairemét libre. Et quant à ce
que nos volontez ont eſté preueües telles
qu'elles doiuét eſtre, elles ont eſté preueües
pour ce qu'elles deuoiét eſtre telles,& ne sôt
pas telles, pource qu'elles ont eſté preueües.
Mais me dira vn autre, dequoy ſert noſtre volonté, puis que des choſes que nous voulons,
il ne s'en fait que ce que Dieu en a ordonné,
& qu'il n'y en a quaſi rié en noſtre puiſſance?
Nous ne ſçaurions quaſi vouloir choſe ſi aiſee, quand il ne ſeroit par maniere de dire,
queſtion que de porter la main à la bouche,
qui ne puiſſe eſtre empeſchee par vne infinité de rencôtres. C'eſt ce que dit le prouerbe,

E iiij

Il tombe beaucoup de chofes entre le verre
& les leures. Bien que nous pouuonsbeau-
coup de chofes que nous voulôs, & voulons
beaucoup de chofes que nous pouuons; fi ne
pouuons nous pas dire qu'il y ait aucun euenement pour fi petit qu'il foit, qui depende
entierement de nous. Pour cela toutefois
noftre volôté ne laiffe pas d'eftre libre, pource qu'elle n'eft pas l'action ; mais le mouuement à l'action, & ne laiffe pas de nous feruir:
pource qu'encore qu'elle ne foit pas feule
caufe, fi coopere elle auec les autres, qui font
toutes amaffees & accouplees par le deftin à
vn mefme nœu, pour faire vn feul effect.
Quãd elle fe dreffe à la fin qu'elle doit, elle
eft fecondee par le deftin, & fauorifee par la
rencôtre des autres caufes:&ce faifãt côdui-
te à ce qu'elle s'eft propofé, ou pour le moins
à vne autre fin, que la Prouidence iuge luy
eftre falutaire. Quand au contraire elle s'a-
dreffe à vne mauuaife fin, elle eft par la con-
currence des autres caufes,& force du deftin
emportee à vn effect tout different de fon
deffein, mais pour le moins toufiours à vn
but, dont Dieu malgré elle tire fa gloire
& le bien de l'Vniuers. Car combien que
le deftin ne change point le plus fouuent rien en la nature des caufes, & qu'il
laiffe operer les volontaires volontairemét,

les neceſſaires, neceſſairemēt, les naturelles, naturellement: ſi eſt-ce que de la meſlange & aſſemblage de toutes enſéble au poinct, & à la forme qu'il les fait rencōtrer, il fait ſortir tels effets que bon luy ſemble : tirant bien ſouuent de meſmes cauſes de tous contraires effets, comme de meſmes lettres tranſpoſees, nous compoſons des mots tout differés. Il eſt ſi adroit ouurier, que tout luy ſert à ce qu'il veut faire. Bien ſouuent que nous penſons reſiſter à ſes conſeils, en nous laiſſant faire il nous meine où il luy plaiſt: Ne plus ne moins que ce grand Ciel, qui enuelope tous les autres, encore qu'il n'empeſche pas leur cours naturel d'occident en orient, ne laiſſe pas de les entrainer tous les iours auec luy d'orient en occident. Soit que nous allions le pas, où que nous courions, que nous nous haſtions ou arreſtions, que nous allions droit ou nous deſtournions, nous arriuons au giſte auec le deſtin : nous ne le ſçaurions eſchaper, nous le trouuons en le fuyant, y tombons en reculant, & l'inuitons taſchant de l'euiter.   Ce deſtin part d'vne puiſſance trop ſage, & d'vne ſageſſe trop puiſſante pour y pouuoir reſiſter ou par force, ou par fineſſe. Or tel & ſi grand qu'il eſt, ce n'eſt non plus que la Nature, qu'vn des effets de ceſte ſage Prouidence, qui remplit & gou-

uerne toutes chofes, & qui eſt reſpandüe
par toutes les parties de l'Vniuers, & eſt
quaſi comme ſon ame. Elle conduit toutes
ſes parties auec de ſages & infaillibles conſeils & raiſons tres-certaines, leſquelles bien
ſouuent nous ne comprenons que bien tard,
& quelquesfois point du tout; ou pour eſtre
ſa ſageſſe ſi profonde & ſi inſcrutable, que
nous n'y pouuons penetrer; ou pour eſtre
noſtre negligence & ſtupidité ſi grande, que
nous ne daignons ouurir les yeux pour la
conſiderer. De là aduient que les hommes
imputent au hazard tous les euenemens,
dont ils ne comprennent point les cauſes.
Et de là eſt aduenu que quelques-vns eſtans
ſi abrutis, qu'ils ne remarquoient aucune
cauſe des effets qu'ils voyoient, ils eſtimoiẽt
que tout arriuoit par hazard. Ainſi ſe ſont ils
faits de leur ignorance &brutalité, vne deeſ-
ſe qu'ils nomment Fortune, & la peignent
les yeux bandez, tournant auec vne roüe les
affaires du monde, pouſſant tout à l'auanture, & iettãt ſes preſens & faueurs au hazard,
comme on fait la monnoye neuſue aux en-
trees des Rois : ſelon que chacun ſe trouue
pres, il en recueille ce qui en tombe ſur luy,
Mais ie voudrois bien que ceux qui veulent
faire gouuerner le monde à ceſte temeraire aueugle par tant de ſiecles, luy laiſſaſſent

seulement pour vn an gouuerner leurs maisons, ils y trouueroient vn beau mesnage.
Pauures gens, ils voyent bien qu'vne petite
famille ne peut subsister vn an sans vne grande prudence, & ils veulent que ce grand
Vniuers, composé de tant de differentes parties, subsiste tant de milliers d'annees, sous
la conduite du hazard? Ils ne voudroient
pas auoir baillé vn troupeau de moutons à
vn berger qui eust mauuaise veüe, & ils veulent commettre à vne aueugle temerité, le
gouuernement de tant de legions & d'Anges & d'hommes? O ingrate race de gens,
pourquoy dressez-vous des autels à vos
dieux, si vos sacrileges opinions n'adorent
que la Fortune? pourquoy sacrifiez-vous
apres vos victoires, pour remercier celle qui
ne vous a veu, quand elle vous a sauuez, &
ne vous voit quand vous la remerciez? Vous
pensez, peut estre, que ce fantosme ait les
oreilles meilleures que les yeux. Ce qui a
comblé les hommes de cet erreur, & les a
ainsi poussez à arracher la reigle & le com-
pas de la main de la prouidence, pour faire
entrechoquer temerairement toutes choses, & tout tomber au hazard, ç'a esté (à
mon aduis) d'auoir voulu accommoder la
grandeur & puissance de Dieu à leur infirmité, & n'auoir voulu recognoistre plus

haute & plus profonde diuinité, que celle
que le premier object des choses presentoit
à leur sens. La prouidence diuine est vn abysme de lumiere, dont l'esprit de l'homme ne
peut penetrer le fonds, qu'en tenant longuement l'œil fiché dessus : encore faut-il
ramasser sa veüe en quelque petit pertuis, &
la conduire, comme par vne mire, de peur
que ceste lueur infinie ne l'esblouisse & esteci-
gne. Toutesfois pour cognoistre simplemét
qu'elle est, & qu'il n'y a point de fortune, le
moindre & plus foible esprit y peut suffire.
Car si peu que nous obseruions la conduite
du monde & de ses parties, nous iugeons
incontinent qu'il n'y a rien icy bas de temeraire ny d'auanturier, que nostre ignorance
& indiscretion, encore ne l'est-elle que
pour nous : pource que nostre temerité mesmes, & nostre incertitude est certaine à la
prouidence. Rien de toutes les choses du
monde ne luy eschape, pour si petites qu'elles soient. Elle les manie & conduit, tient
& retient au poinct où elles doiuent estre,
tant pour leur bien particulier, que pour le
bien de l'Vniuers. Or entre toutes il n'y en
a point, à mon aduis, sur lesquelles elle veille plus attentiuement, que sur les empires &
royaumes, dont elle est la vraye mere & tutrice. Nous voyons leur origine & leur naif-

fance comme marquees dans le ciel, & intro-
duites çà bas par la reuolutió des aftres. Nº
les voyons arriuer auec des mouuemens fi
eftranges entre les nations, que vous diriez
quafi que c'eft la terre qui enfante auec trauail & douleur. Leur croiffance fe fait auec
des rencontres fi eftranges, auec des hurts, &
des heurs fi remarquables, qu'en nul autre
endroit on ne voit la diuinité auácer & pro-
mouuoir plus euidemment les fuccés des affaires, qu'en l'eftabliffement des nouueaux
eftats. Souuenez-vous, ie vous prie, de l'aduenement des Iuifs en la Paleftine, & con-
templez auec quels miracles vne troupe de
pauures fugitifs a tant debellé de peuples,
tant réuerfé de prouinces, tát ruiné de citez,
pour edifier cefte gráde & fuperbe Hierufa-
lem, & baftir ce riche & magnifique temple,
auquel feul Dieu a voulu eftre ferui & adoré
pour vn temps. Venez puis apres à cefte con-
fideration que fait Tite Liue du progrés de
l'empire Romain, comparát à Rome les peuples, dont elle eftoit enuironnee en fa ieuneffe, qui eftoiét tous plus puiffans en richeffes, en hommes, en armés, & en toutes commoditez: il f'efbahit comme cent fois elle
n'a efté eftoufee au berceau, & comme lon
l'a laiffee paruenir à cefte grandeur, autant
enuiee qu'admiree. Mais il fembloit que

Dieu luy preſtaſt ſes mains pour combatre
ſes ennemis, & luy miſt, comme faiſoit ceſte
ſtatuë de Fortune à Demetrius, les villes
toutes priſes dans le poing. Ie ne me puis
oſter de l'entendement, qu'il n'euſt choiſi
cet endroit de la terre comme fatal, pour
eſtre la teſte de tout le monde, pour aſſem-
bler ſous ce chef l'Europe, l'Afrique, & l'A-
ſie, comme ſes membres : & faire decouler
de ce chef par toutes les parties de la terre,
la grace qu'il auoit preparé de toute eternité, pour le ſalut vniuerſel des hommes.
Quand ie conſidere auſſi l'eſtabliſſement
de ce iadis ſi braue & floriſſant Royaume
François, le renom & honneur duquel a paſſé de l'occident iuſques à l'orient, que ie
contemple auec combien d'eſmerueillables
euenemens, il a eſté fondé, eleué & conſerué
par l'eſpace de pres de douze cens ans, & de
combien de grandes & eminentes ruines il
a eſté menacé & garanty : ie penſe que lon
ne peut nier que ce ne ſoit ceſte diuine prouidence, qui l'ait gardé & maintenu iuſques
icy. Et à dire vray, à quoy ſe peut-elle plaire dauantage, qu'à voir vn grand nombre
d'hommes aſſemblez, viure ſainctement
ſous de iuſtes loix, comme font ordinairement les peuples nouueaux, & obſeruer
en leur ordre, police, & obeiſſance, la

mesme harmonie qui reluit en tout l'V-
niuers? Or comme ceste sage Prouidence ordonné de la naissance des villes &
des Royaumes, aussi ordonne-elle de leur
fin. Elle n'ordonne rien qui ne soit iuste, par quel droict donques nous en pouuons-nous plaindre? Considerez, ie vous
prie, la ruine de tous les empires, & de toutes les grandes villes, conferez leur commencement auec leur fin, & vous iugerez
leurs aduenemens dignes d'estre fauorisez
pour leur vertu, secondez en leurs entreprises par ceste saincte prouidence: au contraire vous confesserez que leur fin estoit iuste,
& que leur vice auoit comme forcé la iustice
diuine de les ruiner. Ie laisse les premieres
monarchies des Perses & des Assyriens, qui
se sont plongees, & en fin noyees dans
les delices: les republiques des Grecs, qui
ont esté estoufees par l'ambition & l'a-
uarice: & vous veux seulement faire tourner les yeux vers les reliques de ceste miserable Hierusalem, & considerer si à l'heure
de sa ruine elle n'estoit pas à charge à la terre, & à reproche au ciel, tant pour auoir esté
le theatre où l'impieté auoit combatu la diuinité, que pour estre lors vn esgout de tout
vice & meschanceté. N'a-lon pas veu la prouidence marcher pas à pas à la peine de ce

peuple, duquel les fcelerees actions ont efté
long temps auparauāt prophetifees, & apres
auoir efté executees ont efté menacees, &
les peines qui les attendoient, annoncees?
Et quand le temps eft venu, toutes chofes ne
s'y font elles pas difpofees, & n'ont-ils pas
eux-mefmes trauaillé de façon à leur ruine,
qu'il n'a pas efté en la puiffance de leur ennemy de les fauuer? Tout a efté plus clément
enuers eux qu'eux-mefmes, & de tous les
maux qu'ils ont enduré, il n'y en a point eu
de plus cruels, que ceux qu'ils fe font faits. La
mefchanceté a cela de iufte, qu'elle fe punit
ordinairement foy-mefme, fe conduit malgré tout le monde au fupplice, & fert de
bourreau le plus fouuent à fa peine. Paffons
à la deftruction de la ville de Rome, & voyōs
quand elle eft arriuee, & de quelle façon: ce
n'a pas efté quand les mœurs y eftoient pures & fainctes, que cefte grande legalité, fidelité & magnanimité y floriffoit telle,
qu'elle a faict dire à Tertullian, que leurs
loix approchoient fort de l'innocence: mais
ç'a efté quand ils ont eu defpoüillé toute la
terre de fes richeffes, & qu'auec l'or & l'argent de toutes les prouinces, ils en ont tiré tous les vices & toutes les corruptions.
C'a efté apres que la verité leur a efté
longuement annoncee, & qu'elle n'a peu
obtenir

obtenir d'eux de les retirer d'vne inceſtueuſe
& ſacrilege idolatrie, à la pureté du ſeruice
de Dieu. Et cõment eſt elle arriuee ? par des
moyens miraculeux, & où la prouidence
s'eſt monſtree oculairement. Lon a veu des
nations incogneuës, pouſſees par des ſecrets
mouuemens & occultes inſpirations, preſque
ſans intelligence entre elles, ſe leuer toutes
entieres de leur ſiege pour venir les vnes
apres les autres inonder cet Empire. Et en
meſme temps les Empereurs & les ſuiects,
qui auoient autresfois contenu par la ſeule
reputation de leur vertu, tous les peuples du
monde ſous leur obeiſſance, ſi laſches, ſi
diuiſez & mal-aduiſez, que vous euſſiez dict
proprement que c'eſtoit la Prouidence qui
enuoyoit des ouſterõs en vne moiſſon ja bien
meure, & preſte à couper. Mais ſans diuertir aux exemples eſtrangers, examinez quel
eſtoit l'eſtat de noſtre France, quand la tempeſte nous a accueilly, & la façon dont elle
nous a battu. Ie ne veux pas nõ plus que vous
ſi mal augurer du ſalut de mon païs, ny
tellement deſeſperer de la miſericorde de
Dieu, que ie penſe deuoir eſtre icy ſa totale
ruine. Toutesfois de quelque coſté que les
choſes tournent, il ne ſe peut faire que ce ne
ſoit vn tres-grand, & horrible changement,
plein de miſere & deſolation. Pouuons-nous

G

nier que ceste calamité ne nous soit tresiuste
ment arriuée, & que nous ne fussions lors venus à vn tel desordre & si infame deprauation,
tion, que nous auions honte de nous-mesmes. & seruions d'argumét à l'impieté, pour
conclure que Dieu , qui tardoit tant à nous
punir, n'auoit point de soin des choses humaines? Ie neveux pas offéser vos oreilles par
vn nouueau recit des abominables vices, qui
regnoient parmy nous, & estre allegué par la
posterité pour tesmoin de la honte de ma nation, & de l'infamie de mon siecle. Ie me
contenteray de ce que Musée en a touché
en general, & fort retenûment, & de ce que
vous en sçauez tous en particulier à vostre
grand regret , comme ie croy. I'ay seulement enuie d'entrer auec vous en consideration de la façon, dont la Prouidence a vsé
pour nous chastier tous les vns par les autres,
menant & conduisant nos actions à fin
toute contraire à nos desseins , & faisant seruir tous nos conseils contre nous-mesmes à
nostre punitió. No' sommes icy entre nos a-
mis & tres-fideles , ie croy que ce que nous
dirós ne passera point le sueil de la porte, no'
pouuons parler libremét. Si les moyés & artifices humains pouuoient seruir de remede
contre le destin , & l'ordonnance de la Pro-
uidéce, sans doute il sembloit que le defunct

Roy se peut aisément defendre de la ruine
qui l'a accablé. Car premierement il n'y a-
uoit point d'apparence de se seruir contre luy
du pretexte de la religion : veu que non seulement il estoit Catholique, mais mesmes ex-
cessif en apparences de deuotions, iusques à
mener plustost la vie d'vn moine que d'vn
Roy.   Tellement que ce que l'opinion de la
religion peut en vn estat, estoit en sa faueur,
& sembloit beaucoup seruir à sa conseruation.   De ses sujets les Princes de son sang
estoient de son party , tant pour l'obligation qu'ils auoient à sa dignité , que pour
estre persuadez que le party , qui se dressoit
nouueau en cest Estat, estoit pour les estoufer.   La Noblesse estoit aussi quasi toute à sa
deuotion tant pour les mesmes raisons, que
pour bien cognoistre que le peuple s'esleuãt
contre son Prince, voudroit auecque luy op-
primer tout ce qui estoit eminent. Le menu
peuple de la campagne estoit si recreu des
guerres passees, qu'il ne demãdoit que le repos : celuy des villes auoit quasi tout son bien
entre les mains du Prince , soit à cause des
rentes, ou des offices, que chacun auoit ache-
té de luy. Il auoit mis aux charges des armes
& de la iudicature, tous ceux qui y estoient.
Des gens d'Eglise , les Prelats auoient tous
esté faits de sa main, & tous ceux qui espe-

G ij

roient quelque dignité, ne la pouuoient attendre que de luy : & quant aux plus petits,
il les gratifioit & fauorifoit en tout ce qu'il
pouuoit. Qui euſt iamais penſé qu'vn Roy
fortifié de tous ces moyens-là, euſt deu rien
craindre, meſmes vn remuëment qui eſtoit
la ruine euidente de tous ceux qui y pre-
ſtoient leurs mains ? Et au moins qui ſe fuſt
iamais douté, qu'il euſt peu receuoir l'iniure
qu'il ſouffrit ce iour fatal des baricades, ce
iour de la natiuité de noſtre miſere ? Ie penſe
reſuer toutes & quantes fois que i'y ſonge, &
ne puis croire ce que ma memoire m'en re-
preſente, tant cet euenemét me ſemble hors
de raiſon & de diſcours ! Le Roy eſtoit en ſa
ville capitale, aſſiſté d'vn tres-grand nombre de ſignalez Princes, ſeigneurs & gentils-
hommes : il y auoit ſon Parlement, & ſa iuſtice ordinaire : il tenoit la Baſtille, & auoit
en ſa puiſſance tous les lieux forts de la ville,
l'artillerie & les munitions de guerre : le Pre-
uoſt des marchans, les Eſcheuins, les Colon-
nels & Capitaines de la ville eſtoient tous
ſes officiers & ſeruiteurs obligez & affectió-
nez à ſon ſeruice : il auoit outre cela, bien ſix
mille hommes de guerre eſtrangers, diſpoſez comme il auoit voulu : nonobſtant tout
cela vne eſmotion de peuple eſleuee ſous vn

faux bruit, luy fit voir fon peuple armé contre luy, & fa perfonne comme affiegee dans
fon Louure. C'eftoit chofe merueilleufe à
qui euft confideré l'humeur de ce peuple
ainfi mutiné. Car de tant d'hommes qui for-
toient auec les armes, les gens d'honneur iu-
geoient bien la confequence de ce faict: & la
plufpart mefmes des autres eftoient affez
retenus de la reuerence deüe au fouuerain:
de façon que qui les euft tous interrogez à
part, il n'y en euft eu que peu ou point, qui
n'euffent defiré que ce trouble ne fuft point
aduenu, ou qu'il euft efté defia appaifé. Neantmoins la fureur qui agitoit ce peuple,
efchaufa tellement les efprits, que ceux qui
du commencement craignoient de fortir en
la ruë auec les armes, eftoient tous prefts le
lendemain d'aller affieger leur Prince fouuerain iufques dans fon chafteau. De façon
qu'il fut contraint pour fe fauuer d'abandonner la ville, & fe retirer comme à la fuitte. Encore ce peuple eftoit-il fi forcené,
qu'il l'euft volontiers pourfuiuy. Chofe e-
ftrange, qu'vn peuple qu'il auoit tant chery
& engraiffé de la defpoüille du refte de fes
fujects, auquel il s'eftoit appriuoifé & fa-
miliarifé, voire outre toute decence, qui
auoit plus d'intereft que nul autre, à la conferuation du repos public, aît à vn moment

G iij

perdu le respect de la majesté Royale, la sou-
uenance de ses biens-faicts, la crainte des
loix, la reuerence de ses magistrats, pour se
precipiter par vne telle insolence & temerité, à vn abysme de maux & de miseres. Que
veut dire tout cela, sinon qu'il y auoit quelque plus haute puissance, qui manioit ces es-
prits-là, & dónoit mouuemét à ceste seditió,
pour estre le commencement de la peine,
que Dieu auoit preparé au Roy, & à tout
son Royaume? Car ie croy que dés ce iour la
couronne luy tomba de la teste, & à nostre
grand mal-heur & au sien commença à se
briser. Et depuis toutes choses n'ont cessé de
se tourner à nostre ruine, & tous les conseils que lõ a pésé prédre pour nostre salut, se
conuertir à nostre misere & calamité, &
de ceux qui en estoient les autheurs. Mais ce
qui est le plus admirable en la suitte de nos
maux, c'est que depuis que Dieu permit que
ce pauure Estat fust dechiré en ces deux
grans partis, il s'en seruit de façon que
vous eussiez dit qu'ils estoient disposez &
dressez pour se donner l'vn apres l'autre
chacun son coup, comme s'ils eussent esté
aux gages de la Iustice diuine, pour seruir à
la punition l'vn de l'autre. Le premier coup
auoit esté celuy, que le Roy auoit receu:
grand certainement, de se voir chassé par ses

sujets de la ville capitale de son Royaume,
de se voir comme banny au milieu de son E-
stat, de se voir despoüillé de son authorité &
de ses commoditez. Il fit pour se reuencher
le coup de Blois, qui fut bien vne grande
playe à ses ennemis, mais ce ne fut pas guarison à la sienne. Il estimoit auoir estoufé par
cet acte tout le party contraire, & esteint
dans le sang de ces deux Princes les flam-
beaux de la guerre ciuile: mais tant s'en faut,
il les r'alluma, & debonda par ceste playe
les torrens de sang, qui depuis ont inondé
la France. Car vous sçauez comme aussi-
tost quasi toutes les grandes villes de ce
Royaume se souleuerent, reünirent & con-
iurerent. Vous vous souuenez comme incontinent apres il fut assiegé, & quasi pris
dans Tours. Certainement toutes choses luy
estoient ja si contraires, & la fortune sembloit si fauorable au party de la ligue, que
ceux qui en estoient pensoient auoir tout
gaigné, & se comportoient fort insolem-
mét en leur fortune. Mais la bataille de Sen-
lis leur donna incontinent sur les doigts, &
rabatit l'orgueil & l'esperance de ceux qui
estoient partis d'icy, pour aller acheter le pillage de ceste ville-là, que nous tenions desia
côme prise. Apres suiuit le siege de ceste ville
cy, qui nous mit à deux doigts pres de no-

G iiij

ftre ruïne: & de verité il n'y auoit pas moyen
de l'euiter, quand le fort commença à tourner, & que le Roy fut malheureufement tué
de ce coup efpouuentable, qui finit piteufe-
ment fa vie, & mit vne grande confufion parmy les fiens. Le cœur commença lors à croiftre à la ligue, & nouuelles efperances à reluire aux chefs d'icelle, mefmes lors que le
Roy qui eft à prefent, fut affiegé dans Die-
pe, & que lon contoit à la place Maubert,
que lon l'ameneroit au premier iour à Paris
prifonnier. Ce bon temps-là ne dura gueres:
car on fut tout efbahy qu'on le veid, & fentit
dans les faux-bourgs de Paris, & peu s'en fal-
lut dans la ville. Cela certainement nous
eftonna fort, mais ne nous fi t pas fages pourtant. La ligue eut incontinent apres vne
puiffante armee, & prift le bois de Vincen-
nes & Pontoife : lon ne fe promettoit rien
moins à Paris, finon qu'on s'en alloit prendre le Roy. Car on penfe icy que donner vne
bataille & la gaigner, ce foit vne mefme
chofe. On leur apprift bien que c'en font
deux : car la ligue donna la bataille, mais elle
y fut bien frotee. Cefte perte fut inconti-
nēt fuiuie de celle des villes de Mante, Cor-
beil, & Melun: toutefois l'heur du vainqueur
ne fut pas fi grand, qu'il ne trouuaft à Sens
vne efpine qui en arrefta le cours. Maintenāt

voicy Paris affiegé, endurant toutes les pauuretez que lon fçauroit non pas dire, mais
penfer : lon attend à prefent icy le fecours
des eftrangers, qui viendront ruiner le païs,
& s'ils peuuent s'emparer de la Fráce: qu'eft-
ce tout cela, finon vn flux & reflux de mifere? vn tour & retour de calamité, qui nous
abyfmera à la fin, fi Dieu n'a plus de pitié de
nous, que nous n'en auons nous-mefmes?
Qui eft-ce qui eft fi aueugle & de corps &
d'entendement, qui ne void que tout cela
n'eft autre chofe que la main de Dieu, qui
auec les verges des guerres nous foüette l'vn
apres l'autre à tour de roolle, fans que perfonne s'en puiffe exempter? qui ne iuge clairement qu'il fe fert de noftre malice & mefchanceté, pour nous punir les vns par les autres? Les Rois, les Princes, & la Nobleffe
font chaftiez par le fouſleuement des peuples, qui fecoüent le joug de l'obeiffáce, f'em-
parent de leurs maifons, les font errer & va-
guer çà & là auec leurs familles ruinees &
defolees : font chaftiez par les playes, auf-
quelles ils font expofez tous les iours, par
l'effufion de leur fang, dont la campagne eft
tantoft toute teinte. Le peuple d'autre cofté
eft chaftié par les gens de guerre, qui le vo-
lent, pillent & rançonnent : les villes font
prifes & reprifes, & celles qui fe peuuent

garder , mangees de garnifon , foulees de
gardes&de couruees,preſſees de difette & de
famine: & qui pis eſt les habitans s'entreuo-
lent,s'entrepillent,s'entreman gét les vns les
autres. Quant aux gens d'Egliſe,les vices deſquels ont autaut qu'autre choſe , embraſé
l'ire de Dieu ſur nous,& allumé ceſte guerre,
qu'ils entretiennét encore tant qu'ils peuuét
ils ſont le cómun jouët de tous les autres , &
cóme le ſujet de l'inſoléce & des iniures de la
nobleſſe,& du tiers Eſtat.Ie laiſſe à dire que
le ſeruice de Dieu ceſſe par tout,que l'impieté & le blaſpheme s'eſtablit , qu'il n'y a ſorte
de ſacrilege & pollution qui ne ſe commette
dãs les lieux ſainâs:nó que ce ne deuſt eſtre
la noſtre plus viue & ſenſible douleur, & neantmoins c'eſt dont nous nous plaignons le
moins.Mais quant aux biens& commoditez
téporelles,pour leſquellesn o⁹ no' ſómes tát
tourmentez,& auons pour dire vray , excité
toutes ces tragedies,comment eſt-ce qu'ils y
ſont traiâcz?Leurs benefices,leurs terres, &
reuenus ſont occupez, ruinez & bruſlez, à la
cápagne,&leurs perſónes ſótempriſonnecs,
ráçónees,&iniuriees par les villes:plus ils ont
de dignité&de preeminéce,pl' ſont ils vexez
& tourmétez.Et qui eſt encores plus remar-
quable ,c'eſt qu'ils ſót encores plus mal traittez par ceux de la faction qu'ils ont ſuſcitee,

qu'ils ne ſont pas par ceux qu'ils eſtimét
leurs ennemis. Nul grade, nulle qualité, nul
ordre , nulle ſainéteté ne les peut defendre
de l'inſolence des mutins des villes, ou ſol-
dats des armees , ou gentils hommes des
champs. O comme Dieu renuerſe les deſſeins des hommes, & cõme il les ſçait bien
punir les vns par les autres. Que reſte- il plus
pour contenter ceux qui ont douté de la
iuſtice diuine, ſinon de voir qu'encores quelques ſcelerez qui regnent en paix , & execu-
tent ſur les innocens leurs malheureuſes volontez, ſoient chaſtiez à leur tour? Nous ne
ſommes pas à la fin du jeu, ayons patiéce iuſques au bout , & nous verrons ce que nous
attendons , nous verrons (dy-ie) que le
meſme peuple qu'ils ont aigry cõtre les gens
de bien , pourchaſſera leur ruine. Car les
peuples eſmeus reſſemblent à la mer, laquelle tourmentee & tempeſtee éleue au deſſus
de l'eau toutes les ordures qui ſont au fonds,
mais peu à peu elle les jette en terre. Nous a-
uõs deſia veu l'exẽple de quelques vns, l'ambition & l'auarice deſquels a eſté payee par le
meſpris & l'iniure du vulgaire. Il faut eſperer
que les autres viendrõt à leur tour, & partici-
perõt aux afflictiõs qu'ils ont procuré à tant
d'honneſtes gens. Ce que nous auõs à craindre, c'eſt que Dieu ne no°vueille tous enueloper en vne meſme ruine , comme noûs en

fommes fort menacez, & abyfmer tout d'vn
coup tant & tant de meſchantes confcien-
ces qui font parmy nous, ne pouuant autrement venir à bout de les amender. Le remede qui nous refte c'eſt de nous proſterner de-
uotement deuant ſa diuine Majeſté, pour
flechir par l'humilité de nos prieres la rigueur de ſa iuftice, & obtenir de luy qu'il no⁹
vueille plus de bien que nous ne nous en
voulons : & que puis qu'en ce que nous auós
le plus defiré, nous auons trouué noſtre mal
en ce que nous auós le plus craint, elle nous
face par ſa toute-puiſſance retrouuer noſtre
bien. Toutefois ſi ſon ire perſeuere ſur nous,
quelque fortune qui nous attende, il nous la
faut porter patiemment, & auec grande reuerence, comme nous eſtant preſentee par
ceſte ſage & iuſte prouidence, la balance de
laquelle ne s'eſbranle iamais que par le poids
de la raiſon, à laquelle partant il nous faut
conformer nos volontez. Ie comprens bien
ce qui vous pique en ce difcours, c'eſt la meſme eſpine qui m'a eſgratigné autrefois ſur ce
meſme chemin. Vous ne pouuez entendre
pourquoy il faut qu'en tels accidens les bons
patiſſent auecques les mauuais, les innocens
auec les coulpables. S'il y a prouidence, elle eſt iuſte : ſi elle eſt iuſte, elle doit recom-
penſer les bons, & punir les meſchans, &

non pas les enueloper en vne mefme affliction. Mais pour vous leuer ce doute de l'e-
fprit, ie vous voudrois bien demãder en quel
endroit de la terre vous auez trouué cefte
innocence que vous plaignez tant , & à
quoy vous la pouuez recognoiftre? Nos
fautes & nos pechez s'exercent bien par
nos membres & parties vifibles de noftre
corps , mais ils s'engendrent en l'interieur
de noftre ame; c'eft la matrice où ils fe con-
çoiuent, laquelle ils ne foüillent pas moins
pour n'eftre pas enfantez, que f'ils venoient
au iour. Car encore les mauuaifes volontez
que nous executons, font ordinairement fui-
uies d'vn regret, qui les purge aucunement:
mais quant aux mefchantes intentions que
nous couuons en noftre efprit, comme la
braife fous la cendre , nous penfons que
pource qu'elles ne font pas cogneües, elles
ne font point mauuaifes, & ne nous en re-
tirons pas. Si ainfi eft que le fiege du peché
foit en noftre ame, & que nous n'y puiffions
penetrer , comment voulons-nous cognoiftre l'innocence d'autruy, veu que nous
fçauons combien de fois nous offenfons
Dieu nous mefmes, fans que les autres l'ap-
perçoiuent? Cela n'eft point de noftre iurif-
diction, laiffons-en cognoiftre à celuy qui
eft feul iuge des cœurs & volontez des

hommes : & s'il nous faut en cela presumer quelque chose, suiuons la presomption la plus raisonnable, presumons pour son iugement, & croyons qu'il est iuste. Comme de vray il est fort difficile qu'en vn siecle si corrompu, son foudre tombe en lieu où il ne trouue des coulpables. Les poissons ont bien ceste proprieté qu'ils naissent & se nourissent en la mer, sans en tirer la salure : mais que les hommes puissent naistre, & se nourir enl'ordure & infectió de la terre, sans en estre entachez, s'il n'est impossible, il est tres-difficile. Mais ie veux bien que vous trouuiez parmi nousvn bon nombre de personnes sainctes & du tout innocentes,&que ceux-là soient de ceux qui sont plus affligez par les miseres publicques : ie veux neantmoins soustenir qu'ils n'ont nulle occasion de se plaindre, au contraire qu'ils en doiuent remercier Dieu, comme d'vne grande faueur, & conter ces accidens-là entre les plus precieux biens qu'ils ont receus de luy. Ceste medecine vous semble amere, à voir la façon dont vous la goustez ; mais aualez-la, & vous la sentirez & douce & salutaire, & vous mettra l'esprit en repos plus que remede dont vous puissiez vser. Ouy, ie dy que ce que nous appellons miseres & calamitez, ce sont dons de Dieu, tres-precieux & profitables. Pour vous le persuader, il vous deuroit suffire, que ie vous aye monstré que la cause en est bonne, & qu'elles partent d'vne main toute bonne, de laquelle, comme d'vne viue source, deriuent toutes les veines de nos biens. Mais si la cause en est bonne, la fin en est encore meilleure ; & cela vous prouue-ray-ie aisément : toutesfois auant qu'en ve-nir là, ie veux respondre à quelques obie-ctions, que ie lis en vostre visage, que vous me voulez faire touchant les moyens qui ser-uent pour paruenir à ceste fin. Les guerres, me direz-vous, les meurtres, les pillages, les violemens, & les autres fleaux par lesquels nous sommes affligez, ne sont-ce pas choses mauuaises de soy ? ceux qui les font n'ont-ils pas dessein de nous mal-faire ? ne desirent-ils pas nostre dommage ? ne tendent-ils pas à no-stre ruine ? sçauriez-vous appeller maux nos miseres, sans accuser les vices de ceux qui en sont les instrumens, & souïllent leurs mains en tant de sacrileges & de mechãcetez ? Pour esclaircir ce doute, ie desire que vous faciez distinction entre les afflictions qui nous arri-uent : les vnes ne procedent que des cau-ses naturelles on superieures, comme la famine, tremblement de terre, peste, inon-dations, mortalitez, & autres semblables : és autres la volonté de l'homme coopere,

comme les tyrannies , les guerres, les meurtres, les pillages. Celles-là n'ont sans doute autre dessein que nostre bien : car elles
n'ont autre fin , que celle de celuy qui
les ordonne : celles-cy ont sans doute vne
mauuaise intention, car la volonté des meschans les conduist : mais c'est vn mal, dont
Dieu faict vn bien. Car encores que les
hommes particuliers , dont Dieu se sert en
tels effects, tendent à vne mauuaise fin : toutesfois la derniere fin, à laquelle il les fait a-
boutir, est nostre bien & nostre salut. Comme l'archer addresse la fleche au but que la
fleche ne voit pas : aussi les conduit-il à vn effet qu'ils n'entendent ny ne desirent pas. Ce
que nous ne deuons pas trouuer estrange
és actions de ceste toute-sage Prouidence :
veu mesmes qu'és affaires humaines bien
souuent pour paruenir à vne chose , nous
nous seruons de ce qui tend à vne autre, ou
diuerse, ou contraire. Voila vne armee de
soldats, qui vont tous la teste baissee au combat : les vns sont piquez de querelle , les autres poussez d'vn desir de gloire, les autres in-
citez par vn despit, les autres par l'espoir du
pillage : mais au bout ils se rangẽt tous à l'intention du general, qui est à la victoire. Les
bons & les meschãs sont en ce mõde à la sol-
de de Dieu, & cõbatent pour sa gloire : quelques

ques-vns comme choisis & instruits, les autres comme forçats & esclaues. Pourquoy
(me direz-vous) se sert-il des meschans, luy
qui est tout-bon & tout-puissant? n'a-il pas
d'autres moyens d'effectuer ses volontez? Il
n'a pas faict les meschans tels, ils se sont rendus tels d'eux-mesmes: mais puis qu'ils sont
tels, il faut qu'ils luy seruent de quelque chose. Vn grand ouurier ne doit rien laisser
d'oisif en son officine. Des choses les plus
mauuaises l'art en tire des effets tres-bons &
tres-salutaires. Ie vous diray dauātage, qu'il
y a beaucoup de choses tres-vtiles, qui ne
pourroient pas subsister, s'il n'y auoit quelque chose mauuaise dedans. Ce celebre me-
dicament (inuention vrayemēt diuine) contre les poisons, la Theriaque, a pour son principal ingredient la Vipere, qui est l'vn des
plus venimeux de tous les serpēs. Voudriez-
vous reprendre Dieu de ce qu'és afflictions
qu'il nous enuoye, cōme vn medicamēt aussi
necessaire, que salutaire pour la purgation
de nos ames, il y mesle quelque peu de ceste
vipere humaine, qui est la peruerse volonté
des meschans, laquelle il tempere de telle façon par plusieurs autres sucs qu'il y adiouste,
& par le feu de la saincte charité, dont il nous
aime, qu'elle ne nous peut rien apporter
de mauuais que le goust, qui nous semble

H

vn peu amer, comme font tous les medica-
mens qui ont grande vertu. L'effect sans
doute en est tousiours bon, & la fin n'est certainement iamais autre que nostre bien &
profit, soit que nous soyons vertueux, soit
que nous soyons vicieux, soit que nous
soyons innocens, soit que nous soyons coupables. Et premierement quant aux gens
de bien, que peut faire mieux vn pere pour
ses enfans, qui ont à viure en vne prouince exposee à la guerre, que de les nourrir au
trauail, les apprendre à porter le chaud &
le froid, la faim & la soif, les dresser aux armes, à ne rien craindre, à aller aux coups
comme aux nopces? Ceux qui ont esté eleuez de ceste façon, viuent libres, conseruent leurs biens, acquierent de l'honneur
& de la gloire, & sont estimez heureux: au
contraire ceux qui ont esté tenus delicate-
ment, & ont apoltrony leurs ames par les
delices, sont la proye des autres, seruent
humblement au plus fort, endurent toutes
sortes d'iniures, viuent & meurent sans honneur. L'homme entre au monde comme
en vn champ de bataille, où toutes sortes
de maux l'enuironnent: depuis sa naissance
iusques à sa mort, il n'a autre exercice que
le combat. Vous estonnez-vous si ce bon &
sage pere nous veut souuent exercer, pour

nous endurcir au trauail? point point, il ne
nous flatte pas en sotte mere, qui gaste ses
enfans : mais nous rudoyé en sage pere, qui
les manie austerement. Il nous tient continuellement en haleine, & nous exerce non
seulement iusques à la sueur, mais mesmes
iusques au sang. Il sçait bien que le soldat ne
deuiét capitaine qu'en trauaillant, veillant,
patissant, souffrant, endurant, supportant le
iour, la nuict, le froid, le chaud, la pluye, le soleil. Le matelot ne deuient pilote qu'entre
les tempestes & les orages:& l'homme ne deuient vrayement homme, c'est à dire, courageux & constant, qu'entre les aduersitez.
C'est l'affliction qui luy fait cognoistre ce
qu'il a de force : c'est elle qui, comme le fuzil
du caillou, tire de l'homme ceste estincellé
de feu diuin qu'il a au cœur, & fait paroistre
& reluire sa vertu. Il n'y a rien si digne de
l'homme que de surmonter l'aduersité, ny
moyen de la surmonter qu'en la combatant,
ny moyé de la combatre qu'en la rencótrát.
Voilà la premiere vtilité qu'apporte l'affliction à l'homme de bien, qui n'est pas petite.
Comme ceste-là a quelque trauail adjoint à
soy, celle qui suit a beaucoup de cósolation.
Elle consiste en ce que la calamité luy fait
cognoistre quel conte Dieu fait de luy. Car
il faut estimer qu'il ne nous met aux hazards

& aux dangers, que pour quelque bonne
opinion qu'il a de noftre vertu, & pour le
defir qu'il a de nous voir bien faire. Le capitaine ne choifit pas vn foldat de peu, pour
tenter vne penible & hazardeufe entrepri-
fe : il trait les plus courageux, & ceux dont
il fait plus de cas, pour leur donner la poin-
te. C'eft vn iugement d'honneur que de
commettre vne charge fafcheufe à vn homme. Les Payens mefmes ont faict ce iuge-
ment-là des aduerfitez, & ont eftimé que
ceux à qui elles arriuoient, eftoient des plus
chers amis de leurs Dieux : par ces degrez-là
ils font monter Hercules au ciel. Et quant
à nous, mieux inftruits qu'eux, nous auons
noftre leçon par efcrit, qui nous chante que
nous ne ferons point couronnez, fi nous ne
combatons. Ne deuons-nous pas eftimer
que quand nous fommes inuitez au combat, nous fommes inuitez à la gloire? Quelle
voix penfez-vous qui peuft eftre plus agreable à ceux qui fe prefentoiét aux jeux Olympiques, que celle de la trompette qui les ap-
pelloit pour entrer en la lice? Ne croyez-
vous pas mefmes qu'en l'ardeur du duel, le
defir qu'ils auoient de plaire au peuple, &
en remporter vn honorable iugement, leur
oftoit le fentiment de la peine, & leur ren-
doit leurs playes douces? Or outre le plai-

fir que nous receuons en noftre ame, pendant que nous fommes occupez à de belles
& genereufes actions,& que par maniere de
dire la conftance eft en œuure & lutte contre l'aduerfité, il nous en demeure encore
vn bien plus grand coup apres, & lors que
nous fommes deliurez, & nous auons trouué le port. Car il n'y a rien fi doux au monde, ny qui contente plus noftre ame, que le
tefmoignage que rend noftre confcience à
la vertu,& la memoire qui nous demeure
d'auoir courageufement combatu l'infortune. Nous nous fentons lors remplis d'vn
indicible contentement, & nous femble
que la fplendeur d'vne vraye & faine gloire
reluit à l'entour de nous,& nous donne
quelque preeminence entre les hommes.
Il fe tire encore vn autre bien de noftre patience, qui ne nous doit pas moins confoler que les precedens. C'eft le fruict que
recueillent ceux qui viennent apres nous de
noftre exemple, qui leur fert comme d'vn
flambeau pour leur efclairer aux belles &
glorieufes actions. Nous deuons à la po-
fterité la plus-part de nos plus viues affections:& me femble que ceux qui font naiz
à l'honneur, n'ont point de fouhaits plus
ardens ny plus ordinaires, que de pouuoir
facrifier leur vie pour le bien public. De

H iij

façon qu'il me semble que les occasions, qui
nous donnent moyen d'instruire les autres à bien faire à nostre imitation, & nous
rendre illustres à l'aduenir par la recommandation de nostre vertu, nous doiuent
estre fort agreables : pource qu'elles nous
sont fort honorables, & profitables à la posterité. Le sang & les sueurs de ceux qui
se comportent vertueusement en leurs calamitez, sont autant de fontaines qui ne ta-
rissent iamais, d'où coulent en l'ame de
ceux qui viuent aux siecles d'au dessous, vn
genereux desir de leur ressembler. Il n'y
a donc point de doute que les gens de bien
ne reçoiuent profit des calamitez qui leur
arriuent, & que le public n'en tire de grandes commoditez. Voyons s'il en est ainsi
de celles qui arriuent aux coupables, qui
sont bien en plus grand nombre que les autres. Ouy certainement. De ceux qui
sont déuoyez du chemin de la vertu, & de
l'obeissance qu'ils doiuent à Dieu (qui est la
vraye & vnique innocence) il y en a de deux
sortes : les vns ne font que commencer à
s'esgarer, les autres sont comme tout perdus : aux vns & aux autres l'affliction est le
salutaire & necessaire remede. Aux premiers elle sert d'vn benin & paternel cha-
stiment : c'est comme les verges dont Dieu

rameine à son deuoir celuy qui se desbau-
che : vsant en nostre endroit de l'office d'vn
sage pere, lequel corrige ses enfans d'autant
plus soigneusement, qu'il les aime cherement : il les chastie en leurs premieres &
plus legeres fautes, de peur que negligees,
elles ne se tournent en habitude, l'habitude en crime, & qu'ils ne tombent entre les
mains de la iustice publique, pour n'auoir
pas souffert la reprehension domestique, &
qu'ils n'endurent vn honteux & cruel supplice, pour n'auoir pas enduré vne paternelle & charitable correction. Ie vous diray plus, que Dieu, comme il est infini-
ment sage, & encores meilleur en nostre
endroit, preuient souuent nos fautes : &
comme il voit nos volontez panchees à mal-
faire, il nous redresse par les aduersitez, comme par vn mors qu'il nous met en bouche,
pour arrester nostre mauuaise inclination,
& domter nos affections par nos afflictions.
Disons verité, combien de fois en nostre
vie la Prouidence nous a-elle surpris en
de mauuaises pensees, & nous donnant
sur les doigts, nous a-elle faict lascher prise ? Combien de mauuaises rencontres a-
uons-nous eües, qui ont parlé à nostre conscience, rabattu nostre orgueil, & nous
ont aduerty que nous estions hommes ? On

H iiij

dit que le grand Roy François (vrayement grand, car il auoit de grandes vertus & de grands vices) ayant esté pris prisonnier à la bataille de Pauie, fut mené en vn Monastere, où la premiere chose qui se presenta à ses yeux, fut vne inscription qui estoit sur le portail, de ce verset d'vn Pseaume : Cela va bien, Seigneur, que vous m'ayez abbaissé, pour m'apprendre que c'est que de vostre iustice. Vn autre imputera ceste rencontre au hazard, de moy ie l'estime vn œuure singulier de la Prouidence diuine, qui a fait trouuer ce Prince à cet endroit, apres vne telle fortune : à fin qu'il veist sa leçon par escrit, & entendist l'aduertissement que Dieu luy donnoit, de faire profit de sa calamité, & moderer ceste vanité, auec laquelle il gastoit & corrompoit beaucoup de belles vertus qui estoient en luy. Plus les Princes sont puissans, plus ils sont veillez de ce souuerain gouuerneur, qui cognoissant l'importance de leurs actions à la ruine ou conseruation des peuples, leur retient ou lasche le cœur & la main, selon qu'il iuge à propos pour nostre bien & pour sa gloire. On ne sçauroit mieux dire que l'Escriture : Le cœur des Rois est en la main de Dieu. Ce sont les procureurs & administrateurs, qu'il enuoye icy auec puissance fort libre & fort

ample: laquelle toutesfois il ſçait bien reuo-
quer ou moderer, quand il luy plaiſt. Puis
que ce diſcours m'a ietté à cet exemple, i'y
adiouſteray celuy d'vn ieune gentilhomme
François, lequel de nos iours auoit fait gra-
uer ces mots en vn poignal: le frape ſans reſpect. Il aduint qu'en danſant vne volte ſon
poignal ſe deſgaina, & le bleça ſi auant en la
cuiſſe qu'il en cuida mourir. Ie vous laiſſe à
penſer, ſi ce coup ne parloit pas à luy , & ne
luy reprochoit pas ſa temerité? Or ſoit que
nous conſiderions les afflictions, qui nous arriuent, ou auant que nous tombiõs en quelque faute , ou apres nos premieres & plus legeres fautes, nous trouuerõs que Dieu nous
traitte touſiours fort indulgemment. Ce ne
ſont ordinairement que douces corrections,
ſemblables à celle des Perſes , qui fouëttent
les habits au lieu de ceux qui ont failly. Il ne
s'attaque qu'à nos biens, à nos honneurs, à
quelques haillons comme cela , il nous les
oſte quelquesfois pour vn temps, comme on
fait les couteaux & les daguettes aux petits
enfans, de peur qu'ils ne s'en bleccnt. Voila
quant aux premiers, quant aux autres qui
ſont incorrigibles, que le chaſtiment paternel n'a peu flechir, & auquel Dieu eſt contraint de ſe monſtrer iuſte iuge, & decerner
vne rigoureuſe peine ; on ne peut dire que

leur calamité ne foit trefbonne & tres-vtile.
Si nous confiderons la perfonne de celuy
qui l'enuoye, l'immuable loy de fa iuftice e-
ternelle, veut que ce qui ne fe peut amender
foit ofté & retranché de ce monde: fi nous
confiderons l'intereft general de la focieté
humaine, il eft certain qu'elle ne pourroit
fubfifter, fi les mechans n'eftoient chaftiez &
retenus par la rigueur de la peine, puis que
l'amour de la vertu ne les peut côtenir. Ceux
qui gouuernent des villes ou des bourgades,
iugent que pour les conferuer il faut de neceffité chaftier les coupe-bourfes & larrons
particuliers : & vous ne voudrez pas que celuy qui gouuerne tout le monde, puniffe les
Rois, les Princes, les republiques, & les villes
toutes entieres, defquelles la puiffance & authorité eft exempte des loix ciuiles, & n'a
plus rien par deffus pour la punir que la iuftice diuine, fans laquelle le mal feroit fon progrez par tout, & eftendroit fa corruption par
tous les autres endroits du monde? Or qui
eft-ce qui peut improuuer ce qui profite à
tout le monde, & s'en plaindre en fon particulier? Ce qui nous eft commun auec d'autres, nous l'appellons noftre: vn bien qui appartient à tout l'vniuers, ne l'appellerons
nous pas noftre bien? N'auons nous pas tous
intereft, qu'il arriue des exéples de la iuftice

diuine, qui apprennent aux hommes qu'il y
a vn œil tout-voyant là haut, qui iuge & examine toutes choses, & qu'on oye la voix des
meschans entre les supplices, qui aduertisse
les autres

D'aimer iustice, & n'oublier pas Dieu?

C'est chose trop claire & trop aisee à persuader aux hommes, qu'il faut que les meschans soient punis. Mais peut estre, que ce
qui sera plus difficile, sera de leur persuader
que la calamité meritee, qui leur eschet pour
peine, est pour leur bien & profit. Ce deuroit
bien estre sans doute le premier souhait de
l'homme, de ne point meriter la peine: mais
l'ayant meritee, le second doit estre de l'a-
quitter vistement. Car ce que Dieu enuoye
aux hommes en ce monde pour les punir, ne
procede point d'vn esprit qui leur vueille
nuire, mais seulement arrester le cours de
leur meschanceté; & ce faisant arrester aussi
le cours de leur misere. D'autant que la iustice diuine ayant à proportionner la rigueur
des peines à la grandeur des crimes, plus elle
laisseroit regner les meschans, plus elle croi-
stroit la mesure de leur tourment. Voulez
vous voir que la peine est le bien des meschans? Souuenez vous de ceux que vous a-
uez veu au supplice, qui loüoient la iustice &
les loix qui les faisoient mourir. O que saints

font les foudres, qu'adorent mefmes ceux
qui en font frapez! Ie vous diray dauantage,
qu'il s'en eft veu, qui ayans commis de grans
crimes, eftoient tellement trauaillez en leur
efprit, qu'apres auoir efté longuemét cachez,
ils fe feroient venus eux-mefmes accufer, &
fous-mettre à la peine, comme à l'expiation
de leur forfaict: eftimant le tourment ordonné par les loix, beaucoup plus doux que celuy que leur donnoit leur confcience. S'il fe
trouue des coupables, qui reçoiuent en gré
la mort ordonnee par les loix ciuiles pour
leur mesfait, & y trouuent quelque confolation: à combien plus forte raifon doiuent-ils
auoir agreable la calamité decernee par la
iuftice diuine, laquelle receuë auec vn efprit
patient & doux, s'ils ont encore à viure en ce
fiecle, purifie leur ame, & met leur confcience en repos, & s'ils y meurent les deliure des
tourmens eternels? Si nous auons vn mem-
bre pourry, nous allons chez le Chirurgien,
& fi nous n'y pouuons aller, nous l'enuoyons
prier de venir pour nous le couper, de peur
qu'il n'infecte & gafte le refte: & ne voulons
nous pas que noftre ame, pour fe garentir de
l'ordure & pollution que noftre corps & nos
biens luy apportent, s'en laiffe defpoüiller
par ce fouuerain medecin, qui vient de luy
mefmes à nous, & ne fait rien que pour no-

ſtre bien? l'apperçoy bien en vos contenances, que de ce diſcours comme d'vn feu peu
clair ſe leue vne fumée, qui vous cuit aux
yeux. C'eſt à mon aduis, vne grande inegali-
té & deproportion qui ſe voit en la punition
des meſchans, qui diminuë la foy de ce que
nous auons dit de la Prouidence. Car nous
voyons ordinairement, que des meſchans les
vns ſont punis, les autres ne le ſont pas: les
vns, qui ont fait beaucoup de meſchācetez,
endurent peu de peine, les autres au contraire. A ceſte obiection il me pourroit ſuffire de
ce que ie vous ay dit cy deſſus: que la volonté
de Dieu eſt la ſouueraine iuſtice, que puis
qu'il le veut ainſi, il eſt bien. La meſme raiſon, pour laquelle il fait toutes choſes, veut
auſſi que perſonne ne luy en demāde raiſon.
Ses conſeils ſont abyſmes profonds & inſcru-
tables, & où nos yeux, qui à peine voyent ce
qui eſt à nos pieds, ne peuuent penetrer: &
toutesfois ſi nous la voulons ſuiure à taſtons,
nous la trouuerons ſi iuſte, voire ſi liberale,
qu'elle nous rēdra raiſon de ce meſme, dont
elle n'en doit point: & trouuerons ſa iuſtice
en la plus-part des choſes qui nous trauaillent, touſiours egale à ſoy-meſme. Et bien
que pour vn temps elle ſe cache, à la fin elle
ſe decouure, & paroiſt de meſme couleur en
vn endroit qu'en l'autre: imitant les riuieres

qui se perdét en terre en quelques endroits,
mais viennent neantmoins à se decouurir &
resourcer, quand elles approchét de la mer.
Premierement quant à ce que vous pensez,
qu'il y ait des meschans impunis, vous vous
trôpez: la peine & la meschanceté sont sœurs
iumelles, qui naissent ensemble, & ne s'abandonnent point. Le remords de conscience
piquant & aigu, les ennuis mornes & sourds,
les repentances ameres sont bourreaux do-
mestiques, qui ne manquent iamais. Ne pensez pas que ce soient fables, ce que les Poëtes
representent des Furies auec des brandons à
la main, qui viénent reueiller les coupables:
c'est vne image peinte au vif, & tirée apres
le naturel de la passion, qu'endurent les meschans tourmentez par leur propre conscience. N'estimez pas que les douleurs d'vne
rouë, ou d'vn feu, ou de quelque autre humain supplice, approchent en rien de la cruauté des fureurs qui agitent l'esprit des sce-
lerez. Quelle peine eust-on peu excogiter,
qui eust autant gehenné ce Catule, qui auoit
persecuté les Iuifs, que faisoit sa conscience,
luy representant en ses songes vne grande
multitude d'hommes par luy massacrez, qui
tous hideux & sanglans luy descouuroient
leurs playes, luy redemãdoient leurs enfans
qu'il auoit faict meurtrir, leurs biens qu'il

auoit pillé, & au bout de là le menaçoient &
luy predifoient d'horribles calamitez? Quelle rouë penfez-vous que c'eftoit à Herode,
d'entendre de iour & de nuict les efprits de
fa femme & de fes enfans, qui luy repro-
choient auec iniures fa cruauté, de les auoir
fait malheureufement & inhumainement
affafiner? Quelles richeffes, quelles magnifi-
cēces, quelles voluptez peuuēt refiouïr ceux
qui font en telles penfees? Toute leur vie
n'eft-elle pas vn fupplice continuel? Mais ie
veux qu'il s'en trouue, qui euitēt en ce monde ces tourmens-là. Quel peuple, pour fi bar-
bare qu'il ait onques efté, a iamais douté
qu'il n'y ait des enfers, qui les attende apres
la mort, & où leurs peines doiuent eftre d'autant plus rigoureufes & horribles, qu'elles
auront efté differees à ce temps-là, & pour e-
ftre acquittees lors qu'ils en feront plus fen-
fibles? Leur tourment ne commence pas en
cefte vie, de peur qu'il ne finiffe auec la vie: il
les attend lors qu'ils feront en lieu, où ils les
puiffent retenir pour iamais. Et cela les mechans le prefentent affez, & en dōnent prou
de marques. Car combien en voyons nous,
lefquels auoient femblé auparauant viure a-
uec vne grande fecurité & repos d'efprit, qui
approchans de leur fin ont commencé à fe
defefperer, demener & tourmenter, predi-

sans les miseres qui les attendoient là bas?
Les mechans n'eschapent donc point les
mains de la iustice diuine; mais quelques-vns
disent, qu'ils sont punis trop tard, & que la
Prouidence a tort de les supporter si long
temps: car s'ils estoient chastiez des premie-
resfautes, ils ne commettroient pas puis a-
pres les secondes. Il est fort aisé de satisfaire
à ceste curieuse obiection: car quand la Prouidence n'auroit autre occasiõ d'estre si len-
te à punir, que pour nous seruir d'exemple à
ne rien precipiter, quand il est question de
iuger de la vie des hommes, elle auroit assez
de raison. Pleust à Dieu que nous feissions
bien nostre profit de l'instruction, qu'elle
nous donne en cet endroit: elle qui n'ignore
rien, qui cognoist le fonds de nos pensees, ne
va au iugement qu'à pieds de plomb, que deuons-nous faire, nous qui aux choses plus
claires ne voyous goutte, & en celles que
nous estimons les plus certaines sommes ordinairement trompez? Si nous prenions autant de loisir & de soin, pour iuger de la Prouidence, que la Prouidence en prend pour
nous iuger, nous en serions mieux informez
que nous ne sommes, & trouuerions qu'elle
ne fait rien qu'auec tres-grande iustice & sagesse. Mais elle a encore vne autre euidente
occasion de ceste tardité: elle veut rendre les
incorrigibles,

incorrigibles, inexcufables, & leur ofter tout
fubjet de dire, qu'ils n'ont pas eu moyen de
s'amender : & aux flexibles elle veut donner
loifir de fe recognoiftre, & reuenir au port
de falut. Il s'eft veu beaucoup d'hommes au
monde, defquels fi Dieu euft puny les premieres fautes à la rigueur, il euft eftoufé de
grandes, voire admirables vertus, qui depuis ont fleury en eux. Les premiers & plus
chauds boüillons de la ieuneffe iettent quelquefois leur efcume, qui rend mefmes la
vieilleffe plus pure & plus moderee. Ce que
le Poëte Grec a voulu fignifier, quand il a re-
prefenté Vlyffe, qui l'efpee au poing contrai-
gnift Circé de luy rendre fes compagnons,
& les reftituer à leur premiere forme : car il
dit qu'elle les luy rendit plus beaux & plus
purs qu'ils n'auoient iamais efté, Voulant
nous faire par là entendre, que quand la raifon, qui eft fignifiee par l'efpee, contraint la
volupté, qui eft fignifiee par Circé, de remettre les hommes à leur vray naturel, &
les rendre à leur premiere perfection, ils deuiennent plus beaux que s'ils n'auoient iamais efté foüillez par les delices, & font comme efcurez par la terre & la lie du monde,
dont ils s'eftoient falis. Voulez-vous encore
vne autre raifon de la tardiue execution des
iugemens de Dieu contre les coupables ? c'eft

I

qu'il n'a pas toufiours ces bourreaux prefts:
il ne punit les mechans que par les mechans:
il attend quelquefois à chaftier vn tyran iufques à ce qu'il fe trouue quelque cruel & af-
feuré meurdrier, pour entreprendre de l'af-
faffiner: quelquefois il attend la faifon plus
propre, à fin d'auoir plus de fpectateurs de fa
iuftice, & que l'exemple en foit plus fignalé;
quelquesfois il y veut garder des folennitez
& des ceremonies, pour rendre l'acte plus
celebre. Ainfi voulut-il que Cefar fuft tué
dans le Senat, duquel il auoit vfurpé l'authorité, & deuant la ftatuë de Pompee fon gen-
dre, duquel il auoit fi ambicieufement pourfuiuy la ruine. Ainfi voulut il depuis, que
Brutus & Caffius fe tuaffent des mefmes poi-
gnals, dont ils auoiét tué Cefar. Mais de toutes les obiections qui fe font contre la Prouidence, celle qui femble eftre plus difficile à
foudre, eft, à mon aduis, que nous voyós bien
fouuent que les vns font la faute, & les autres
en portent la peine, & comme difoit le vers
de Solon,

Souuent pour vn mefchant, Dieu perd vne cité:
le pere fait la faute, & le fils ou petit fils en fera miferable. Quivoudra auffi curieufement
efplucher les effects de la Prouidence pour
la defendre, comme lon fait pour la deftrui-
re, la difficulté fera bien aifee à refoudre: &

en ce que lon veut arguer beaucoup d'ini-
quité, on y trouuera beaucoup de fageffe &
de iuftice. Car par cefte façon Dieu aduertit
tous les hommes de veiller pour empefcher
le mal, & le chaftier quand il eft commis : de
peur que filon attend qu'il y mette la main,
il ne fe prenne auffi bien à ceux qui l'ont permis, qu'à ceux qui l'ont commis. Que péfez-
vous que la couftume qui s'obferuoit entre
les Romains, de decimer les legions, voire
toutes les armees, qui auoient fuy, donnoit
de courage aux bons foldats pour tenir ferme, & mourir pluftoft glorieufement de la
main de l'ennemy, que honteufement de la
main d'vn bourreau? Qui eft-ce qui ne louë
la loy, qui eft en Turquie, par laquelle les habitans d'vne ville, ou d'vn bourg font tenus
de refpondre du vol, qui a efté fait dans leur
territoire? cela les rend fi diligens à y pouruoir, qu'on n'oit point parler qu'il s'y en
commette. En naiffant en ce monde, en
nous habituans aux villes & aux païs, nous
contractons vne taifible focieté, & nous o-
bligeons enuers Dieu les vns pour les autres.
Il eft le vray & premier feigneur de la terre,
& de tout ce qu'elle contient: il nous la baille à iouir à tous en commun, à la charge d'e-
ftre gens de bié, à peine d'encourir la rigueur
de fon ire: pourquoy ne ferons nous pas foli-

dairement responsables des conditions, ausquelles il nous a doné tant de biens? Si nous
auons contracté auec vn marchant d'vne
compagnie,tous ses associez en sont tenus: si
vne ville ou communauté nous doit quelque chose,nous faisons executer les particuliers. Si ceste pensee nous fust souuent ve-
nuë en l'esprit dés le commencement de nos
remuemens, & que nous nous fussions proposé, que nous auions à porter indifferem-
ment la peine des insolences,brigandages &
meschácetez , que nous auons veu commettre,& que nous auons nourry & fomenté par
nostre indulgence , & (pour parler franchement) par nostre lascheté , lors que nous les
pouuions aisément estoufer à leur naissance:
nous nous fussions, ou ie me trompe, garen-
tis de tant de maux qui nous tourmentent,
& nostre païs de la ruine qui le menace.
Mais pendant que chacun a songé à sauuer
son particulier, le public a esté abandonné à
ceux qui l'ont voulu dechirer. Nous nous
trouuons maintenant engagez sous sa cheute, & apprenons trop tard que le dire de Solon est trop vray : Qu'il n'y a iamais serrure
ny verrou , qui puisse empescher que le mal
public n'entre dans les maisons priuees. En
vain celuy pense il sauuer sa maison , qui laisse perdre l'estat. Il est bien dit certainement,

Celuy qui trahiſt ſon païs, ſe liure ſoy-meſme. Reſpondons vn mot à ceux qui ſe plaignent, que les enfans portent la peine des
pechez de leur pere. Ie ne ſçay pourquoy ils
le trouuent ſi eſtrange : veu que les loix ciuiles eſtendent iuſques aux enfans la peine de
ceux, qui ſont condamnez pour crime de le-
ze maieſté. Eſtimez-vous la maieſté de Dieu
moindre, que celle des Rois & des Princes
du monde ? & ne penſez vous pas que la meſme conſideration qu'ont eu les legiſlateurs,
Dieu ne l'aye auſſi, & qu'il ne deſire contenir
les meſchans par la crainte de ce qui les peut
dauantage eſmouuoir ? Tel n'eſt pas retenu
par ſon propre mal, qui l'eſt par celuy qui eſt
propoſé à ſes enfans. Nous ſommes beaucoup plus affligez de leur miſere, que de la
noſtre. A quoy peut eſtre mieux employee
ceſte charité paternelle du père enuers ſes
enfans, que pour le lier plus eſtroittement à
l'obeïſſance & ſeruice de Dieu, & le coniu-
rer par le bien & par la fortune de ſa poſterité, à ne le point irriter. Or puis que toutes les
afflictions que nous endurons, nous arriuent
de la main de la Prouidence, nous arriuent
iuſtement, nous arriuent ſalutairement : encore que bien ſouuent nous n'en comprenions pas la cauſe, & n'en preuoyons pas la
fin, ſi deuons nous nous y accommoder dou-

I iij

cement, & honorer par noſtre patience &
humble ſilence, le ſaint iugement de celuy,
qui l’a ainſi ordonné. Car comme és ſacrifices d’Eleuſine, à ce que recite Clemens
Alex. les nouices & initiez demeuroient
tout du long du ſeruice couchez par terre:
auſſi en ce grand temple du monde, durant
le ſacrifice que nous deuons faire continuellement à la ſapience eternelle, en la contemplation de ſes œuures, nous n’auons point
de contenance qui nous ſoit ſi ſeante, que
l’humilité, la recognoiſſance de ſa grandeur
& de noſtre baſſeſſe, de ſa puiſſance & de
noſtre infirmité, de ſa ſageſſe & de noſtre temerité, de ſa bonté & de noſtre peruerſité.
Ployons donc volontairement ſous ſon ordonnance, ſoit que noſtre ville pour ſa vieilleſſe & caducité ait à tomber par terre, & o-
beïr à la loy commune des choſes creées: ſoit
que par le tour & viciſſitude des affaires humaines, l’honneur & la magnificence dont
elle a iouy ſi long temps, doiue eſtre transfe-
ré ailleurs: ſoit que la fin des ſiecles approĉ-
che, & que la ruine commune, qui doit accabler toutes les parties de la terre, nous eſbranle les premiers, & commence chez
nous ce qu’elle doit eſtendre par tout: ou
ſoit (& c’eſt ce que ie crains le plus) que Dieu
vueille punir tout à vn coup tant de trahi-

fons , de perfidies, d'affaſſinats, d'empoi-
ſonnemens, d'adulteres , d'inceſtes, de blaf-
phèmes , & d'hypocriſies , que noſtre ville a
couué depuis quelques annees, & notam-
ment depuis trente ans en ça , acquieſçons à
ſa volonté, ſuiuons gayement vn ſi ſage capitaine, & qui nous aime tant. S'il nous
meine aux coups, il nous meine à la gloire: ſi
ce n'eſt que par les playes , elles ſeront honorables: ſi c'eſt par la mort, elle ſera heureuſe,
pourueu qu'elle nous arriue en luy obeïſ-
ſant. Embraſſons donc la conſtance, &
nous plantons droits ſur les pas de noſtre
deuoir, tournant touſiours le viſage deuers
l'aduerſité: nous vaincrons eſtant ſurmon-
tez , les coups qui nous fraperont, nous affer-
miront dauantage , nous laſſerons & eſton-
nerons le mal par noſtre aſſeurance. Comme ce tant celebre Callimaque, en la bataille de Marathon , qui tout tranſpercé de fle-
ches demeura droit, ſouſtenu par les traicts
meſmes qui l'auoient tué : & donna tout
mort qu'il eſtoit l'eſpouuante aux barbares
qui l'eſtimoient immortel de ce que tant de
coups ne le pouuoient faire tomber. Les afflictions qui ſont portees conſtamment, &
auec le contre-poids de la raiſon , nous entretiennent droits & fermes:&au lieu qu'autrement nous pancherions trop vers la ter-

I iiij

re, nous releuent vers le ciel. Car nous n'a-
uons rien qui nous tefmoigne tant l'immortalité de nos ames, & face refplendir plus
clairement l'efpoir de la vie eternelle, que le
courage que nous donne la conftance : laquelle nous exhortant aux braues & genereufes actions, & à la patience, femble nous
en propofer quant-&-quant la recompenfe, & nous donner vn fecret reffentiment
du lieu où nous la deuons attendre. Qui n'eft
pas en ce miferable & mortel monde, où
tout eft plein de mifere & pauureté, & où
(comme dit le Poëte Grec) la calamité fe
promeine continuellement fur les teftes des
hommes: mais là haut au ciel en vne cité permanéte, qui eft le vray & naturel domicile de
l'ame, & le port, où apres les flots & la tourmente de la terre, elle doit furgir & fe repo-
fer eternellement, pleine de refiouïffance &
de contentement, tels que luy peut donner
l'heureux obiect & la fainte fruition de toutes les beautez & bontez du monde, puifees
en leur pure & premiere fource. Orphee a-
cheua là fon difcours, mais encore qu'il fe
teuft, nous ne laiffions pas d'efcouter, pen-
fans que noftre filence l'inuiteroit à continuer: car nous ne nous pouuions affouuir de
l'ouïr. Il fe leua le premier, & nous apres fort
à regret. Et lors Mufee luy dit, Ie m'atten-

doy, quand vous estes venu à toucher ceste
derniere côsolation, de l'esperáce que nous
deuôs auoir en l'autre vie, que vous nous re-
citeriez quelque chose des propos que ie
vous ay autrefois ouy côter, que ce bon vieillard, qui tenoit le premier lieu en nostre Senat de France, aux mœurs duquel reluisoit la
legalité Frãçoise, que nous aimiõs tant & ho-
norions tous, tint à ceux qui l'allerent visiter
le iour auparauant qu'il mourut. Il y a tantost huict ans qu'il est mort, & le bon-heur
de la France auec luy. Ie pris si grand plaisir
à ce peu que vous nous en distes lors, que
tousiours depuis i'ay gardé ceste enuie de
vous prier de me les reciter tout au long. Ie
vous ay (respondit-il) dit tout ce que i'en
sçauois : car ie n'arriuay que sur la fin de son
discours. Mais voilà Linus qui fut tout ce
iour-là auec luy, lequel pourra contenter
vostre desir. Cela merite bien vne autre
apres-disnee, reseruez-le à demain.

FIN DV II. LIVRE.

DE LA CONSTANCE ET

CONSOLATION ES CALA-
MITEZ PVBLIQVES.

LIVRE III.

’AVOIS autresfois tenu comme vn conte de vieille, ce que Homere escrit, Que ceux qui nauigent vers les Lotophages s’affriandent tellement du Loton (qui est vn plaisant & delicieux fruict) qu’ils ne se soucient plus de leur païs, & perdent l’enuie d’y retourner. Mais y repensant ces iours cy, i’ay commencé à soupçonner, que l’autheur de ceste fable a voulu par là, comme par vn mystere de l’ancienne sagesse, faire entendre que les Philosophes qui habitoient en ces quartiers là, entretenoient les hommes qui y arriuoiét de discours si doux & si agreables, qu’ils leur faisoient oublier leurs propres & particulieres affections, par la contemplation des choses celestes & diuines. Ce que i’ay iugé par

exemple fort faifable: car i'ay trouué mon
efprit tellemét alleché & allegé par les deux
apres-difnees paffees, que ie n'auois plus
aucun autre foin ny fouhait, que de reuoir
ces honneftes gens-là, & iouïr à cœur faoul
de leur tant douce compagnie, & agreable
confolatiō. Ie vo' iure qu'apres les auoir ouy,
il me fembloit que i'auois changé de fortune: & que comme Cenee de fille deuint garçon, ainfi de pufillanime & effeminé i'eftois
rendu conftant & courageux, & de miferable quafi heureux.   Tant a de puiffance fur
nous la parole & le difcours, animez d'vne
viue raifon, à changer nos opinions, & auec
nos opinions nos paffions.   Ie croy, que
comme en la mufique ceux qui chantent
ont autant, voire plus de plaifir, que ceux
qui efcoutent: auffi ces fages perfonnages-
là auoient remporté de cefte conference le
mefme contentement que moy.   Car ils
reuindrent tous le iour d'apres, mefmes deuant l'heure: de façon que fans beaucoup
de ceremonies, nous nous remifmes comme nous eftions les iours d'auparauant. Lors
prenant la parole & m'adreffant à Linus,
Orphee (luy dy-ie) vous engagea hier à
nous reciter auiourd'huy les derniers propos, que tint auant fon decés à fes amis
ce celebre perfonnage, que nous auons

tant aimé en sa vie, & tant regretté à sa mort.
Ie voy bien que vous venez disposé pour le
faire : mais vous auriez, ce me semble, trop
bon marché de ne contribuer à ceste compagnie que vostre simple memoire, nous
meritons bien pour l'amitié dont il vous
plaist nous honorer, que vous nous donniez
quelque chose de vostre inuention. A la verité ce discours qu'Orphee nous a promis de
vous, seroit bien vne belle piece, & qui se
ioindroit fort proprement à ce qu'il nous a
dit de la Prouidence : toutesfois puis que
ie suis icy comme vn malade entre les mede-
cins, soyez-moy vn peu indulgens en cela.
Et auant que d'entrer en ceste matiere, donnez-moy, ie vous prie, vostre aduis sur quelques doutes, qui me sont entrez en l'esprit
depuis auoir ouy Orphee : & puis vous nous
côtinuerez, s'il vous plaist, ce que nous vous
auions hier demandé.   La piece que vous
nous apportez est si belle, que ie m'asseure
qu'elle conuiendra bien à quelque endroit
qu'on la vueille appliquer, & peut estre mesmes trouuerez-vous qu'elle pourra seruir à
la resolution de ce que ie vous veux maintenant proposer.   Ie suis à la verité contraint
de confesser, que ceste sage Prouidence
gouuerne tout en ce monde, que de son
ordonnance decoulent les heureux & sini-

ſtres euenemens des affaires, & que rien
n'arriue que iuſtement, meſmes és conuer-
ſions des eſtats, & ruine des villes, & des
royaumes. Mais auſſi il me ſemble, que de
là on peut inferer, que puis que nous ne pouuons empeſcher que ce qui eſt ordonné là
haut n'aduienne ; en vain roidiſſons-nous
les bras contre le torrent, & quand nous
voyons que noſtre Eſtat a pris ſon coup, en
vain preſentons-nous l'eſpaule pour le ſouſtenir, en vain auec tant d'efforts reſiſtons-
nous à ceux qui en ſapent les fondemens, en
vain ſommes-nous empeſchez quel party
nous deuons prendre. Eſt-ce pas & le plus
ſeur, & le plus ſage, de prendre celuy du Deſtin, & ſuiure la Prouidence, quand nous cognoiſſons ſon inclination ? ou en tout cas, ne
no⁹ vaudroit-il pas mieux repoſer, que d'eſtre
continuellemét à monter & remonter ceſte
pierre, qui doit auſſi bien retomber quand
nous l'aurons releuee ? Certainement i'ay
veu les plus ſages de noſtre temps fort empeſchez là deſſus, voyans le party le plus iuſte eſtoufé par le plus fort. Les vns empor-
tez de leur courage, ſe ſont genereuſement
oppoſez à tout ce qui ſ'eſt preſenté d'iniuſte, & comme de propos deliberé ont fait
bris contre la force : les autres ont, comme
font les mariniers, prudemmét louié, quand

Ils n'ont peu rien auancer, & euité en relaf-
chant, les hurts qu'ils ont iugé ne pouuoir
franchir fans naufrage. Ie defire fçauoir
de vous, lefquels nous deuons imiter : & fi
lors que nous voyons que les contentions
de la vertu contre la violence, font inutiles
au public, & dommageables & funeftes à
noftre particulier, nous nous deuons entierement retirer des actions publiques, & du
maniement des affaires : ou fi la vertu doit
mefmes parmy les pl° rudes tempeftes, tenir
opiniaftrement fa route, & fe laiffer pluftoft
accabler que reculer : ou bien s'il y a point
quelque chemin moyen entre vne obftinee
aufterité, & vne honteufe feruitude, par lequel vne innocéte prudence puiffe efchaper
de ces tempeftes ciuiles, & precipices qui no°
enuironnent de tous coftez, pour feruant au
public, autant que nous en auons de moyen,
couler cefte vie mortelle, attendant l'heure
qui nous appellera à cefte autre immortelle.
A ce que ie voy, dit Linus, ce fera icy comme és feftins des Princes, ceux qui traictent
les premiers en ont le meilleur marché, la
defpenfe croift, & la magnificence s'augmé-
te pour les derniers. Mais puis que vous venez fans femondre, & que vous me furpre-
nez, ie vous traitteray en amis à mon ordinaire, pl° pour fatisfaire à voftre volóté, que

pour esperãce que i'aye de manier dignemēt
vn si fascheux sujet, sans m'y estre preparé.

l'ay eu autrefois le mesme doute que vous,
& me sembloit au cõmencemēt que c'estoit
le plus sage & le plus seur de ceder à la violence, & faire comme vous dites, voye au destin. Pource que c'est peine perduë de se
tourmenter apres ce que lon desespere de
pouuoir obtenir. L'esperance est celle seule,
qui anime & viuifie nostre trauail. D'esperer
cõtre la Prouidence, ce n'est pas simple folie,
c'est vne double fureur. Mais cõme il aduiēt
ordinairemēt, que les choses que no⁹ voyõs
de loin, nous semblent tout autres, que nous
ne les trouuõs quãd nous en approchõs: aussi
sondãt & approfondissant ceste proposition,
qui en sa premiere apparence me sembloit
sage, voire saincte & religieuse, ie l'ay trouuee imprudente, voire impie, & ay cogneu
que ce n'est qu'vne mollesse d'esprit, qui no⁹
veut retirer du labeur, & du soleil, pour nous
mettre au repos & à l'ombre. Ce qu'elle fait
auec des pretextes fort aisez à descouurir à
celuy, qui voudra hardiment tirer le rideau,
pour voir à nud la verité. Pourquoy disons-
nous qu'il faut tenir les bras croisez és calamitez publiques, de peur de nous opposer
à la prouidence & au destin? Il y a Prouidence, il est vray: il y a Destin, ie le croy, &

ne pouuons empefcher leurs effects. Mais ie
vous prie, que fçauons-nous ce que veut faire la Prouidence? comment pouuons-nous
deuiner fes confeils? D'autant plus qu'elle
eft certaine & infaillible en ce qu'elle veut,
d'autant plus fommes-nous incertains &
ignorans de ce qu'elle veut. Dieu a enuelopé l'aduenir d'vn efpais nuage, impenetrable aux yeux de noftre foible entendement:
fagement certes & à propos pour nous. Car
l'affeurance que l'homme euft eu des biens
qui luy doiuent arriuer, l'euft tenu en telle
inquietude, & luy euft hauffé le courage de
telle façon, qu'on ne l'euft peu contenir en
fon deuoir: & la certitude du mal qui luy
doit aduenir, l'euft mis en telle anxieté, &
luy euft fleftry le courage de telle forte, que
lon ne l'euft fceu releuer. Puis donques que
les chofes futures nous font fi incertaines,&
que nos efperances & nos craintes nous
trompent egalement, quel pied pouuons-
nous prendre pour nous refoudre fur la
crainte de l'aduenir à abandonner noftre
deuoir prefent? Dieu a refolu, dirons-nous,
de ruiner noftre ville, nous en voyons beaucoup de fignes: voylà des mefchans & ambicieux qui renuerfent l'ordre, les loix & la
police, ie les laifferay faire : car auffi bien
ne gaigneray-ie rien de m'y oppofer. O
lafche

lasche & molle voix! Qui est-ce qui vous a
rendus si sçauans en peu de temps, & vous a
faict entrer au conseil de Dieu, pour entendre son dessein? L'incertitude des choses humaines ne nous a-elle pas encores appris,
cõbien celles que nous estimons les plus fermes, sont les plus tost esbranlees & renuer-
sees? & celles que nous croyõs à deux doigts
de leur ruine, redressees & raffermies tout
d'vn coup? Et neantmoins quand nous serions tout asseurez de ne pouuoir sauuer nostre païs, le deurions-nous pour cela abandonner? Nous n'abandonnons pas les malades frapez de maladies incurables: ce n'est
pas peu faire, ce me semble, que de rendre la mort douce à ceux à qui elle est ineuitable, & leur appliquer des remedes leni-
tifs & palliatifs, quand les autres n'y peuuent
rien profiter. Il y a mesme quelque grace
à bien mourir, & tient-on pour office d'amitié, de fermer les yeux à ses amis, & leur com-
poser les membres à la mort. Quand nous
ne pourrons faire autre chose, pourquoy ne
rendrons-nous pas ce dernier deuoir à nostre païs? Et moins donques le deuons-nous
delaisser és grands remuëmens, seditions,
& calamitez publiques: le mal n'est iamais
si grand, qu'il faille desesperer du salut.
Mais ce qui est en tel cas plus difficile à re-

K

foudre, c'eſt à ſçauoir ſi on doit prendre ne-
ceſſairement le plus iuſte party & le ſuiure,
ou ſi lon ſe peut tenir coy en celuy, dans lequel on ſe trouue enuelopé, attendant l'occaſion de moyenner la reconciliation de
tous les deux, & de ramener ceux qui ſe ſont
deuoyez, à la recognoiſſance de leur faute,
& au deſir de leur deuoir. Car de ſçauoir ſi
lon doit aider ou ſeruir le party que lon co-
gnoiſt iniuſte, cela ne giſt point en deliberation, ſinon parmy ceux qui n'ont ny
vertu ny conſcience. Ie croy que la loy de
Solon eſtoit pleine de prudence & de ſageſſe, laquelle ordonnoit qu'és diuiſions chacun priſt incontinent party : pource que de
deux factions, y en ayant ordinairement vne
iniuſte, & qui entreprent iniurieuſement ſur
l'autre, le citoyen eſt inexcuſable qui quitte
le party des loix & du ſalut public, pour ſe rēdre ſpectateur de la ruine de ſon païs. Mais
i'eſtime que cela ſe doit entendre du commencement des remuëmens, leſquels il eſt
fort aiſé d'eſtoufer à leur naiſſance. Que ſi le
Prince, ou celuy qui gouuerne ſous ſon authorité, laiſſe par ſa negligence, gaigner ce
venin de ſedition, & former vn party ſi fort,
qu'il ſ'empare de l'eſtat, & de la ville où nous
ſommes, & qu'en ſortant nous ne puiſſions
y apporter remede, ains ſeulement teſmoi-

guer noftre volonté enuers le prince, ou le
public: ie penfe qu'il y a en ce cas beaucoup
de raifons qui nous peuuent excufer d'y demeurer, ores que nous eftimions iniufte &
feditieufe la faction qui gouuerne. La premiere eft la neceffité, quand nous y fommes
retenus par force: car celle-là n'a point de
loy. La feconde eft vne loy commune des affaires du monde, qui veut que lon cede à la
force, où elle eft eftablie. Comme la vertu
no⁹ cõmande de fouhaiter les chofes bõnes,
ainfi nous confeille-elle de fupporter les autres, qui arriuent malgré nous, & de rabbatre
mefmes quelquesfois de l'amour que nous
auons à l'Eftat, & de ce que nous deuons aux
loix, à fin de ne nous perdre point mal à propos. Et cela qui le pourra trouuer eftrange,
puis que ce feuere & incorruptible Caton
l'a ainfi iugé, lors que partant de Syracufe
pour aller trouuer Pompee, il confeilla aux
Siciliens d'obeir à Cefar, qui s'eftoit rendu
maiftre de l'Italie? La troifiefme, quand
tous nos biens & moyens font au lieu de noftre demeure, & qu'en fortant nous tombe-
rions en vne extreme pauureté: car bien que
la pauureté ne foit pas excufe receuable
pour nous faire faire chofe mefchante, fi
eft-ce que la crainte d'icelle nous doit
aucunement excufer, fi nous ne faifons

K ij

tout ce que la rigueur des loix peut defirer
de nous. Et ce principalement en cefte faifon, où les gens de bien ne trouuent faueur
ny fupport qu'en leur bourfe : & où la pauureté, & ceux qui en font touchez, font fuis
de tout le monde comme la pefte. Mais la
plus legitime excufe ie l'ay eftimee de ceux,
qui en telles rencontres fe trouuent attachez aupres des peres & meres vieux, ou va-
letudinaires, ou aupres d'vne femme & d'vn
nombre d'enfans. La pieté & affection naturelle difpenfe de beaucoup de chofes contre la rigueur des loix ciuiles. Et bien que
la loy die, que pour la querelle du pais nous
ne deuons efpargner ny pere ny enfans, &
qu'elle femble en ce cas, vouloir de propos
deliberé entamer le droit de nature : fi fe doit
elle aumoins entendre, quand abandonnât
ceux, aufquels la charité hous lie fi eftroit,
nous pouuons feruir de quelque chofe, &
faire quelque effect qui profite autant à la
pieté publique, comme il offenfe la domeftique. Ces confiderations-là ont retenu,
comme vous voyez, parmy nous beaucoup
d'hôneftes gens, qui portét auec vn extreme
regret & ennuy, la veüe de cefte miferable
confufion cy, & qui euffent defiré plus que
chofe du monde en eftre hors, f'ils euffent
penfé feftant, pouuoir feruir de quelque

chofe au public : mais d'abandonner ceux à
qui ils eſtoient neceſſaires icy, pour aller là
n'eſtre qu'à charge au Prince qui les rappel-
loit, ils ont eſtimé ne le pas deuoir faire. Or
eſtans enfermez en ce vaiſſeau, comme
nous nous y ſommes trouuez quelques-vns
à leur malheur, tenans des charges publiques, nous auons eſté contraints de diſſimu-
ler beaucoup de choſes piteuſes, à dire vray,
contre les loix de l'eſtat, & le deuoir de nos
offices. Souuent i'ay diſputé en moy-meſ-
mes, ſil ne falloit pas, quand telles occa-
ſions ſe preſentoient, ſ'oppoſer courageuſe-
ment au mal, & plaider la cauſe de la iuſtice
auec le hazard de ſa vie. Apres en auoir
veu quelques-vns ſe perdre en le tentant,
i'ay trouué veritable le dire d'vn ancien,
Que le commencement de toutes les vertus c'eſt la Prudence : que c'eſt elle qui,
comme la guide, doit marcher deuant, &
faire ouuerture aux autres, & qu'où elle
n'eſt point, elles demeurent comme aueugles : & d'autant plus qu'elles ſe haſtent &
ſ'efforcent, d'autant pluſtoſt chopent-elles,
ſ'offenſent, & offenſent ceux ſur leſquels elles tombent. Donc en tout ce que nous
entreprenons, apres auoir conſideré ſi la fin
en eſt iuſte, nous deuons examiner les moyés
que nous auons de l'effectuer, & ne nous

K iij

pas perdre à credit. Et quand nous n'auons
pas le moyen de faire tout ce que le salut public desireroit de nous, tascher à faire dex-
trement le mieux que nous pouuons. Or
croy-ie qu'en l'estat où nous sommes tombez, il n'a rien resté aux gens de bien, qu'ils
peussent faire pour s'acquitter de ce qu'ils
deuoient à leurs charges, que de rompre par
beaucoup de doux & gracieux moyens,
beaucoup de mauuaises & dangereuses entreprises, & allentir par artifices le cours de
la violence, qu'ils ne pouuoient du tout arrester. Car comme ceux qui se sont prosti-
tuez aux nouueautez, & ont seruy de leur
esprit la passion des autres, sont inexcusables
deuant Dieu, & deuant les hommes: aussi
n'estime-ie pas loüables ceux, qui voyant
la force establie, se sont perdus de gayeté de
cœur. En quelque condition que soit re-
duit nostre païs, il a grand interest d'auoir
des gens de bien, qui se conseruent en reputation de n'estre point contraires au peuple: à fin que l'occasion se presentant de
donner vn bon conseil, ils le puissent faire, & auec vne main gracieuse, & non re-
doutee, & sonder & souder les playes desdis-
sensions ciuiles. Vn chasteau quelquesfois
qui se maintiét, donne moyen de recouurer
toute vne prouince: & vn sage & aduisé ci-

toyen se conseruant en credit en sa ville, sera peut estre la semence du repos public.
Car comme la santé reuient au corps malade par le moyen des parties saines, qui gardent entiers les principes de la vie : aussi en
vne ville la paix & la concorde se restablit
par l'esprit modeste & non passionné du bon
citoyen.   Il n'est pas croyable combien
d'admirables & salutaires effects ont produit
entre les peuples, les seuls visages de ceux
qui auoient reputation d'estre iustes & entiers, & aimer le bien public : mais il faut
que ce soit auec l'occasiõ. C'est le temps qui
assaisonne les conseils. Il y a vn certain moment aux affaires, lequel si vous ne prenez à
propos, en vain vous tourmentez-vous pour
en penser venir à bout. Ce qui s'obserue
principalement en ceux qui ont à manier
les esprits des peuples aigris. Marc Aurele
le philosophe dict en vn endroit du liure mal
intitulé de sa vie, que les mauuaises opinions
sont des abscés en l'esprit de l'homme. Si
ce sont des abscés, il les faut de necessité
laisser meurir auant que les ouurir : autrement le fer y mettra le feu, & en les enta-
mant on augmentera le mal au lieu de le
guarir. Il faut dire la verité, ce sont estranges
bestes que peuples, c'est vn hazardeux mestier que de les vouloir manier, quand ils ont

K iiij

vne fois secoüé le joug des loix, & pris aux
dents le frein de la liberté, ou pluftoft de la
licence. Tous ceux qui l'auront experi-
menté vne fois, n'eftimeront rien vne autre la perte de leurs biens, pour euiter vne
telle & fi inconfideree fureur. Mais il y a
des chofes en ce monde, qui ne s'apprennent que par l'experience, qui eft vne chere & dangereufe maiftreffe. Donques celuy qui par neceffité, ou par vn honnefte
deffein de fecourir fon païs, fe fera laiffé enueloper dans vn party illegitime, tout ce
qu'il peut faire c'eft d'obferuer toutes les occafions qui fe prefentent de flechir doucement les volontez de fes concitoyens, à recognoiftre leur bien, & à le defirer. Ce qu'il
pourra aifément faire par vne moderatiō &
demonftration de ne rechercher que leur
profit, leur coulant la raifon en l'efprit par la
parole, & les ramenât par difcours peu à peu
a ce qui eft iufte. En quoy il faut qu'il imite le
vin, qui du commencement par vn gouft
friand & delicieux, inuite les perfonnes à en
vfer, puis fe meflant parmy leur fang, & ef-
chaufant petit à petit tout le corps, les affou-
pit & fe rend maiftre d'eux. Car en fin il faut
faire eftat, que toutes grandes affaires ne fo
meinent à bout, qu'auec la douceur & la
patience. Dont la Nature nous donne

vne belle inſtruction , produiſant toutes
choſes , pour ſi grandes & excellentes qu'elles ſoient, par vn mouuement inſenſible. Et
cela doit-il principalemēt eſſayer à l'endroit
de ceux qui ont plus d'authorité : pource
qu'ils ſont comme fontaines publiques où ſe
puiſent les conſeils qui perdent ou ſauuent
les eſtats : le gouſt que ceux-là prennent ſe
reſpand puis apres aiſément és eſprits des autres. Il profite beaucoup auſſi quand on le
pratique à l'endroit de ceux qui parlent ordinairement au peuple : pource que ce ſont les
canaux par leſquels ſe diſtilent les affectiōs,
dont le vulgaire s'abreuue, & dont il eſt puis
apres pouſſé à de bōnes ou mauuaiſes actiōs.
Mais deux choſes ont empeſché de noſtre
temps les honneſtes gens de les pouuoir a-
border. La premiere, que comme gens nouueaux & non experimentez aux affaires, ils
ſe laiſſoient aiſément imprimer telles opinions, que vouloient ceux qui les auoient les
premiers preuenus : & ſe paiſſoient volontiers de vaines eſperances, ſur leſquelles ils
baſtiſſoient des chimeres en l'air. L'autre,
qu'il leur eſt aduenu ce qu'on dict ordinairement, Que ceux qui pechent par art, pechēt
bien plus griefuement : car ils pechent plus
opiniaſtrement, & ſe defendent de la ſcien-

ce contre la raison. Ils ont voulu reduire le
gouuernement politic, qui consiste en vne
prudence particuliere, sous des reigles gene-
rales, & en faire vne science vniuerselle. Et
ainsi appliquant les reigles où il falloit appliquer les exceptions, ils ont peruerty le iugement de toutes choses. C'estoit vn plaisir
que de les voir discourir, ils faisoient comme
les mauuais mathematiciens, qui presuppo-
sant vn angle droit, ou quelque figure autre
qu'elle n'est, font là dessus des demonstra-
tions necessaires de choses qui ne sont, & ne
peuuent estre du tout. Car en argumentant,
depuis que vous auez accordé quelque chose de faux, on vous en tire des consequences
estrangement absurdes. La formule d'argu-
menter de ce temps a esté, Cela sert pour la
conseruation de la religion, il le faut donc
faire. Or la premiere partie de l'argument,
qui estoit sujette à estre niee, & prouuee, &
qui le plus souuent n'estoit pas seulement
douteuse, mais mesmes euidemment fausse,
estoit tousiours posee pour indubitable, &
quelquesfois en faisoit-on vn article de foy.
Les choses qui se proposoient, estoient de
celles qui se deuoiét examiner par vne grande & meure prudence, par l'exemple des effects qu'ont produit semblables affaires, &

où il falloit considerer le temps, les momês,
les volontez des hommes, & mille autres cir-
constances. Toutesfois ceux qui n'auoient
ny l'experience des choses passees, ny la cognoissance des presentes, ont esté ceux qui
se sont attribuez l'authorité d'en iuger. A
tous les inconueniens que lon leur a representé, à tous les mauuais succez que lon leur
a predict qui arriueroient de leurs precipitez
conseils, on n'a eu autre response, sinon que
Dieu y pouruoiroit. Comme si Dieu eust esté
assis là haut expres pour obseruer leurs passions, & accommoder le reste du monde à
leurs desseins, & non pas eux posez çà bas;
pour obseruer la volonté de Dieu par la disposition des choses & euenemens des affaires, pour s'y accommoder & paruenir à leur
fin, ou en approcher le plus pres qu'ils pourroient par des moyens faisables & ordinaires. Si tost qu'ils voyoient vn chemin vn peu
long & fascheux, ils s'attachoient des aisles
de cire, & se iettoient en l'air pour paruenir
où le desir & la peur les tiroient : aussi est-il
aduenu, que leurs aisles se sont fonduës au
soleil, & sont tombez, & en tombant ont tiré apres eux leurs citoyens en vne mer de
maux & de miseres. Ie ne voudrois pas à la
verité blasmer l'intention de tous, pour en a-
uoir cogneu d'entre-eux qui estoient transf-

portez du zele de leur religion: mais ie doute
si deuant Dieu leur volonté leur seruira d'excuse, d'auoir entrepris chose si importante,
& à laquelle ils n'entendoient rien. Car si les
loix ciuiles condamnent celuy qui s'ingere
de faire vn mestier qu'il ne sçait pas, & le font
respondre de tout le dommage qu'apporte
son imperitie: ceux qui, comme par force,
ont entrepris le gouuernement, & par leur
faute nous ont ietté en tant de dangers, ne
seront-ils point responsables de tãt de morts,
de tant de bruslemens, de tant de pillages, de
tant de violemens, de tant de sacrileges, de
tant de blasphemes, qui sont venus à la suite
de leurs mauuais & inconsiderez conseils?
Ie prie à Dieu qu'il le leur vueille pardon-
ner, mais ils sõt cause de beaucoup de maux:
& nous donnent bien sujet de dire de nostre
Estat, ce qu'vn ancien a dict du sien, La chose publique s'est perduë plus par les remedes,
dont elle a esté pensee, que par son propre
mal. Hé quoy? me direz-vous: les gẽs de bien
se taisoient-ils lors? que ne remonstroient-ils
vertueusement ce qu'ils pensoient estre du
bien public? que ne s'opposoient-ils à toutes
ces indiscretions-là? Helas il n'y a en telles
choses empeschez que ceux qui y sont! Souuent voyant ce miserable gouuernement, &
la perplexité où estoient les gens de bien,

m'eſt-il ſouuenu d'vne hiſtoire, qui eſt arriuee de noſtre temps en ceſte ville. Il aduint
en vne honneſte maiſon, qu'vn Singe que
lon y nourriſſoit par plaiſir, alla prendre vn
petit enfant au berceau, & le porta au feſte
de la couuerture: incontinent qu'on s'en ap-
perceut, le pere & la mere accoururent tout
tranſis, pleurans & ne ſçachans que faire.
Car de crier ou courir apres le Singe, il euſt
laiſſé tomber l'enfant, qui ſe fuſt rompu cent
fois le col: ils attendoient donc ſans mot dire, & regardoient piteuſement les larmes
aux yeux, & tous tremblans de frayeur ce
qui en deuoit aduenir. Il arriua, & ce fut vne
grande grace de Dieu, que le Singe redeſ-
cendit tout doucement, & reporta l'enfant
où il l'auoit pris. Nous auons eu, & auons les
meſmes ſueurs, & auons veu, & voyons encore noſtre Religion & noſtre pauure Eſtat
entre les mains d'eſtranges gens, & merueil-
leuſement eſtourdis, qui s'en ioüent, & les
tiennent pendus en l'air du bout des doigts,
& preſts à les precipiter au moindre eſtonnement. Au moins pleuſt-il à Dieu, mais ie ne
l'oſe eſperer, qu'à la fin il nous fiſſent le tour
du Singe, & nous remiſſent où ils nous ont
pris au commencement. Certainement ie
penſe, que les honneſtes gens ſont fort excu-
ſables, ſi voyant de ſi chers gages entre leurs

mains, le precipice où ils les auoient portez
& leur naturelle imprudence, ils les ont regardé pour vn temps sans mot dire. La premiere faute a esté en ceux qui dés le commencement leur ont permis se saisir & emparer de l'Estat: la seconde, que lon nous
voudroit imputer, n'a esté que la suitte necessaire de l'autre, aussi excusable comme la
premiere est blasmable. Non que ie voulus-
se par là defendre ceux, qui au fort du mal
mesme par vne trop grande crainte se sont
tousiours laissez aller du costé, où ils ont veu
la force & la violence tirer: car ils sont en
partie cause, que nos maux sont deuenus incurables. Et se peuuent auec raison accom-
parer aux fardeaux mobiles, qui sont dans vn
nauire, lesquels roulant tousiours du costé,
dont le vaisseau panche, sont cause quand la
tempeste arriue, de le faire renuerser. Entre trop & peu demeure mesure: il y a difference entre rompre ou ployer. Comme lon
peut faillir par vne obstination & importune seuerité: aussi fault on dangereusement
par vne grande lascheté & supine conniuen-
ce,& par vne façõ de biaiser, par laquelle on
abandonne du tout la iustice sous pretexte
de suiure la prudence. Et pour vous dire librement, i'ay veu vn grand nombre de gens,
qui se sont precipitez par ceste fenestre-là, &

rouſiours biaiſant ſe ſont en fin trouuez auſſi
eſloignez du deuoir d'vn bon citoyen, comme ceux qui s'eſtoient iettez au mal tout à
coup: & ont deſcẽdu auſſi bas degré à degré,
comme les autres qui s'eſtoient d'vn plein
ſault lancez à la confuſron. Il eſt fort dange-
reux à ceux, qui n'ont pas la force ou l'adreſſe de s'arreſter quand ils veulent, de ſe commettre à vne droite vallee : il faut que ceux
qui laiſſent le grand chemin pour prendre
les deſtours, ſçachent bien le païs, autrement ils s'eſgarent fort aiſément. Toutefois
pour ce que ceſte prudence, qui cede doucement à ce qu'elle ne peut vaincre, peut
profiter en beaucoup de rencontres, ſemblables à celles qui nous ſont arriuees, quãd
on en vſe auec iugemẽt & moderatiõ: ie vous
diray les bornes que ie luy voudrois planter.
Ce ſeroit premieremẽt de ne iamais diſſimu-
ler au commencement des remumens, ny
cõſentir à choſe iniuſte, & qui fuſt contre les
loix, pour ſi petite qu'elle peuſt eſtre: au contraire voudroy-ie que lon s'y oppoſaſt, meſmes auec la viue force, tant qu'il y a moyen,
que le hazard eſt cõmun, & qu'il y a eſperáce
& apparence qu'en hazardant, la raiſon peut
auoir le deſſus. Ceſt vn grand erreur, dont
beaucoup de gens ſont coiffez, de pẽſer qu'il
ne faut rien hazarder en vn eſtat: ſouuent

pour ne vouloir rien auanturer pendant que
lon est fort, on se laisse reduire à tel poinct
qu'il faut auanturer foible, & rendre tres-
douteux ce qui ne l'estoit que bien peu. La
fortune, s'il faut ainsi parler, ne veut pas que
nous pensions pouuoir tout asseurer par la
prudence : il y a beaucoup de choses où elle
veut auoir part, & que lon luy doiue la grace de l'euenement. Mais c'est le principal
que de mettre le droit de son costé : & cela
fait, auec toutes les considerations & tous
les auantages que lon peut prendre, tenter le
hazard, & commettre tout à ceste souueraï-
ne puissance de Dieu, qui donne aux affaires telle issuë qu'il luy plaist. Si les choses
sont venuës si auant, & passees à si mauuais
termes, que la violence culbute les loix, & la
force l'emporte par dessus la iustice, ie ne
voudrois pour cela iamais consentir à vne
chose iniuste, sinon pour en euiter vne plus
mauuaise, & plus iniuste, qui autrement en
aduiendroit. Or la reigle que ie desirerois
qu'on tint en ce cas, c'est qu'en ceste compa-
raison de maux, & crainte d'vn pire, nous
n'y contions iamais le nostre particulier,
pour le comparer au public. Car celuy qui
par crainte du mal particulier, dõt on le menace, se rend autheur ou ministre de la calamité publique, n'a rien qui le puisse excuser.
Mais

Mais il faut iuger auec foin & prudence, fi le
plus grand mal que nous craignons qu'il
n'arriue au public, fe peut point autrement
efcheuer: s'il ne fe peut, en ce cas côpofer a-
uec la violence, c'eft faire ce qu'on feroit fur
mer en la tourmente, & faire iect d'vne partie de la marchandife pour tafcher de fauuer
le refte. Rarement ceux qui gouuernent des
eftats troublez, font ils empefchez à choifir
de deux biens le meilleur, mais bien fouuét à
elire de deux maux le moindre; le bon ne s'y
iuge tel que par comparaifon du pire. C'eft
pour quoy vne inflexible rigueur ne feroit
pas opportune en ces occafions-la, & allu-
meroit pluftoft la fureur d'vn peuple licen-
cieux, qu'elle ne l'affoupiroit. Et pourtnat
y a-il peut eftre lieu lors d'imiter le Soleil
qui va bien toufiours de l'Eft à l'Oueft, mais
en biaifant tantoft vers le Nort, tantoft vers
le Sud, de peur que demeurant ferme fous
vne mefme ligne, il ne feiche & brufle ce qu'il
ne doit que fomenter, & doucement efchau-
fer. Le bon citoyen doit bien auoir pour fon
but, le falut public & la iuftice, dont il depend. Mais quand le chemin ordinaire ne l'y
peut amener, fi faut-il qu'il s'y conduife par
celuy qui refte le plus cômode. En vain fe fe-
roit-il propofé la conferuation de fonpaïs, s'il
le deuoit perdre par les remedes, par lef-

L

quels il les veut fauuer. Car les affaires & les
confeils fe mefurent principalement par la
fin. Voila ce me femble, ce que peut faire vn
bon citoyen en public: en particulier, la faifon luy donne beaucoup de belles occafions
de bien faire. Il a premierement à confoler
fes parens, fes amis, fes voifins, & felon que les
degrez d'affection le conioignent de plus
pres à chacun d'eux, les affifter, leur donner
courage, le confeiller à la conduite de leurs
affaires, les defendre de l'iniure d'autruy, les
fecourir en leurs neceffitez felon qu'il en aura le moyen. Qu'il fe leue fi matin, & fe cou-
che fi tard qu'il voudra, la iournee ne fera iamais affez longue pour fatisfaire à tous les
offices, aufquels la mifere d'autruy l'appellera. Qu'il mette la main à quelque endroit
qu'il voudra, il y trouuera vne playe à penfer,
ce piteux & calamiteux temps ne laiffe rien
de fain ny d'entier. Icy l'appellera le vefua-
ge de fa fœur, de là l'orbité de fon frere, de
l'autre cofté le brigandage fait à fon amy,
en vn autre endroit la prifon de fon parent,
de deça le danger de fon voifin : pluftoft
trouuera-il icy vn lieu vuide d'air, que de mal.
Mais fans fortir de fa maifon il aura prou de
fujet d'employer là vertu, & faire office de
bon citoyen. Car qui eft celuy-là fi heureux,
qui n'a efté touché durant ce temps de mille

fortes d'afflictions ? qui n'a point fenty les
dents venimeufes de la calomnie , que les
yeux bigles de l'enuie n'ont point regardé,
que le brigandage public n'a point atteint,
& qu'en tous cas la defolatiõ du pais n'a def-
pouillé de fes biens , & enuoyé nud comme
vn homme efchapé du naufrage ? C'eft là
qu'il fe faut monftrer homme,& faire paroiftre que lavertu ne cõfifte pas en parole,mais
en belles & genereufes refolutions. Il faut
premierement que le bon citoyen porte lors
patiemment fes afflictions, faifant vn bon &
religieux iugement de la Prouidence diuine,
fans laquelle vous auez entẽdu que rien n'arriue icy bas:& qu'il recognoiffe que fon infortune eft fa part & portion contingente
de la focieté humaine , au mal commun de
laquelle il doit participer volontairement,
comme ila fait,& feroit au bien s'il arriuoit.
Secondement ie defire que cefte patience-
là ne fiege pas feulement en fon cœur , mais
mefmes qu'elle reluife fur fon front, tant
pour porter tefmoignage d'honneur à la
vertu,& monftrer ce qu'elle peut contre le
malheur, que pour feruir d'vn miroir bien
poli, fur lequel fes concitoyẽs puiffent compofer & compaffer leurs actions, comme fur
vn beau & parfaiⅽt patron. C'eft en tout
tẽps chofe fort loüable & glorieufe, de feruir

L ij

aux siens d'exemple de bien-faire: mais c'eſt
choſe fort vtile, & fructueuſe en vn temps calamiteux & miſerable, de leur ſeruir d'exéple
de patiemment endurer. Comme le premier
heur eſt d'euiter le mal, le ſecond eſt de ſe
porter conſtamment. Or ne veux-ie pas icy
entrer à diſcourir les raiſons, qui nous excitét
à ceſte conſtance là, qui nous la perſuadent,
voire qui nous y forcent, ſi nous voulons
demeurer hommes. Ce que Muſee & Orphee en ont dict deuant moy, eſt plus que
ſuffiſant: toutesfois s'il falloit mettre toutes
les raiſons à la balance, i'eſtimerois que celle qui eſt demeuree derriere, & qu'Orphee
n'a fait qu'effleurer, emporteroit toutes les
autres enſembles. Car ceux qui ſeront vne
fois bien perſuadez que la mort n'eſt que le
paſſage à vne autre plus heureuſe vie, ne la
craindront plus: que ſi la mort outre laquelle ne s'eſtendent ny l'empire de la fortune, ny
les menaces des loix, ne les eſtonne point,
que feront les iniures & menaces des hommes, qui ne ſont que les mains de la fortune, & les inſtrumens des loix? Et au contraire ceux qui ne le croiront pas, quels
preceptes leur peut-on donner, quelles
raiſons alleguer, qui les puiſſent conſoler
en leurs calamitez? Car bien que vous leur
monſtriez que les afflictions nous arriuent
de droict commun par la loy de la nature,

& non par l’iniure de ceſte pretenduë fortune, & que rien n’aduient que par l’ordonnance de la Prouidence diuine, cela ne ſou-
de pas la playe qu’ils reçoiuent en leur
cœur, de voir que l’innocence ſoit vn ſujet
de miſere & de tourment. Si vous ne leur
faictes rien voir de plus loin, que ceſt eſpace qui eſt enfermé entre leur naiſſance &
leur mort, comme entre deux bornes, ie ne
voy point pourquoy ils doiuent quitter les
douceurs du monde, pour enfieler leur vie
de ceſte aſpre & amere vertu. Ie ne voy rien
pourquoy l’homme ne ſe doiue couroucer
contre la nature, de l’auoir rendu le plus miſerable & calamiteux animal de tous ceux
que le ſoleil voit; & ſe mocquer de ceſte vertu qui luy propoſe tát de peines & de trauaux
ſans aucune recompenſe. Nous auons, diſoit
Platon, deux grans demons, qui nous auancent & nous retirent en nos actions, le loyer
& la peine : or ne voy-ie pas que nous les
puiſſions trouuer en ce monde, où la plus
part du temps les bons ſont affligez, & les
mechás à leur aiſe. Il faut donc pouſſer plus
auant nos eſperances, & les fair paſſer outre
les bornes de ceſte courte & chetiue vie, &
cognoiſtre que la mort eſt le premier de tous
nos vrais biens, & l’entree de noſtre heur &
felicité. L’hóme n’eſt pas ſeulement mortel,

L iij

comme a dict quelcun, à fin qu'il y euſt quelque fin à ſa miſere, à fin que les bons ſoient
loüez ſans enuie, & les meſchans blaſmez
ſans crainte, à fin que les richeſſes ſoient
contemnees, comme innutiles apres elle,
mais principallemēt à fin que les bons ſoiét
perpetuellement heureux, & les meſchans
perpetuellemēt malheureux. C'eſt là la conſolation qui adouciſt nos trauaux, & nour-
riſt noſtre patience, de l'eſperançe, ou pluſtoſt aſſeurance d'vne vie ſans fin, & ſans
borne, qui nous attend quand nous ſortons
d'icy, à laquelle pleuſt-il à Dieu que nous
penſaſſions touslesiours, toutes les heures, &
tous les momens, nous trouuerions en ceſte
meditation vn ſuffiſant reconfort à nos ad-
uerſitez, vne ſeante moderation en nos
proſperitez. Mais helas, nous en reculons le
plus loin que nous pouuons la penſee, & qui
pis eſt, beaucoup la decroient du tout: & vou
droient volontiers n'eſtre plus apres la mort,
de peur d'eſtre comme ils meritent. Ils font
ce qu'ils peuuent, pour faire mourir leur
ame auec leur corps, & vont emprunter des
raiſons chez les Philoſophes anciens, pour
combattre & renuerſer l'vnique but, le ſeul
loyer, & la derniere fin de la philoſophie.
Pour moy, i'eſtime ces gens-là aſſez punis par
leur maligne opinion, qui leur rauiſt d'en-

tre les mains l'vnique esperance, qui adoucit &assaisonne ceste fascheuse &amere vie:
& dirois volontiers, que lon les laissast estre
malheureux, puis qu'ils le veulent estre. Mais
il semble que vous m'ayez imposé la charge
de leur reprocher leur erreur, & les condam-
ner par leurs propres raisons. Car pour autre
sujet ne me pouuez-vous auoir prescrit de
clorre ce discours par le recit des derniers
propos de ce bon vieillard, que pour les con-
uaincre de leur aueuglement par la lumiere
d'vn si bel esprit. Pour vous, ie sçay que
vous ne desirez ny preuue ny esclaircisse-
ment de ce poinct, vous, dy-ie, qui non seulement le croyez, l'affermez, & publiez,
mais en faites quasi la preface & la con-
clusion de tous vos propos, & de toutes vos
actions.   Tellement que le discours vous en
seroit inutil&ennuyeux, sinon que vous ayez
accoustumé de vous en seruir, comme les
Egyptiés de leur sceletos,&que vous ne vous
puissiez leuer de table sás ouir parler de l'immortalité de l'ame, non plus qu'eux de la
mort du corps : ou peut-estre, comme la memoire de ce personnage vous est fort chere,
vous desiriez de la rafreschir par la recordatiõ
d'vne si belle fin. Ie rapporteray doncques au
plus pres qu'il me sera possible ce qu'il nous
discourut sur ce sujet, le iour auparauant

L iiij

que Dieu le retira d'icy, comme de deſſous la
ruine de ceſt Eſtat.   Ce bon vieillard auoit
paſſé toute ſa vie au Palais, ayant lors atteint
ſoixante & quinze ans.   Il auoit veu beaucoup de mouuemens en ce Royaume, qui en
auoient troublé le repos: mais il n'y en auoit
encore point veu qui menaçaſſent la ruine,
& diſſipatiõ de l'eſtat. Le Roy l'ayãt mandé de
ſa maiſon de Celi pour vn affaire de grande
conſequéce, & qui regardoit les remuemens
qui nous ont depuis tant trauaillez, ayant
par le diſcours de ceſt affaire preueu les miſeres qui nous deuoient accueillir, en con-
ceut vne grande melancolie: de ſorte que ceſte faſcherie donnant atteinte à ſa ſanté ja
debilitee par l'aage, il en tomba malade. Durant ceſte maladie il eſtoit viſité des plus
celebres hommes de la ville : pource que ie
luy eſtois voiſin, & que ie l'aimois & l'hono-
rois fort, i'y allois ſouuent.   Le iour auant
qu'il mourut s'eſtant trouué bon nombre de
gens doctes pres de luy, & luy ſe trouuãt plus
coy qu'il n'auoit accouſtumé, ſe meûrent
pluſieurs propos meſmes de la condition des
gens de bien, qui eſtoient appellez au grandes charges , laquelle eſt quaſi touſiours
miſerable, eſtant leur vertu ſalariee d'en-
uies & de faueurs pour les plus douces re-
compenſes, & d'iniures & d'outrages pour les

plus ordinaires. Quelqu'vn vint à dire, qu'encore la religion, en laquelle nous estions nourris, nous dõnoit beaucoup d'auãtage par dessus les anciens; nous proposant le loyer de nos labeurs en l'autre vie, & nous faisant cognoistre que la meilleure partie de nous suruit nostre corps, voire que nostre corps mesmes ne pourrit que pour germer & se renouueller vn iour en vne plus heureuse vie, en laquelle la vertu doit receuoir la courõne qu'elle aura meritee, où les autres qui n'ont esté esclairez que de la sombre lumiere de nature, n'ont peu penetrer par discours, ny estendre leurs esperãces plus auant que la mort, ny par consequent auoir autre consolation que celle de ce monde, qui est certainement bien petite. Ce bon seigneur leuant la teste de dessus le cheuet, & s'appuyãt sur le coude : Ie me suis, dit-il, entretenu vne partie de la nuict sur ce suiect, & apres y auoir bien resué, i'ay conclu que c'est la plus forte & plus certaine consolation, que nous puissions prendre, que l'asseuran ce d'vne seconde & plus heureuse vie. Et bien que nostre foy nous la donne, & que l'esprit de Dieu nous l'ait specialement reuelee, si ne pensé-ie pas que les Philosophes anciens l'ayent ignoree, & que ce qu'ils on eu de vertu ait manqué de ceste consolation, sinon

qu'ils l'ayent voulu rejetter, quand la nature
de sa propre main la leur a presentee : & croy
que si ie vous pouuois ramener tout ce qui
m'en a passé ceste nuict par l'esprit, que vous
le côfesseriez ainsi. Lors se disposant de contenance & de parole, comme il auoit accoustumé quand il vouloit continuer vn propos,
nous nous disposames aussi auec vn grand si-
lence à l'ouïr, & il poursuiuit à plus pres en
tels mots.

De toutes les choses du monde, en la cognoissance desquelles nous pouuôs faillir, il
n'y en a point dont l'ignorance soit plus per-
nitieuse & dommageable, que de l'estat de
nostre ame apres ceste vie caduque & mortelle. Car de là deriue vne flotante anxieté
& miserable iniquietude, qui faict que les
hômes ne trouuant rien en ce monde d'heureux, & n'attendant rien apres ce monde de
certain, pensent estre enuoyez ça bas comme à vn fatal tourment où ils doiuent viure
& mourir mal-heureux. Ils haissent leur vie,
& craignent leur mort:& de peur de tôber en
ce qu'ils craignent, ils embrassent ce qu'ils
méprisent. Comme faisoit cest Vlysse dans
Homere, qui se sauuant du naufrage accol-
loit vn figuier sauuage,non pour ce qu'il l'ai-
mast, mais de peur qu'en le laschant il ne
cheust dans la Charybde, qu'il voyoit au

deſſous. Au contraire, ceux qui ont abreuué
leur eſprit de ceſte vraye & certaine cognoiſſance, que l'ame n'eſt icy qu'en pelerinage, s'acheminant à vn autre plus heureux
domicile , ne prennent pas le loiſir de ſe
plaindre des eſpines & des ronces qui les eſ-
gratignent en paſſant , ny à cueillir & bou-
queter les fleurs qui s'y preſentent : mais em∙
portez d'vne viue ardeur de trouuer vn tel
giſte , ils broſſent au trauers, & negligent
tout ce qu'ils rencontrent, ſinon tant qu'il
leur eſt neceſſaire pour leur voyage.   Or ne
croiray-ie iamais que ceſte puiſſance ordinaire de Dieu, que lon appelle cõmunémẽt nature , qui en toutes autres choſes a eſté tãt fauorable aux hommes, leur ait denié en quelque ſiecle que ce ſoit, la cognoiſſance de ce
qui eſtoit plⁱ neceſſaire pour leur biẽ, & pour
acquerir la perfection de leur eſtre; pluſtoſt
eſtimeray-ie, que ceux qui ont nié ceſte immortalité, ſoient de ceux que la parole de
Dieu prononcee par ſainct Paul declare
inexcuſables , pour auoir eu les degrez des
choſes viſibles ſuffiſans à monter aux inuiſibles, s'ils n'euſſétmieux aimé s'en ſeruir pour
deſcendre, que pour monter: gẽs ambicieux
à leur miſere, qui ont oſté la force au diſcours
qui les peut rendre heureux , pour la donner
à celuy qui les veut rendre mal∙heureux.

Ie ne voudrois, ce me semble, pour les con-
ueincre que produire contre eux l'opinion
commune de tous lespeuples du monde, lesquels en quelque siecle qu'ils ayent vescu,
quelque endroit de la terre qu'ils ayent ha-
bité, quelques mœurs, & quelques coustu-
mes qu'ils ayent obserué, ont eu pour fondement de leurs actions, polices & societez
ciuiles, ceste creance, que leur ame suruiuoit
leur corps, & n'estoit point sujete à la mort.
Autrement pour quoy eussent-ils deïfié,
comme ils ont faict, les plus celebres d'entre
eux, institué tant d'hónorables ceremonies
en leurs memoires? Les Indiens & les Druy-
des ont esté estimez entre les anciens payés
les deux plus sages nations, & qui auoiét plus
profondement fouillé au sein de la nature,
& puisé les plus hauts secrets de la sapience:
ils cognoissoient si certainement ceste immortalité, qu'ils couroiét à perte d'haleine à
ceste mort corporelle, qui en est l'entree, &
se iettoient & precipitoient gayemét à toutes les honnorables occasions, qui les y pouuoiét reporter. Ceste opïion a eu diuers effects en diuers peuples, mais elle a esté en
tous. Et si par exceptió s'en est trouué quelques vns, qui ayent creu le contraire, quand
ils ont hanté & frequenté les autres, ils sont
reuenus à cest aduis. Ce qui fait bié cognoi-

ſtre ; que ceſte creance eſt nee auec l'homme : partant naturelle , partant droite, &
veritable : car la nature vniuerſelle, & qui
n'eſt point corrompuë par noſtre vice particulier , ne nous ſuggere que de ſaines & pures opinions. Comme elle n'addreſſe noſtre
appetit, & celuy des autres animaux, qu'aux
viandes qui ſont propres à les nourir : auſſi
n'encline-elle noſtre entendement, ſinon à
comprendre la verité, & y conſentir comme à ſon vray obiect & aliment, & laquelle
luy eſtant repreſentee, s'applique à luy, commé l'image s'engraine au moule, ſur lequel
elle a eſté premierement iettee. Mais pource que ces gens-là mepriſent pour la plus
part les iugemens populaires, & pẽſent que
la verité n'habite point parmy le vulgaire:
ains croyent que la nature l'a enfouye bien
profondement en terre, où il la faut trouuer auec la verge diuine de la philoſophie,
& la tirer auec les ſueurs d'vne profonde &
laborieuſe meditation ; faiſons retirer les
peuples & les natiõs,& leur exhibons ſeulemét ceux qui ont emporté la gloire par tous
les ſiecles d'eſtre & les plus ſages & les plus
ſçauans. Pithagoras, Solon, Socrates, Platon, Ariſtote, & tant & tant d'autres , que
pour les nommer tous il faudroit autant de
temps, comme il y en a qu'ils ont veſcu, ne

nous ont pas laissé seulement en la memoire des hommes le tesmoignage de ce qu'ils
en ont creu, mais mesmes ils l'ont consigné
en leurs escrits: voire qu'ils ont posé ceste maxime de l'immortalité de l'ame, comme le
centre de la philosophie, auquel venoient
aboutir toutes les autres reigles , & tout ce
que iamais se pouuoit introduire d'honneste
& de salutaire, pour la conseruation de la vie
ciuile, & specialement pour ceste autre partie, apres laquelle ils ont tant trauaillé, qu'ils
appellent la tranquilité de l'ame. S'il y auoit
donques quelque doute en ce fait-là, si est-
ce que le tesmoignage de tels personnages
si concordans en cela, l'auroit esclairci, &
deuroit ramener à ceste opinion ceux qui
font tant de cas d'eux, lesquels se deuroiét
laisser vaincre par l'authorité de ces grans
genies de nature, puis que mesmes en ce faisant ils rendent leur condition meilleure.
Mais industrieux à leur propre mal pour al-
leger l'authorité de ces grans hommes
là, ils disent, qu'ils ne font cas que des
raisons , lesquelles ils veulent separer des
personnes , à fin de les peser toutes pures, &
que la verité ne soit point en ceste question
balancee ou enleuee par le poids du nom ou
renõ de ses autheurs. Et pource veulét-ils as-
sujetir ce discours aux reigles de l'escole , &

demandét, que lon leur demonstre ce qu'on leur veut faire croire. Ils voudroient volontiers, que lon les menast quasi par les sens à la cognoissance de ce qu'on leur propose, ou pour le moins par les maximes qu'on recueille des sens, on leur conclust ce qu'on leur veut persuader : trop iniustes en cela, & peu considerans la nature de ce qu'ils traitent. Il faut du discours pour cognoistre les choses, dont les formes sont noyees en la matiere : il faut lors se seruir des sens, & par le moyen de ce que nous touchons & voyons venir, comme par degrez, à l'intelligence de ce qui est plus esloigné : mais vouloir comprendre la nature de nostre ame de ceste façon, c'est ne la pas vouloir cognoistre. Car estant simple, comme elle est, il faut qu'elle entre toute nuë en nostre entendement, ayant à remplir toute la place, tout ce qui l'accompagneroit & l'empescheroit. Es choses mesmes sensibles, dont le sens est fort aigu, le sentiment s'en fait si soudain, qu'il nous fait perdre la cognoissance de la façon dont il se fait. Aussi des choses intelligibles, celles qui sont toutes pures occupent si promptement nostre entendement, que vous ne pouuez dire sinon qu'elles sont, mais vous ne pouuez dire comment : car elles ne se font pas cognoistre par tesmoignages em-

pruntez, elles se manifestent d'elles mesmes,
& sont plus cognües que tout ce qui les veut
recommander. Et pource le vray moyen de
cognoistre la nature de nostre ame, c'est de
l'eleuer par dessus le corps, & la retirer toute
à soy : à fin que reflechie en soy-mesmes, elle
se cognoisse par soy-mesmes. Toutefois s'il y
en a de si opiniastres, qui ne la veulent voir
que noyee dans la chair, & iuger sa grandeur par l'ombre de ses effects, comme ils
font la Lune par l'ombre de la terre : si est-
ce qu'au trauers de ceste sombre & pe-
sante masse qui l'enuelope, elle jette des e-
stincelles, voire des flammes si viues de son
immortalité, qu'il faut que ceux qui la
regardent, confessent ou qu'ils la voyent, ou
qu'ils sont aueuglez. Il voyent que ce rayon
de diuinité enuelopé dans ce petit nuage de
chair, jette sa lumiere d'vn bout à l'autre
du monde : apres auoir mesuré ce qui est fi-
ny passe iusques à l'infiny, comprend les
formes de toutes choses, & s'y trásforme, reçoit les contraires, le feu & l'eau, le chaud
& le froid, sans s'alterer ny corrópre. Comment donc peuuét-ils presupposer quelque
matiere en celle qui a de telles actions, veu
que toute matiere est finie & bornee par
certaines dimensions, ne reçoit rien plus
ample que soy, n'est capable que d'vne seule
forme

forme ſubſtantielle, & ne peut contenir en
meſme temps choſes contraires? Si elle n'eſt
point materielle, comme ſeroit elle mortelle, veu que la mort par leur dire meſme n'eſt
autre choſe que la ſeparation de la matiere
d'auec la forme? & ſi, comme d'autres, ils la
definiſſent le bout du mouuement, où le
trouueront-ils en l'ame? Car nous voyons
que la volonté, qui eſt ſa principale partie e-
ſtant libre, comme ils la recognoiſſent eux
meſmes, & ayant par conſequent en ſoy le
principe de ſon mouuement, qui la luy peut
oſter? Rien ne ſe donnant volontairement
fin à ſoy-meſmes, ce qui ſe meut à ſa volonté
ſe meuuera touſiours, & par conſequent
n'aura point de fin de duree, mais ſeulement
fin de deſir & d'intētion, qui ne ſe borne que
par l'infinité. Et quant à l'entendement, qui
eſt l'autre principale partie, ou plus toſt vertu de l'ame, ne le voyons nous pas ſortant de
ſoy-meſmes, embraſſer toutes choſes, & puis
reuenir en ſoy-meſmes; & par ceſte conti-
nuelle reflexion, comme par vn mouuement
circulaire, teſmoigner qu'il n'a point de fin?
Ce qu'il teſmoigne encore auſſi clairement
par la nature des obiects, qu'il choiſit pour
ſon exercice ordinaire, & par maniere de dire, pour ſa nourriture & ſon aliment. Car il
ne ſe repaiſt ne s'entretient ſinon de la co-

M

gnoiſſance des choſes vniuerſelles, des idees,
& des eſpeces, leſquelles les Philoſophes
conſtituent immuables & immortelles. Les
ſens, qui ſont inſtrumens corporels meſlez
parmy la matiere corruptible, s'arreſtent
bien aux choſes particulieres, & conſiderent
chaſque obiẹct, ſelon les qualitez fluantes &
periſſables : mais l'entendement contem-
plant ce qui eſt de la vraye nature & eſſence
des choſes, comprend ce qui eſt general &
egalement diffus en tous les particuliers &
indiuidus, comme vn eſtre ſtable, permanét
& immuable. Or faut-il que toutes choſes
qui ſont nees pour agir, ſoient proportionnees à leur obiect : en vain trauailleroit l'ouurier ſur vne matiere plus forte que ſon ou-
til : en vain dōneriez vous à digerer & à comprendre à vne choſe corruptible & mortelle,
choſes incorruptibles & immortelles. Et
quoy? ce deſir inſatiable d'apprendre, qui eſt
naturel à noſtre entendement, ne nous teſ-
moigne-il pas le ſemblable? Qui eſt-ce qui a
iamais tant veu, tant cogneu, tát appris, à qui
la ſcience n'ait rallumé & augmenté le deſir
de ſçauoir, au lieu de l'eſteindre & appaiſer?
Quand i'aurois (diſoit cet ancien ſage) vn
pied dans la foſſe, ſi voudroy-je apprendre.
Qu'eſt-ce à dire? C'eſt que l'appetit de noſtre
eſtomac ſe peut bien aſſouuir, pource que la

nature l'a proportionné à vne chose finie,
qui sont les viandes necessaires pour nostre
nourriture:mais celuy de nostre ame se monstre insatiable en ce monde, pour ce qu'elle
l'a proportionné à la verité eternelle, de laquelle le corps luy empesche la libre iouïssance en ceste vie,ne luy donnant pour la re-
cueillir que le vaisseau des Danaïdes, qui
n'en peut pas beaucoup receuoir à la fois, &
encores est percé au fonds de ce miserable
pertuis d'oubliance, par où s'escoule la plus
part de ce qu'elle en reçoit. Tellement que
toute la vie de l'homme, si vous considerez
exactemét les actions de ceux,qui se gouuernent par la droite raison, n'est autre chose
qu'vn effort & contention de l'ame,laquelle
tasche tant qu'elle peut à reparer ceste fluan-
te mortalité du corps, par la participation
des choses eternelles, à la iouïssance desquelles elle le rameine le plus qu'elle peut.
Elle voudroit volontiers luy eterniser la vie,
n'en pouuant venir à bout par la nature, elle
y employe l'art & l'industrie, & luy procu-
re par la gloire & par le renom vne continuation de vie en la memoire des hommes. Et pour cest effect nous la voyons ordinairement iettee & aduancee sur l'aue-
hir,preuenant de pensee le temps qui sera a-
pres la mort du corps, comme nous faisons

içy le lendemain du iour où nous viuons : &
se pouruoyant de loüange & de gloire, comme de munitions conuenables pour vne vie
heureuse & glorieuse, à laquelle elle aspire.
Il est trop aisé à iuger, que si nostre ame ne
pre-sentoit asseurément son estre aduenir,
elle ne s'empescheroit point de desseins qui
tendissent plus loin que ceste vie corporelle : & pour y paruenir ne voudroit point en
tout cas hazarder si librement ceste vie tem-
porelle, apres laquelle elle n'attendroit plus
rien. Quiconques ayent esté ceux qui ont si
courageusement prodigué leur vie en telles
occasions, (or y en a-il eu infinis en tous les
siecles) & qui se sont par maniere de dire
eux-mesmes immolez sur l'autel de la gloire ; ils ont en mesprisant la mort donné vn
signalé tesmoignage à l'immortalité de leur
ame. Et ne se sçauroit-on imaginer, qu'ils
ayent ainsi librement accourcy leur vie pour
croistre leur honneur, qu'ils n'ayent esté asseurez en eux-mesmes d'en iouïr apres la
vie : ny qu'ils ayent si franchement quitté les
douceurs de ce monde, qu'ils n'ayent eu
quelque bon gage de la recompense qu'ils
en attendoient en l'autre. Quand l'ame se
vient à eleuer sur les aisles d'vn genereux
desir, & qu'elle passe de ceste region obscure,
& nubileuse, qui enuironne la terre, à celle

plus haute, plus pure & plus feraine, qui approche du ciel, elle recognoift en foy-mefmes beaucoup de belles remarques de fon
eftre, & des traits du grand Ouurier qui l'a
creée à fon image, & y a imprimé la figure de
la diuinité. Ce que ie ne dy point feulement
pour l'auoir appris de l'oracle de verité, mais
ie dy apres ceux qui ne l'ont appris que du liure de la nature mefme. Car Platon, & beaucoup d'autres deuant luy, & plufieurs autres
apres, difcourant de la creation du monde &
de fes parties, ont bien dit que les autres animaux auoient efté creez par les moindres
dieux: qui veut, à mon aduis, dire les Anges,
comme par des caufes fecondes, lefquelles
pour eftre defia aucunement efloignees du
premier eftre, ne le leur ont peu communiquer parfaictement. D'autant que cefte
communication n'eft qu'vn preft de leur
vertu, feparee & des-vnie de la premiere
maffe, & par confequent aucunement im-
parfaite. Mais quant à l'ame de l'homme, ils
confeffent que Dieu feul l'a creée, & partát
dependant fans moyen de l'eftre parfaict, elle participe à fa perfection, & eft exempte de
corruption en fa fubftance, & par côfequent
de mort. Et cela certainement eftoit-il bien
raifonnable & conuenable à ce grand Architecte, qu'ayant bafty ce bel ouurage du

M　iij

monde, digne de porter le nom mesme de la beauté, puis qu'il se retiroit hors de la veuë de ses œuures, il y laissast son image, comme vne statuë animee, qui conseruast, & exigeast de ceux qui la verroient, l'honneur & la reuerence deuz à ce souuerain Architecte & seigneur de l'Vniuers. Or faut-il qu'vne image faicte par vn bon maistre, rapporte quelque chose à toutes les parties du sujet qu'elle imite: en quoy pourroit-elle imiter l'eternité de Dieu, que par l'immortalité de son ame? puis qu'elle ne peut estre de mesme, c'est à dire, n'auoir point eu de commencement, en quoy luy peut elle ressembler, que de n'auoir point de bout, qui est à dire, estre immortelle? Puis que Dieu auoit cõposé l'Vniuers de deux differentes parties, l'vne intelligible & l'autre sensible, l'vne corruptible & l'autre incorruptible; il falloit pour les lier & assembler vn entre-deux, qui participast de la nature de l'vn & de l'autre. L'homme par vn excellét artifice a esté fait la piece du milieu, & pource concurrent en luy les perfections de toutes les deux parties, l'vne intelligible, & l'autre sensible. Il a par le moyen du corps les plus excellentes qualitez, qui soient és choses sensibles & corruptibles : & par le moyen de l'ame les plus excellentes conditions qui soient aux intelligibles & incorru-

ptibles. Et bien que par ce meſlange ce qui
eſt de celeſte en luy, ſoit deprimé & comme
peſtry auec la terre, & abbaiſſé voire affaiſſé
par le contre-poids de la chair, ſi ne laiſſe-il
pas de monſtrer par vn continuel effort ſa
nature, le lieu de ſon origine, ſon inclination, & la fin de ſon deſir, qui tend certainement touſiours à la diuinité, & à poſſeder dés
ceſte vie preſente les beatitudes que nous
remarquons en Dieu. Certainement il ne
deſireroit iamais ceſte diuinité, & n'y aſpire-
roit pas, s'il ne la comprenoit, & ne la com-
prendroit iamais, ſi ce dont il la comprend
eſtoit mortel, & periſſable. Car quelle proportion y auroit-il de la mortalité à l'immortalité? Or voyons vn peu ce que l'entendement de l'homme en cõprend, ce que ſa volonté en deſire, & il faudra, quel qu'il ſoit,
qu'il confeſſe qu'ils ſont immortels. Contemplons, dy-je, vn peu d'icy bas parmy ces
eſpeſſes tenebres du monde, auec nos yeux
de chats-huãs, la lumiere de la diuinité: conſiderons les perfectiõs dont elle eſt reueſtuë,
& par leſquelles comme par les veſtemens
nous la recognoiſſons & remarquons, ne verrons nous pas incontinent que ce ſont toutes choſes, apres leſquelles l'homme court
naturellement, & trauaille inceſſamment
à les acquerir, n'a plaiſir qu'à les poſſeder

M iiij

& iouïr? Dieu eſt la ſouueraine bonté. Que
deſire l'hôme, à quoy trauaille-il qu'au bien?
ſi meſme ſes affections ſont peruerties, &
qu'elles s'adonnent au mal, elles luy dõnent
le nom de bien, & proteſtent qu'elles ne le recherchent ſinon entant qu'elles le penſent
eſtre bien. Oſtez à quelque choſe que ce ſoit
le nom de bien, il n'en tiédra plus conte: tant
de ſoy-meſmes il recognoiſt eſtre nay pour
le bien. De ſorte que tout ce qui le veut atti-
rer, en doit auoir ou l'eſſence, ou l'apparéce.
Dieu eſt la ſouueraine ſageſſe. Qui eſt l'homme, qui ne vueille eſtre tenu pour ſage, qui
ne fuye la reputation d'eſtre fol? qui ne ſe
gouuerne auec le plus de prudence qu'il
peut? qui ne cherche de l'ordre & de la diſpoſition en toutes choſes? qui ne ſe reſiouïſſe
en ſoy-meſmes, quand il le peut trouuer? qui
ne louë, n'eſtime & n'admire ceux qui abon-
dent en ceſte ſageſſe, comme approchans
plus pres de l'excelléte fin, à laquelle l'homme eſt né? Dieu eſt la ſouueraine puiſſance.
Que ſouhaite l'homme d'auantage que l'authorité & le commandement? Chacun aſpire naturellement à commander: & ceux qui
le ſçauent bien faire, ſont honorez entre les
hommes, cõme vne eſpece de demy-dieux,
enuoyez ça bas pour la conſeruation & dire-
ction du monde inferieur. Dieu eſt la ſouue-

raine verité. A quoy est bãdé l'entédemēt de l'hõme qu'au vray? à quoy se plaist-il, à quoy acquiesce-il, sinõ à la cognoissance de ce qui est vrayement? Le faux mesmes n'y est receu que sous le nom de vray, & n'y a personne si mal-né au monde, qui ne se fasche d'errer, d'ignorer, d'estre trompé : & au contraire, qui ne sente du plaisir & du contentement à sçauoir & apprendre. Et certainement on peut dire, que la verité est la forme de nostre entendement : car il n'entend & ne cognoist que tant qu'elle est en luy. Dieu est tout, & tout est en Dieu : l'homme desire estre par tout, s'il n'y peut porter son corps, il y porte son esprit. Entant qu'il peut il met tout en soy, & se remplit des formes & des idees de toutes choses. Dieu est autheur de tout, & se plaist à faire tout : l'homme n'a point de plus grand plaisir en ce monde, qu'à produire beaucoup de choses, & n'y a rien qui le resiouïsse tant que ce qui sort de luy, soient enfans, soient ouurages, soient inuentions. Dieu est tousiours : & l'homme ne craint rien tant que de finir, & ne souhaite rien tant que de perpetuer son estre : il cherche à le faire par la conseruation de sa vie, n'en pouuant venir à bout par là, il l'essaye par la continuation de sa posterité; & iugeant encore ce moyen-là trop debile,

il le tente par l'acquifition d'vne grande &
glorieufe renommee. Dieu adminiftre tout
iuftement: l'homme aime, reuere & recherche la iuftice, comme le feur & feul lien de la
vie & focieté ciuile. C'eft vn grand cas,
comme l'amour en eft naturel à l'homme:
ceux mefmes qui corrompus ne la veulent
pas pour foy, l'honorent en autruy. Dieu
en fon gouuernement perfeuere toufiours
en vn mefme deffein: & l'homme en ce qu'il
entreprend en veut venir à bout, il ne fe laiffe vaincre ny par difficulté, ny par trauail.
C'eft chofe eftrange de ce qu'endurent les
hommes, pour conduire à fin leurs entreprifes. Dieu vit vne vie abondante, opulente,
& plaifante : l'opulence & le plaifir font les
fouhaits ordinaires des hommes. Dieu fe
contemple foy-mefmes, & s'admire: l'homme fe confidere foy-mefmes, s'efmerueille
de fon excellence, fe prife plus que toutes les
autres creatures, & met toute fon eftude à fe
parer & honorer, & faire paroiftre ce qui
eft d'excellent en luy. Bref vous ne fçauriez
rien imaginer en ce grand & fouuerain Createur, dont vous ne recognoiffiez l'homme
eftrangement defireux, & ne voyez que fes
mouuemens bandez à l'acquerir, & à s'vnir
& conformer autant qu'il peut à cefte aifnee
& incomprehenfible diuinité. Ce qui a faict

escrier auec estonnement l'ancien Zo-
roastre,

O homme, que tu es vn tres-hardy ouurage!

Comme ne pouuant comprendre qu'en
ce bas & mortel monde, parmy la fange &
l'ordure il se peust trouuer vne si puissante
nature, qui s'esleuast iusques par dessus les
cieux, & par la cognoissance de tant de choses, & imitation des actions diuines, quasi se
deïfiast soy-mesmes en ceste vie. Mais il deuoit auoir appris d'vn plus ancien que luy,
que ce qui se réd si esmerueillable en l'homme, n'est rien qui tienne de la terre, ny de
ceste basse & corruptible demeure : c'est
vne diuinité comme bannie & exilee pour
vn temps du ciel son vray domicile, qui vague & erre çà bas dans nostre corps, fait cô-
tinuellement son effort pour paruenir à son
vray sejour, & se relancer à ceste heureuse
& celeste habitation, de laquelle selon qu'elle s'approche plus pres, plus diuine se mon-
stre-elle. Pourquoy penseriez-vous, ie vous
prie, qu'és derniers iours de nostre vie en
ceste agonie & lutte, que l'ame fait auec le
corps, nostre esprit ait plus de force & de
vigueur, ordonne plus prudemment &
plus sainctement de toutes choses, pre-
uoye plus certainement l'aduenir, le pre-
dise & prophetise, sinon pource qu'il com-

mence à se rapprocher de son origine, à se
rejoindre à cest estre immortel, & participer
à la verité eternelle. N'obseruez-vous pas
que les pierres qui tombent d'enhaut, plus
elles s'approchent de la terre, & plus elles
descendent viste: le feu au contraire qui mô-
te vers le ciel, plus il est eleué, & plus il hasté
son vol : pource que naturellement chaque
chose plus elle se sent pres de son repos, & de
ce qu'elle desire, & plus s'y meut-elle &
pousse-elle vigoureusement. Ainsi nostre
ame estant sur le poinct comme de ren-
trer en sa sphere, & se reioindre à la diuinité, se monstre plus diuine, rauiue ses forces, & redouble sa vertu. Or ce qui a tant de
diuinité, & tend perpetuellement à la source de la diuinité, qui doutera qu'il ne soit immortel ? Donc l'immortalité de l'ame reluit
en toutes ses actions. Mais quand autre
chose ne la tesmoigneroit, la Prouidence diuine la monstreroit euidemment. Car puis
qu'il y a Prouidence, dequoy ie croy que
ceux qui ont des yeux, quand bien ils n'au-
roient point d'entendement, ne peuuent
douter, il faut qu'il y ait vne iustice au monde : s'il y a iustice, il faut que les bons soient
recompensez, & les mechans punis. Ils ne
le sont pas tousiours en ceste vie, où nous
voyons souuent les gens de bien viure en

pauureté, & mourir en peine : & au contraire les mechans viure en delices, & mourir en repos. Il faut donques que les ames
viuent apres le corps, pour receuoir le loyer
ou la punitiõ de leurs bonnes ou mauuaifes
actions. Les mechans veulent eftoufer par
difcours le reffentiment que l'homme a de
l'immortalité de fon ame, mais ils ne peuuẽt
par effect. C'eft vn rayon de lumiere, que
la nature a allumé en noftre cœur, qui fert
de fanal à la vertu, pour la guider parmy ces
tenebres mortelles; & de flambeau furial à
la mefchançeté, pour anticiper fes meritez
tourmens. Nous autres Chreftiens fommes
à la verité en cela principalement bien plus
heureux que les payens, que Dieu ne f'eft
pas contenté de ce que nous pouuions apprendre de l'immortalité de nos ames, par
le liure commun de la nature, & à l'aide de
noftre foible raifon : mais nous en a voulu
luy-mefmes confirmer le tefmoignage par
fa propre parole, & enflammer en vne claire & pleine lumiere les premieres eftincelles de cefte efperance naturelle. O bonté
diuine, vous auez prefenté aux autres la verité comme voilee & enuelopee, mais pour
nous vous l'auez fait defcendre du ciel toute
nuë, & decouler en nos efprits par les canaux de voftre fainde parole. Heureufe

& admirable parole, qui nous fuggere en vn
moment tout ce que les veilles de tant d’annees ont peu acquerir de pl⁹ beau aux efprits
des plus fçauans philofophes. Parfaite fcience, qui ne laiffe plus lieu de douter apres
fes preceptes : excellente difcipline , dont
les reigles font tous principes, qui fe perfua-
dent foy-mefmes. D’elle nous apprenõs que
nos ames font creées & parties de vos
mains, & decoulees en nos corps pour les
couduire & gouuerner. Que nous fommes
colloquez icy comme en vn magnifique
temple, pour y contempler voftre toute-
puiffance, reuerer voftre infinie bonté, entendre voftre fainde volonté, & y obeir.
Que cefte vie n’eft que l’apprentiffage de
nos ames, lefquelles apres le temps & les labeurs qui leur font ordonnez, doiuent eftre
leuees de garde, mifes en liberté, & renduës
au repos eternel, où elles trouueront dequoy
affouuir ce defir de diuinité, dont elles ont
eflancé icy les premieres pointes au trauers
de cefte pefante & empefchante chair. D’elle apprenons-nous dauantage, que non feulement nos ames apres cefte vie en trouuent
vne autre plus heureufe: mais nos corps mefmes pourriffans icy comme le grain dans la
terre, germeront en nouueau fruid, & fe
renouuelleront en eftat de gloire & de per-

fection. Pour cela la Diuinité defcendant
du ciel, f'eft derechef meflee parmy la chair,
pour remouler & repaiftrir noftre humanité, difformee & defiguree par le peché: f'eft
rejointe auec nous, pour nous pouuoir retirer auec elle: f'eft humiliee, à fin de nous
exalter: a viuifié fon humanité apres la mort,
pour viuifier en nous l'efperance de cefte
glorieufe refurrection, dont elle a voulu
eftre les primices, & par laquelle nous ferons
introduits en l'heritage de gloire, receuans
& en l'ame & au corps la fplendeur incomprehenfible de la lumiere eternelle. Mais
le paffage pour arriuer là c'eft la mort. Mort
defirable, puis qu'elle nous fait changer de
vie auec tant de profit. Mort, non mort,
puis que c'eft le commencement de la vraye
vie, & que nous ne fommes dans ce corps,
que comme le pouffin dans la coque, qu'il
faut caffer pour efclorre, ou comme l'enfant
dans la matrice, qu'il faut quitter pour venir
au iour. Laiffons la craindre à ceux qui penfent que tout perit auec le corps, ou à ceux
qui attendent apres elle la peine de leurs
meschancetez. Et puis que nous auons tant
de tefmoignages & fi certains gages de noftre vie future, & fommes affeurez que mou-
rans icy en la crainte de Dieu, en la foy de
fon Fils bien-aimé, & confiance de fa bonté,

nous deuons reuiure là haut, & entrer en
gloire auec luy au thrône de sa diuinité, pas-
sons allegrement, & deposons librement le
fardeau qui nous empesche & arreste, comme nous ferions des habits profanes à l'entree d'vn sainct temple. Quant à moy, mes
amis, ie me sens tantost arriué à ce port, auec
vne grande consolation de mes afflictions
passees, & pre-sentiment de la felicité que
i'attens. I'ay flotté au monde en de grandes
& dangereuses tourmentes, elles ont agité
mon ame, mais elles ne l'ont peu, graces à
Dieu, renuerser. Ie sçay bien que la condition de l'infirmité humaine m'a, comme elle fait tous les autres, fort esloigné de la perfection que Dieu desire en nous : mais pour
le moins ne m'a-elle iamais fait perdre la ferme & constante volonté d'auācer son honneur & sa gloire, ny rien rabatre de l'affectió
qu'vn bon citoyen doit à son païs. Ma con-
sciéce me réd ce tesmoignage, & ce tesmoignage me rend la mort douce & agreable. Ie
voudrois bien à mon dernier souspir faire
encor quelque seruice au public, mais n'en
ayant outre moyen, ie me retourneray vers
vous, qui estes de mes meilleurs amis & des
siens, & pour le dernier office que ie puis rendre à vne si saincte amitié, ie vous coniure-
ray, que puis que vous demeurez icy pour

clorre

clorre la fin d'vn miſerable ſiecle, vous affer-
miſſiez vos eſprits par belles & conſtantes
reſolutions, afin de ſouſtenir courageuſemēt
les efforts de la tempeſte qui menace cet E-
ſtat, & vos fortunes particulieres. Cár tous
les âges paſſez ont peu veu de miſeres & calamitez, que vo⁹ ne deuiez voir en vos iours.
Le dedans, le dehors de ce Royaume, les
grands & les petits, ſont tous comme furieu-
ſement pouſſez à ſa ruïne & deſolation. Vous
ſerez tout eſtonnez vn de ces iours quand
vous verrez les loix renuerſees, le gouuernement changé, tout mis en confuſion, ceux
qui gouuerneront auec deſſein de ſe perdre
eux & leur païs, & qu'il ne ſera pas permis
aux gens de bien d'ouurir la bouche & donner vn bon & ſalutaire conſeil. Souuenez-
vous lors que vous eſtes hōmes, & que vous
eſtes François. Que voſtre courage ne s'en-
fuye pas auec voſtre bon-heur. Fichez-vous
au droict & à la raiſon, & ſi la vague a à vous
emporter, qu'elle vous accable le timon encore en la main. Voicy le tēps qu'il faut preſenter l'eſtomac à la fortune pour la defenſe
de l'eſtat, & couurir de ſon corps celuy de ſa
patrie. Sans doute ceſte ruïne ne ſe peut euiter ſans vn grand & genereux courage de
ceux qui s'y oppoſeront, ce que tous les gens
d'honneur à mon aduis doiuent faire. Vous

N

sçaurez bié toutefois temperer par prudeñ-
ce, ce qu'vne obftinee aufterité ne feroit
qu'aigrir & empirer, & fuiure le deftin fans
abandonner la vertu. Vous courrez en bien
faifant de grands hazards, & fouffrirez beaucoup d'iniures: mais que vous peut-il arriuer
de fi eftrange ou horrible, que l'efperance du
fouuerain bien auquel ie vous vay deuancer,
n'adouciffe? Voila quafi les mefmes propos
que nous tint ce grand & fage perfonnage.
Ie vous les ay recitez à regret, fçachant bien
que l'imbecillité de ma memoire & rudeffe
de ma langue, feroient beaucoup perdre du
poids de fes raifons, & de la grace de fon difcours. Que fi vous l'euffiez ouï luy mefme a-
uec fa douce & agreable façon, il euft en-
flammé en voftre ame vn fi vif & ardant defir de la beatitude eternelle, qu'il n'y a affliction au monde, dont il ne vous euft efteint
le fentiment.

　　Là Linus finit fon propos, & moy tout ref-
iouï & confolé, Il faut bien, luy dy-je, que ce
difcours fuft beau, veu que vous qui en tous
autres me rendez fort fatisfait, m'auez femblé au recit de ceftuy-cy vous furmonter
vous mefmes. Ie croy que l'air & la fouue-
nance de ce grand perfonnage-là, qui vous
eft encore frefche & prefente pour l'hôneur
& l'amitié que vous luy auez portee, animoit

voſtre langue, & inſpiroit en vous quelque
choſe de plus qu'humain. Pleuſt à Dieu que
ce propos peuſt continuer auſſi long temps
que nos miſeres, ie m'aſſeure que tant que
i'aurois les aureilles pleines de tels diſcours,
i'aurois l'eſprit vuide d'ennuis. Ie vous iure
que depuis le temps que ceſte calamité nous
a accueilly, ie n'ay rien rencontré qui m'ait
rendu ceſte vie plus ſupportable, que ce que
i'ay entendu de vous trois, ces trois derniers
iours icy, mais principalement ce iourd'huy.
Lon dit que Ptolomee fut contraint de defendre à Egeſias Cyrenien, de plus diſcourir
en public de l'immortalité de l'ame : parce
que la pluſpart de ceux qui l'oyoient, s'auan-
çoient la mort de leur main. Cela me fait
croire qu'il eſtoit mal inſtruit du ſujet qu'il
traitoit. Car i'eſtime qu'il n'y a rien au monde, qui nous donne plus de courage à endurer patiemment nos miſeres, que les raiſons
que i'ay maintenant appris de vous : qui en
peu de mots nous auez repreſenté quelle eſt
la cauſe & la fin de nos afflictions, & quelle
recompenſe trouue noſtre patience, quand
nous y pouuons perſeuerer iuſques au bout.
C'eſt pourquoy ie deſirerois pour la conſolation de mon pauure païs affligé, qu'au contraire de ce que lon feit à Egeſias, lon vous
contraigniſt tous trois de continuer tous

N ij

les iours en public vn semblable discours.
Mais pour ce que c'est chose que ie ne puis
esperer, i'ay bien deliberé de conseruer soi-
gneusemét en ma memoire tout ce que i'en
ay appris de vous : & à mon premier loisir (si
tant est que nos infortunees estudes en puissent obtenir quelcun) le consigner en la foy
des lettres, pour le laisser à la posterité. Afin
d'instruire en semblables aduentures, ceux
qui viendront apres nous, & par mesme
moyen leur rendre tesmoignage qu'en vn
siecle tres-corrompu, & entre des hommes
estrangement denaturez, nous auons vescu
auec vne grande compassion de la misere
publique, & encore plus grand desir de la
pouuoir soulager.

Fin de la Constance et Consolation.